Leçons élémentaires

d'Agriculture

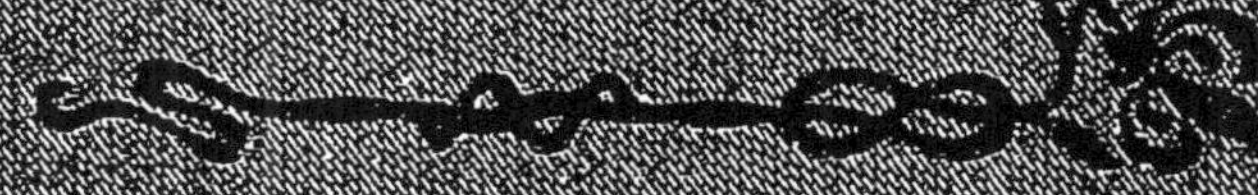

AMAS, ÉDITEUR, PARIS

LEÇONS ÉLÉMENTAIRES

D'AGRICULTURE

LEÇONS ÉLÉMENTAIRES

D'AGRICULTURE

A L'USAGE

des Cours moyen et supérieur des Écoles primaires

PAR

MOREAU   **LESESNE**

Ancien Répétiteur d'École nationale,   Professeur d'École pratique,

ANCIENS ÉLÈVES DIPLOMÉS DES ÉCOLES NATIONALES D'AGRICULTURE

PARIS (VIᶜ)

LIBRAIRIE DES SCIENCES AGRICOLES

CHARLES AMAT, ÉDITEUR

II, RUE DE MÉZIÈRES, II

1906

PRÉFACE

On a compris depuis trente ans toute l'importance de l'enseignement agricole.

Pendant longtemps il avait été négligé ou dédaigné. Alors que l'on enseignait partout les langues mortes ou vivantes, l'histoire, la géographie, le dessin ou la musique, l'art de cultiver le sol paraissait inutile. Nous sommes revenus de cette erreur. Non seulement l'instruction est désormais largement assurée par les Écoles nationales, les Écoles pratiques, les Fermes-écoles, les institutions spéciales relatives à la laiterie, à l'œnologie, à l'aviculture, etc., etc., mais encore l'enseignement nomade perfectionné permet de multiplier les occasions de répandre les connaissances agricoles.

On a fait plus, et l'on a voulu qu'à l'école primaire l'enfant reçût au moins des notions d'Agriculture, ne serait-ce que pour avoir quelques clartés au sujet de la vie des plantes et des animaux. L'Instituteur a, d'ailleurs, suivi à l'École normale des cours généraux d'Agronomie qui sont professés par un spécialiste autorisé. On ne pouvait, cependant, pas demander à l'instituteur public de reviser ses notes, de les compléter, de composer un petit cours mis à la portée de ses élèves.

C'est un travail difficile, d'autant plus délicat qu'il doit être plus clair et mieux approprié à un auditoire spécial. Il était donc naturel que nos jeunes agronomes vinssent apporter leur concours à l'instituteur en rédigeant à son usage un petit manuel bien ordonné, assez simple pour être aisément compris des élèves, assez complet pour leur fournir les renseignements exacts dont ils ont besoin.

Deux anciens élèves de nos Écoles nationales d'Agriculture, MM. Moreau et Lesesne, ont réalisé précisément ce programme et accompli cette tâche avec distinction. Des données générales font connaître le sol, ses propriétés, la plante et sa vie. La fertilisation de la terre est l'objet d'un deuxième chapitre qui est le développement logique des principes généraux exposés dans le premier. Les façons culturales sont rattachées à cette division parce qu'elles constituent, elles aussi, un moyen d'entretenir ou de développer la fécondité du sol. Viennent ensuite les indications plus détaillées relatives à la multiplication des végétaux et aux grandes cultures.

Les auteurs n'ont pas manqué de parler du bétail, puisque le tiers des denrées agricoles est constitué par des produits d'origine animale.

Enfin, ils ont au moins indiqué les conditions économiques de l'exploitation du sol, l'utilité incontestable de la comptabilité et les mérites des associations syndicales.

Ce plan nous paraît excellent. Nous sommes persuadés que l'ouvrage tout entier rendra d'utiles services. En le présentant au public spécial auquel il est destiné, nous faisons les vœux les plus sincères pour que son succès réponde aux intentions de ses auteurs qui ont eu surtout pour objet de faire œuvre de bons agriculteurs et de bons Français.

DANIEL ZOLLA,

*Lauréat de l'Institut
et de la Société nationale d'Agriculture,
Professeur à l'École nationale d'agriculture de Grignon.*

NOTA. — Les résumés placés en tête de chaque chapitre doivent être appris textuellement par les élèves. La leçon qui suit le résumé en est le commentaire.

Elle comprend un double texte : toutes les explications un peu trop délicates pour des élèves du cours moyen — mais qu'un cultivateur intelligent sera heureux de retrouver plus tard, toutes les données purement numériques, consignées à titre de renseignement et dont il est inutile de charger la mémoire des enfants, ont été imprimées en caractères plus fins. Les *Lectures* précisent ou éclaircissent un point particulier. Elles offrent en outre l'avantage de faire connaître aux élèves les noms des principaux écrivains agricoles, soit des précurseurs comme Olivier de Serres, Duhamel du Monceau, l'abbé Rozier, des fondateurs de l'agriculture scientifique moderne : Mathieu de Dombasle, Gasparin, Boussingault, ou des agronomes contemporains.

Sur les quarante-huit leçons du cours, MM. les Instituteurs pourront facilement en retrancher cinq ou six suivant les régions, de façon à avoir une leçon par semaine scolaire, chiffre qu'il n'est guère possible de dépasser avec les programmes actuels.

MOREAU et LESESNE.

GÉNÉRALITÉS

Définition et importance de l'Agriculture. L'Enseignement agricole.

---

1. Définition et importance de l'agriculture. — *L'agriculture* est l'art de tirer du sol, économiquement et sans l'épuiser, le plus de produits possibles.

Son importance est considérable en France, car elle fournit du travail à la moitié de la population environ ; elle met en œuvre des capitaux énormes. C'est la plus utile des professions puisque c'est elle qui procure à l'homme sa nourriture de chaque jour.

2. Le cultivateur doit être instruit. — On a cru pendant longtemps que l'instruction n'était pas nécessaire au cultivateur ; c'est une grave erreur. Depuis un siècle l'agriculture a fait des progrès considérables ; on a trouvé des engrais nouveaux, des variétés nouvelles de plantes et d'animaux, des machines perfectionnées qui font le travail rapidement et à bon marché. Tous ces perfectionnements

---

1. Qu'est-ce que l'agriculture ? Montrez son importance. — 2. Montrez que le cultivateur doit être instruit.

ont augmenté les bénéfices du cultivateur, mais encore faut-il que celui-ci soit capable de les comprendre et de les appliquer. Il ne le pourra pas s'il n'a pas reçu une bonne instruction.

Il cultive des végétaux, il doit savoir comment la plante vit, comment elle prend sa nourriture. quelles sont les maladies qui l'atteignent et comment on y remédie. Il lui faut connaître également comment est constitué le sol de ses champs, comment il peut l'améliorer, quels engrais il doit employer dans telle terre et pour telle culture, enfin le « pourquoi » de toutes les opérations qu'il devra exécuter. Et de même pour ses animaux, il ne peut ignorer les grandes lignes de leur organisation intérieure s'il veut se rendre compte des besoins de chacun d'eux. On a pu dire que le parfait agriculteur devrait avoir un savoir universel.

Le cultivateur ignorant ne pourra que travailler sa terre machinalement sans comprendre le but des travaux qu'il exécute. Il est voué forcément à la routine.

Voici, comme exemple des améliorations que peut réaliser un cultivateur instruit et intelligent, les rendements de blé obtenus à l'hectare dans une ferme de Seine-et-Oise (commune de Puiseux, ferme de M. Thomassin) :

De 1784 à 1810	18 à 24 hectolitres.	
1810 à 1836	20 à 34	—
1836 à 1864	25 à 41	—
1864 à 1877	32 à 51	—

Le progrès a été continuel, mais aussi les fermiers qui se sont succédé de père en fils dans cette exploitation depuis 1784 ont su modifier leur système de culture toutes les fois que cela était avantageux. (Exemple cité par M. Risler.)

Notons que le rendement moyen du blé pour toute la France n'est que de 16 hectolitres seulement par hectare. Il pourrait être doublé par une culture bien comprise.

3. Enseignement agricole. — L'instruction agricole élémentaire est donnée dans les fermes-écoles et les écoles pratiques, l'instruction supérieure dans les écoles nationales d'agriculture et à l'Institut agronomique.

Les fermes-écoles sont celles de Royat (Ariège), de Bosc (Aude), de Puilboreau (Charente-Inférieure), de Laumoy (Cher), des Plaines (Corrèze), de Castelnau-les-Nauzes (Haute-Garonne), de Lahourre (Gers), de Nolhac (Haute-Loire), de Chazeirolettes (Lozère), de Sault-Gauthier (Orne), de Montlouis (Vienne) et de Chavaignac (Haute-Vienne).

Il y a une quarantaine (41) d'écoles pratiques : Crésancy (Aisne), Gennetines (Allier), Oraison (Basses-Alpes), Antibes (Alpes-Maritimes), Rethel (Ardennes), Valabre (Bouches-du-Rhône), L'Oisellerie (Charente), Beaune et Châtillon-sur-Seine (Côte-d'Or), Les Granges (Creuse), Genouillat (Creuse), Le Neubourg (Eure), Le Lézardeau (Finistère), Ondes (Haute-Garonne), La Réole (Gironde), Les Trois-Croix (Ille-et-Vilaine), Clion

---

3. Dans quels établissements donne-t-on l'enseignement agricole ?

(Indre), Grandjouan (Loire-Inférieure), Le Chesnoy (Loiret), Saint-Pau (Lot-et-Garonne), Coigny (Manche), Sartilly (Manche), Saint-Bon (Haute-Marne), Beauchêne (Mayenne), Tomblaine (Meurthe-et-Moselle), Merchines (Meuse), Le Grand-Resto (Morbihan), Corbigny (Nièvre), Magnonville (Nord), Berthonval (Pas-de-Calais), La Molière (Puy-de-Dôme), Villembits (Hautes-Pyrénées), Écully (Rhône), Saint-Rémy (Haute-Saône), Fontaines (Saône-et-Loire), Le Paraclet (Somme), Avignon (Vaucluse), Pétré (Vendée), Saulxures (Vosges), La Brosse (Yonne), Rouïba (Alger).

Les écoles nationales sont celles de Grignon (Seine-et-Oise), Rennes (Ille-et-Vilaine) et Montpellier (Hérault).

L'Institut national agronomique a son siège à Paris, rue Claude-Bernard.

Il y a aussi une école de laiterie à Mamirolle (Doubs), et une autre pour les jeunes filles à Coëtlogon (Ille-et-Vilaine).

Beaucoup de départements possèdent des stations agronomiques et des laboratoires agricoles.

Des professeurs départementaux et des professeurs spéciaux sont chargés de faire des conférences aux cultivateurs.

LECTURE

LE PROGRÈS EN AGRICULTURE

La faute la plus grave que puisse commettre une nation est de négliger la source des richesses et de la population; et lorsque les nations qui l'entourent adoptent un système nouveau qui tend à multiplier les éléments de la puissance, on peut dire qu'elle n'est pas libre d'adopter ou de ne pas adopter le même système.

En effet, lorsque tout marche autour de nous, *ne pas avancer, c'est reculer,* et s'il était possible qu'aujourd'hui, au milieu des progrès du nouveau système d'agriculture, dont l'effet est d'accroître si prodigieusement les richesses et la prospérité des États, un peuple de l'Europe demeurât étranger à ces progrès et s'obstinât à conserver l'ancien assolement triennal, il ne tarderait pas à perdre son rang parmi les nations.

Il est également certain que la prospérité et la puissance de chaque État auront désormais pour mesure la promptitude et le succès avec lesquels les peuples répudieront un système agricole qui a pu leur suffire lorsqu'il leur était commun avec les autres nations, mais qui, dans les circonstances présentes, les laisserait dans un état toujours croissant d'infériorité relative. Au milieu de la marche rapide de tout ce qui nous entoure, *n'avancer que lentement, c'est encore reculer.* (Mathieu DE DOMBASLE : *Annales agricoles de Roville,* t. Ier, p. 5o.)

PREMIÈRE PARTIE

AGRICULTURE GÉNÉRALE

I

LE SOL ET LA PLANTE

PREMIÈRE LEÇON

Le sol. — Sa composition et ses propriétés.

Résumé. — Le **sol** est formé de quatre éléments : le sable ou silice, l'argile, le calcaire et l'humus.

Les terres **sableuses** sont faciles à cultiver, mais elles retiennent peu l'eau et les engrais.

Les terrains **argileux** sont imperméables; ils font pâte avec l'eau et se crevassent en se desséchant. Ils retiennent bien les engrais, mais on ne peut les cultiver par tous les temps.

Les propriétés des sols **calcaires** sont intermédiaires entre celles des sols *argileux* et des sols *sablonneux*. Les engrais s'y décomposent très vite.

L'humus résulte de la décomposition des débris animaux et végétaux enfouis dans le sol. Il améliore les terres *argileuses* et les terres *sableuses* en rendant les premières plus légères et les secondes plus tenaces. Quand il est seul, il constitue les sols **tourbeux**.

---

4. Sol et sous-sol. — Si l'on regarde la paroi d'une tranchée assez profonde, on y reconnaît facilement plusieurs couches de terrain qui se superposent comme les feuillets d'un livre fermé et qui diffèrent entre elles par l'aspect, la composition, etc. La première de ces couches est le *sol ;* celle qui vient immédiatement au dessous est le *sous-sol*.

Le sol et le sous-sol peuvent avoir des épaisseurs très variables : de quelques centimètres à plusieurs mètres. Quand l'épaisseur du sol est peu considérable, les racines des plantes pénètrent dans le sous-sol et s'y développent.

On donne parfois le nom de *sol actif* à la couche superficielle qui est directement travaillée par les

---

4. Qu'est-ce que le sol? Qu'est-ce que le sous-sol? Leur épaisseur est-elle fixe? Qu'appelle-t-on parfois **sol actif**?

instruments agricoles et à laquelle on incorpore les engrais.

Quand la terre est facilement traversée par l'air et par l'eau, on dit qu'elle est *perméable*. Elle est *imperméable* dans le cas contraire. Les terres perméables sont encore appelées *terres légères*, et les terres imperméables *terres fortes*, parce que les premières sont plus faciles à travailler que les secondes.

Le sol est formé de quatre éléments : le sable ou silice, l'argile, le calcaire et l'humus.

5. Terres sableuses. — Les grains de sable laissent entre eux des vides nombreux ; les *terres sableuses* sont donc *perméables*. Elles sont faciles à cultiver, car elles offrent peu de résistance aux instruments. Mais comme elles ne retiennent pas l'eau, les plantes peuvent avoir à souffrir de la sécheresse. En outre, la pluie peut les laver et entraîner les engrais hors de la portée des racines ; il faut leur en donner souvent et peu à la fois.

6. Terres argileuses. — L'argile est constituée par des grains de sable réunis par une sorte de ciment. Elle se délaie dans l'eau et donne une pâte : les *terres argileuses* sont *imperméables*. Ces sols

---

Quand dit-on qu'une terre est perméable? imperméable? légère? forte? Quels sont les éléments qui composent le sol? — 5. Qu'est-ce qu'une terre sableuse? Quelles sont les propriétés de ces terres? Retiennent-elles les engrais? Pourquoi? — 6. Qu'appelle-t-on terre argileuse? Qu'est-ce que l'argile? Quel est l'effet de l'eau sur l'argile?

durcissent beaucoup et se crevassent en se desséchant ; les racines des plantes peuvent être rompues ; en tout cas elles sont mises à nu. Le soleil les échauffe difficilement, aussi les terres argileuses sont-elles appelées *terres froides*. Elles ne peuvent pas être travaillées par tous les temps. Par contre, elles retiennent bien les engrais.

7. Terres calcaires. — Le *calcaire* ou *carbonate de chaux* est formé par la combinaison de l'*acide carbonique** et de la *chaux*. C'est lui qui constitue la *pierre à bâtir*, la *craie*, le *marbre*.

Les *terres calcaires* retiennent mieux l'eau que le sable, mais beaucoup moins bien que l'argile. Le fumier s'y décompose facilement : son action est énergique mais peu durable.

8. Humus ou terreau. — L'*humus* ou *terreau* résulte de la décomposition des débris végétaux ou animaux enfouis dans le sol. Son importance est considérable ; apporté dans un sol qui en manque, il en modifie complètement les propriétés. Mélangé aux terres calcaires ou sableuses, il joue le rôle de *ciment* et leur permet de retenir l'eau et les engrais. Au contraire, il *diminue la compacité* des terres argileuses, les rend plus perméables, plus faciles à cultiver.

Comment se comportent les terres argileuses par la sécheresse? Qu'en résulte-t-il? Retiennent-elles les engrais ? 7. Qu'est-ce que le calcaire? Citez des roches calcaires. Quelle est l'action du fumier dans les terres calcaires? Pourquoi? — 8. Comment se forme l'humus? Quel est son rôle dans les terres légères? Et dans les terres fortes?

En outre, en se décomposant, il met à la disposition de la plante une partie des aliments dont elle a besoin.

9. Terres franches. — Quand un sol renferme en trop grande quantité l'un des éléments dont nous venons de parler, il est à peu près stérile*. Tels sont les sables de la Sologne ou des Landes, les calcaires de la Champagne, certaines terres de l'Amérique du Nord, formées d'argile pure, les sols tourbeux, qui contiennent des quantités considérables d'humus acide. Au contraire, mélangés en proportions convenables, le sable, l'argile, le calcaire et l'humus constituent les *terres franches*. Ce sont les meilleures : elles sont faciles à cultiver et conviennent à toutes les cultures.

Une terre franche contient environ :

> 20 à 30 pour 100 d'argile ;
> 50 à 70 pour 100 de sable ;
> 5 à 10 pour 100 de calcaire ;
> 4 à 10 pour 100 de terreau.

LECTURE

DISTINCTION DES DIVERS ÉLÉMENTS DU SOL

Si on délaye un peu de terre végétale dans l'eau, puis qu'on laisse reposer, une partie des éléments se préci-

---

A quoi sert-il en se décomposant ? — 9. Un sol formé exclusivement de sable, d'argile, de calcaire ou d'humus serait-il fertile ? Citez des exemples. Qu'appelle-t-on terres franches ?

pite en quelques instants ; c'est le *sable*. Qu'on décante ensuite le liquide et qu'on verse un acide sur le résidu solide ; très souvent on observera un dégagement de gaz plus ou moins abondant ; ce gaz est de l'acide carbonique ; il atteste la présence du carbonate de chaux ou *calcaire*. Jetons sur un filtre ce qui a résisté à l'action de l'acide et lavons-le complètement à l'eau distillée ; puis délayons-le dans un grand volume d'eau distillée et laissons-le reposer un ou deux jours. Il restera en suspension une matière, qui, isolée du liquide, durcit en séchant et devient plastique en prenant de l'eau, qui présente, en un mot, tous les caractères de *l'argile* et que l'on désigne sous ce nom. Enfin, si l'on chauffe la terre en vase clos, elle noircit ou brunit tout au moins. C'est le signe qu'elle renferme de la *matière organique* que la chaleur a carbonisée. (Th. SCHLŒSING fils : *Principes de Chimie agricole*, p. 105, MASSON, éditeur.)

DEUXIÈME LEÇON

La plante. Comment elle se nourrit.

RÉSUMÉ. — La plante est un **être vivant** : elle a donc besoin de **nourriture**. Une douzaine de corps sont nécessaires à son alimentation ; elle les puise dans *l'air* par ses *feuilles* ou dans le *sol* par ses *racines*. Parmi eux, il y en a quatre qui sont parfois en quantité insuffisante, ce sont : **l'azote, l'acide phosphorique, la potasse et la chaux**. Le cultivateur doit alors les lui donner pour obtenir de bonnes récoltes.

Les *racines* absorbent la nourriture de la plante au moyen de petits poils placés près de leur extrémité. Dans un sol *meuble** elles s'enfoncent très profondément : il y a ainsi une grande épaisseur de terre qui contribue à l'alimentation du végétal. On favorise leur pénétration par des *labours profonds*.

---

10. La plante est un être vivant. — La plante *naît, grandit* et *meurt :* c'est donc un *être vivant.*

Pour se développer elle a besoin de *nourriture* qu'elle puise dans l'air et dans le sol.

11. Les aliments de la plante. — Les savants sont arrivés, après de nombreuses recherches, à déterminer quels sont les corps qui entrent dans son alimentation; ce sont : *le carbone*, l'oxygène*, l'hydrogène*, l'azote*, l'acide phosphorique*, la potasse*, la chaux*, le soufre, le fer, la magnésie, le chlore* et *la silice.*

La plante ne les renferme pas tous en quantité égale ; quand elle est sèche, elle renferme environ la *moitié* de son poids de *carbone,* les *deux cinquièmes d'oxygène,* un peu plus du *vingtième d'hydrogène,* soit plus des *dix-neuf vingtièmes* de son poids pour ces trois éléments, et à peine un *vingtième* pour tous les autres. Pourtant tous sont indispensables. Si un seul vient à manquer, *elle ne se développe pas,* même si elle a en abondance tous les autres éléments à sa disposition ; si un seul est en quantité insuffisante, *elle reste chétive* comme si tous les autres étaient dans la même proportion.

Heureusement, les douze corps que nous venons d'énumérer sont abondamment répandus dans le sol et dans l'atmosphère. Il n'y en a que quatre qui sont parfois en trop faible quantité ; ce sont : l'*azote,* l'*acide phosphorique,* la *potasse* et la *chaux.*

---

11. Quels sont les corps qui entrent dans son alimentation? La plante les renferme-t-elle en quantité égale? Sont-ils tous indispensables? Qu'arrive-t-il si l'un d'eux vient à manquer? Si l'un d'eux est en quantité insuffisante? Quels sont les quatre qui manquent parfois?

Le cultivateur doit les apporter quand ils manquent pour obtenir de bonnes récoltes ; ce sont donc les plus importants pour lui. Les autres existent toujours en quantité suffisante, et il n'a pas à s'en préoccuper.

12. Les feuilles. — C'est avec ses *feuilles* et ses *racines* que la plante absorbe ses aliments. A la lumière, les *feuilles* décomposent l'acide carbonique de l'air, s'emparent du *carbone* et rejettent *l'oxygène* (fonction chlorophyllienne*). Plus une plante a de feuilles, plus celles-ci sont vertes, plus elle peut fixer de carbone et plus elle est vigoureuse. Il faut donc bien se garder d'enlever les feuilles pendant le cours de la végétation : l'effeuillage des betteraves diminue le poids de la récolte ; les maladies qui attaquent les feuilles amènent le même résultat.

13. Les racines. Poils absorbants. — Quant aux *racines*, elles présentent près de leur extrémité, sur une longueur de deux ou trois centimètres seulement, une sorte de duvet formé par un grand nombre de petits poils qu'on appelle les *poils absorbants*. L'eau des pluies, en cheminant dans le sol, dissout la plupart des aliments de la plante ; quand elle rencontre les poils absorbants, elle les imbibe et pénètre par eux dans la racine. En outre,

---

12. Parlez du rôle des feuilles dans l'alimentation de la plante ? L'effeuillage des végétaux pendant la végétation est-il à recommander ? — 13. Qu'appelle-t-on poils absorbants ? Quel est leur rôle ? Comment la plante absorbe-t-elle les substances insolubles dans l'eau ?

les poils absorbants sécrètent un acide* qui peut dissoudre des substances insolubles* dans l'eau, ce qui permet à la plante de les utiliser. Si l'on fait germer des graines sur une plaque de marbre bien polie, on voit que, malgré sa dureté, celle-ci est attaquée partout où elle est en contact avec la racine.

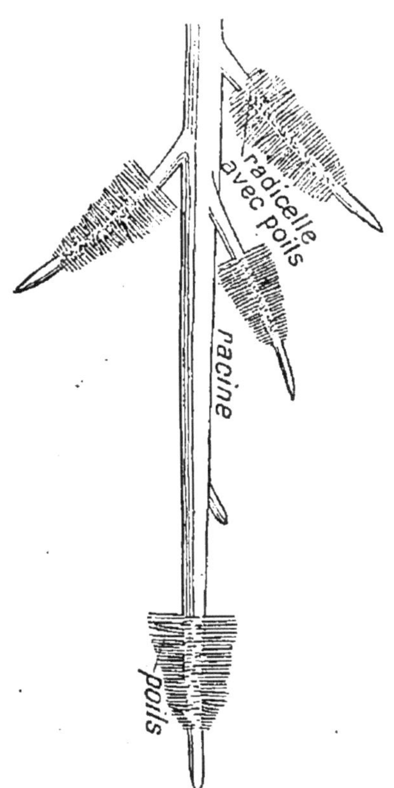

FIG. I. — Racine, radicelles, et poils absorbants.

Il y a d'ailleurs un fait extrêmement curieux ; les racines ne cheminent pas au hasard dans le sol. Quand il y a dans leur voisinage des substances qui peuvent leur servir de nourriture, elles se dirigent de leur côté. Parmi les différents corps solubles, elles font un choix et ne prennent guère que ceux qui sont utiles à la plante.

Néanmoins un aliment qui est préalablement dissous dans l'eau est bien mieux utilisé qu'un aliment insoluble, car il baigne de toutes parts les poils absorbants. Il y a donc avantage à donner aux plantes *des aliments solubles ;* le résultat est encore

Citez une expérience qui montre que cette absorption a lieu. Y a-t-il avantage à donner aux plantes des aliments solubles ? Qu'arrive-t-il quand des engrais sont trop concentrés ?

meilleur si on les distribue préalablement dissous,
en arrosages. Il est même utile qu'ils soient dissous dans beaucoup d'eau : trop *concentrés**, ils
brûlent en quelque sorte les racines et les font
périr.

**14. L'absorption se fait seulement par les
poils absorbants.** — L'absorption se fait exclusivement par les poils absorbants. Tout le reste de la
racine est recouvert d'une couche de *liège* à travers
laquelle l'eau ne peut passer. A mesure que la racine s'accroît, il naît de nouveaux poils absorbants
du côté de la coiffe, mais en même temps les anciens se flétrissent et meurent de l'autre côté; le
manchon de poils conserve toujours la même longueur. *C'est donc seulement par la partie voisine
de leur extrémité que les racines des plantes prennent leur nourriture.* Or, ces racines peuvent des-
cendre à une très grande profondeur quand le sol
est perméable. En creusant des tranchées on a trouvé des racines de luzerne jusqu'à 3o mètres. Les
racines de blé peuvent aller jusqu'à 1^m,5o et plus,
celles de la betterave à 2^m,5o, celles de la pomme
de terre à 1^m,8o. Le volume du sol qui sert à la
nourriture de la plante est donc considérable. Cela
est très avantageux pour le cultivateur : plus la
masse de terre fouillée par les racines est grande,
mieux elles pourront y trouver leurs aliments. C'est

14. L'absorption se fait-elle par toute la surface de la racine ?
Pourquoi ? Comment se fait-il que le manchon de poils absorbants conserve la même longueur ? Les racines s'enfoncent-
elles profondément dans la terre ? Citez des exemples. Est-ce
avantageux pour le cultivateur ?

pourquoi des *labours profonds*, qui, en émiettant et en aérant la terre, favorisent le passage des ra-

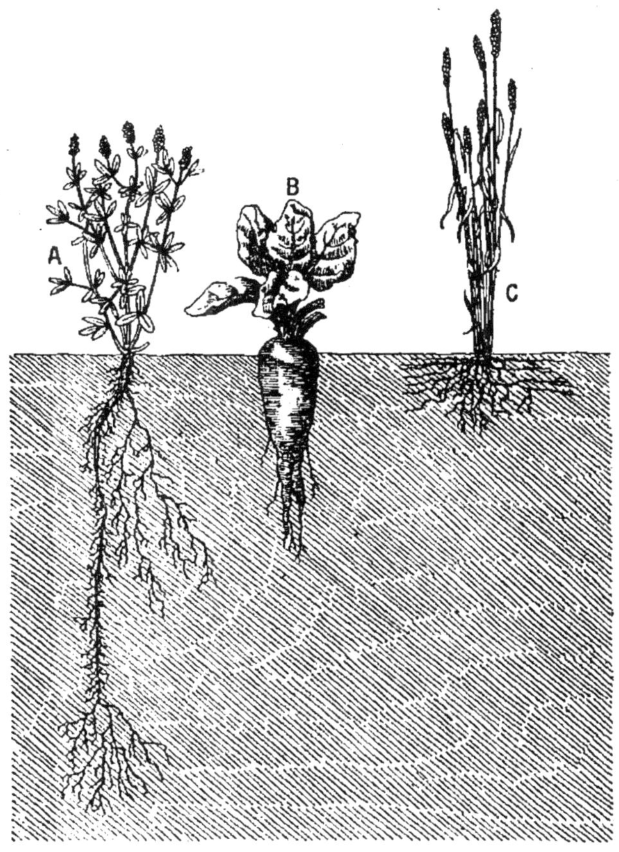

Fig. 2. — Plantes pivotantes et plantes traçantes.
(Luzerne, betterave, blé.)

cines, augmentent beaucoup le rendement des récoltes.

Les plantes *pivotantes*, comme la luzerne, la bet-

Pourquoi les labours profonds augmentent-ils les récoltes ? Qu'appelle-t-on plantes pivotantes ?

terave, ont beaucoup plus de racines dans les parties profondes que dans les couches superficielles. Le contraire a lieu pour les plantes *traçantes*, comme le blé, le seigle, l'avoine. Il en résulte que les premières épuisent beaucoup moins la couche arable que les secondes.

Plantes traçantes ? Epuisent-elles également la couche superficielle du sol ?

TROISIÈME LEÇON

Absorption de l'azote.

Résumé. — **L'azote** se présente au végétal sous quatre formes : à l'état *libre** (azote gazeux)*, combiné* à l'hydrogène *(azote ammoniacal)*, à l'oxygène et à l'hydrogène *(azote nitrique)*, au carbone, à l'oxygène et à l'hydrogène *(azote organique)*.

Il est absorbé principalement à l'état d'**azote nitrique**.

L'azote organique n'est pas pris par la plante tant qu'il reste sous cette forme, mais dans la terre *il peut être transformé en azote nitrique* (nitrification). La *nitrification* est l'œuvre de *microbes**. Pour qu'elle ait lieu, le sol doit renfermer de l'**oxygène**, de l'**humidité**, du **calcaire**, et être à une **température convenable**. Quand elle est trop active, l'azote nitrique formé peut être entraîné par les pluies et perdu pour les plantes.

L'azote ammoniacal peut être absorbé directement; de plus il *nitrifie* très rapidement.

Quant à l'azote **gazeux**, il n'est absorbé que par les **Légumineuses** (pois, haricot, trèfle, luzerne, sainfoin). Sur leurs racines vivent des *microbes* qui le prennent dans l'air et le cèdent ensuite à la plante. Quand celle-ci meurt, les racines restent dans le sol qu'elles *enrichissent* en azote.

L'absorption de l'*azote* présentant des particularités intéressantes, nous devons l'étudier avec quelques détails.

15. Azote libre et azote combiné. — L'*azote* est un gaz qui est abondamment répandu dans la nature à l'état libre : l'air en contient les 4/5 de son volume. De plus, il existe aussi en *combinaison*. Uni à l'*hydrogène*, il donne naissance à l'*ammoniaque* ou *alcali volatil*. L'ammoniaque est un gaz à odeur piquante, provoquant les larmes. L'eau peut en dissoudre des quantités considérables : 1 litre d'eau en absorbe 1,200 litres.

Avec l'*oxygène* et l'*hydrogène*, l'azote forme l'*acide azotique* ou *acide nitrique*, qui peut se combiner à son tour avec la potasse, la soude, etc., pour donner des *nitrates* de potasse, de soude, etc.

Enfin l'azote combiné au *carbone*, à l'*oxygène* et à l'*hydrogène* constitue la *matière organique*.

---

15. Où trouve-t-on l'azote à l'état libre? Qu'est-ce que l'ammoniaque? Parlez de sa solubilité. Que forme l'azote avec l'oxygène et l'hydrogène? Quelle est la composition de la matière organique?

C'est sous cette forme qu'il existe dans les tissus des êtres vivants. Toutes les fois qu'on incorpore au sol des débris animaux ou végétaux : cadavres, fumier, paille ou feuilles plus ou moins décomposées, on y introduit de la matière organique.

L'azote se présente donc au végétal sous quatre formes :

> Azote gazeux,
> Azote nitrique,
> Azote ammoniacal,
> Azote organique.

16. Azote gazeux. — Parmi les plantes cultivées, il n'y a qu'un seul groupe qui puisse puiser l'azote dans l'air : c'est celui des *Légumineuses*. On appelle *Légumineuses* toutes les plantes qui ont pour fruit une *gousse* ou *légume*, comme le haricot, le pois, la luzerne, le trèfle, le sainfoin. Quand on arrache une de ces plantes, on voit sur ses racines des sortes de verrues. Examinées au microscope, ces verrues se montrent remplies de *microbes*. Ce sont ces microbes qui prennent l'azote dans l'air et le cèdent ensuite à la plante. Il y a une sorte d'*association* entre les deux êtres : la plante fournit au microbe un abri et une partie de ses aliments ; en retour le microbe travaille pour elle et lui permet de fixer l'azote de l'air.

Énumérez les formes sous lesquelles l'azote se présente au végétal. — 16. Y a-t-il des plantes qui puissent prendre l'azote de l'air? Lesquelles? Qu'appelle-t-on légumineuses? Citez les légumineuses que vous connaissez. Comment ces plantes fixent-elles l'azote de l'air?

Cette propriété des Légumineuses est extrêmement importante pour le cultivateur : celui-ci, en effet, n'a pas à se préoccuper de leur fournir des aliments azotés. Bien plus, quand ces plantes meurent, leurs racines restent dans le sol avec une partie de l'azote que les microbes ont fixé : *il y a enrichisse-*

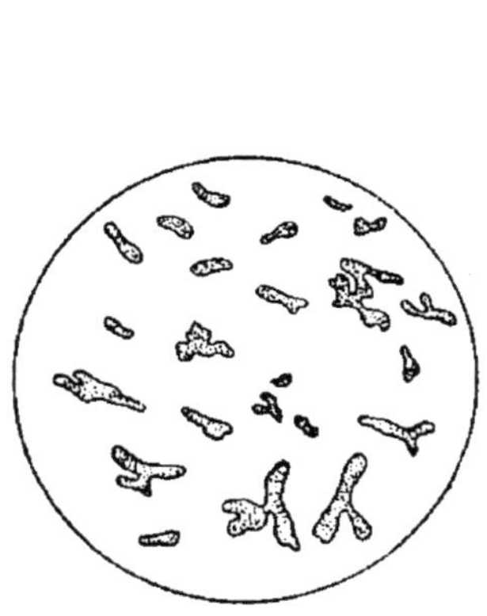

Fig. 3. — Microbes fixateurs de l'azote atmosphérique, vus au microscope.

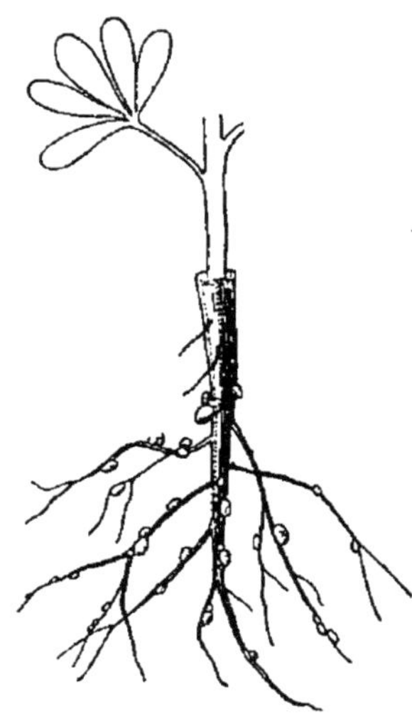

Fig. 4. — Verrues (ou nodosités) d'une racine de Lupin.

ment de la terre en azote. C'est pourquoi les Légumineuses ont compté de tout temps parmi les plantes améliorantes.

17. Azote nitrique et azote ammoniacal. —

L'*azote nitrique*, très soluble dans l'eau, *est absorbé*

Cette propriété est-elle importante pour le cultivateur ? Pourquoi ? — 17. L'azote nitrique est-il absorbé par les racines des plantes ?

directement par les racines des plantes. Il en est de même de l'*azote ammoniacal.* En outre, ce dernier est transformé très rapidement dans le sol en *azote nitrique.*

18. Azote organique. Nitrification. — Quant à l'*azote organique,* il est *insoluble* dans l'eau et dans

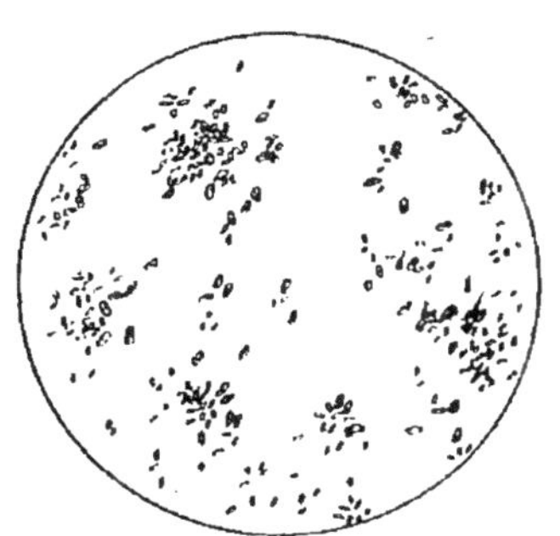

Fig. 5. — Microbes nitrificateurs, vus au microscope.

les acides des poils absorbants. Il ne peut donc servir de nourriture à la plante. Mais dans le sol les matières organiques sont décomposées ; des microbes spéciaux s'emparent de l'azote qu'elles contenaient et le *transforment d'abord en azote ammoniacal, puis en azote nitrique.* Dès lors il peut être absorbé par les plantes. Cette transformation porte le nom de *nitrification.*

Les microbes nitrificateurs ne travaillent que dans certaines conditions. Il leur faut de l'*oxygène.* Dans une terre peu aérée, la nitrification est très lente. Si l'air manque tout à fait, non seulement il ne se produit plus de nitrates, mais ceux qui existaient sont décomposés. D'autres microbes défont ce que les premiers avaient fait. Les

---

L'azote ammoniacal est-il absorbé ? Quelle transformation subit-il dans la terre ? — 18. L'azote organique est-il un aliment des plantes ? Qu'appelle-t-on nitrification ? À quoi la nitrification est-elle due ? Nécessité de l'oxygène dans la nitrification. Quelle est l'influence des labours sur la nitrification ?

labours, en aérant la terre, favorisent la nitrification.

L'eau étant nécessaire au développement de tous les êtres vivants, microbes ou autres, une *humidité convenable* active la nitrification. Une terre *sèche* ne nitrifie pas. (Une terre *noyée* d'eau ne nitrifierait pas davantage, car l'air ne s'y renouvellerait pas.)

Une certaine *température* est également nécessaire : la nitrification est presque nulle à 5°, elle atteint son maximum d'intensité à 37°, elle cesse à partir de 55°.

Enfin la terre doit renfermer du *calcaire*. Les sols *tourbeux* sont très riches en *humus*, et par suite en *azote organique*, mais ils sont pauvres en calcaire : la nitrification ne s'y produit pas. Leur azote n'est donc pas utilisé. On les améliore en leur donnant, par des *chaulages*, le calcaire qui leur manque.

La nitrification est une des principales causes de la *fertilité* du sol, puisque sans elle presque tous les résidus de la vie des animaux et des végétaux seraient perdus. Une grande partie du fumier serait inutilisable pour les plantes.

Mais il n'y a pas avantage à ce que la nitrification soit trop active, loin de là. Les nitrates sont très solubles ; s'il s'en produit plus que les racines des plantes ne peuvent en absorber, *l'eau des pluies les*

Une terre trop sèche ou trop humide nitrifie-t-elle ? Pourquoi ? A quelle température la nitrification est-elle plus active ? Les sols tourbeux nitrifient-ils ? Pourquoi ? Quelles sont les quatre conditions nécessaires à la nitrification ? Parlez de l'importance de la nitrification. Qu'arrive-t-il quand elle est trop active ?

entraîne dans les rivières. Ils sont ainsi perdus pour le cultivateur.

La nitrification est très active lors des *pluies d'été*, car le microbe trouve alors deux conditions favorables à son développement : *température élevée* et *humidité*. Or, c'est précisément à ce moment que les champs sont débarrassés de leurs récoltes. L'azote produit n'est pas utilisé et les pluies l'entraînent. Cette perte peut être considérable : on a calculé que la Seine emporte chaque année dans la Manche *19,000,000* de kilogrammes d'acide nitrique.

19. Cultures dérobées. — Pour diminuer cette perte, il serait bon de faire suivre immédiatement les céréales d'une plante à végétation rapide qui utiliserait au moins une partie de l'azote produit. On peut employer ainsi les *raves*, les *navets*, la moutarde, etc. C'est ce qu'on appelle une *culture dérobée*.

L'aération du sol activant la nitrification, il faut bien se garder de *labourer* la terre inutilement pendant la saison chaude.

L'azote nitrique n'est pas le seul produit de la décomposition de la matière organique. Celle-ci contient encore du *carbone :* il est transformé en *acide carbonique*. Aussi l'air du sol est plus riche en acide carbonique que l'air atmosphérique.

A quel moment s'effectue-t-elle le mieux? Pourquoi? L'azote nitrique qui se forme en été est-il absorbé par les plantes? S'en perd-il beaucoup chaque année? — 19. Comment peut-on faire pour diminuer cette perte? Faut-il labourer la terre après la récolte des céréales? Pourquoi ? La décomposition de la matière organique ne produit-elle que de l'azote nitrique?

LECTURE

LES MICROBES

L'existence des microbes était à peine soupçonnée quand *les admirables travaux de M. Pasteur* sont venus les révéler au monde.

Il serait difficile, pour ne pas dire impossible, d'indiquer un milieu exempt de microbes. Ces êtres, bienfaisants ou redoutables, sont présents partout. On les rencontre soit à l'état parfait, soit en germes dans les spores qu'ils produisent, spores que leur ténuité dissémine en tous lieux. Ces maîtres du monde peuplent l'air, vivent dans les flaques d'eau, dans les mares stagnantes, les étangs, les fleuves, dans les ports, sur le littoral et même dans les profondeurs de la mer. Suspendues dans l'air, dans les eaux, à la surface de tous les objets, ils ensemencent de leurs colonies les infusions de plantes, le jus du raisin, le moût de la bière, les bouillons de viande, la viande abandonnée à l'air, les cadavres dans lesquels ils pullulent avec une effrayante rapidité. Ils se rencontrent à l'état normal et en grande quantité dans la bouche, dans le tube digestif de l'homme et des animaux. Ils existent en masses énormes dans la terre végétale et à la surface du sol, surtout lorsque celui-ci est humide et mélangé de débris organiques. Les microbes sont les agents de la nitrification de nos terres arables. On croit même que la germination des plantes devient impossible sans eux. Ces *micro-organismes,* ou ces *bactéries,* comme on les appelle souvent encore, pénètrent dans le corps humain par la respiration et le tube digestif. Tous les aliments que nous ingérons en renferment un plus ou moins grand nombre. Le lait fermenté, les fromages, en sont farcis. Chaque section du tube digestif a ses microbes particuliers, et M. Pasteur pense que la digestion ne pourrait s'effectuer sans leur intervention. (LARIVE et FLEURY : *Dictionnaire des mots et des choses*, t. II, p. 601, HOUSSIAUX, éditeur.)

QUATRIÈME LEÇON

Pouvoir absorbant du sol.

RÉSUMÉ. — Tous les éléments solubles du sol ne sont pas entraînés par les pluies comme l'est l'azote nitrique. L'**azote ammoniacal**, les **phosphates**, la **potasse**, sont retenus par la terre quand celle-ci renferme de l'*humus* ou de l'*argile*. Pourtant ce pouvoir absorbant ne s'exerce pas dans les sols dépourvus de calcaire.

---

20. Pouvoir absorbant des terres. — Heureusement pour le cultivateur, tous les principes fertilisants ne sont pas susceptibles d'être entraînés par les pluies comme l'est l'*azote nitrique*. Il y en a qui sont insolubles : l'*azote organique*, par exemple. Ceux-là restent naturellement dans le sol, du moins tant qu'une transformation ne les a pas amenés à l'état soluble. Mais il y en a d'autres qui tout en étant solubles sont retenus par la terre et ne se retrouvent jamais dans les eaux qui ont traversé le

---

20. Pourquoi l'azote organique n'est-il pas entraîné par les pluies? Quelle est la transformation qui peut le rendre soluble? (Nitrification.) Quels sont les éléments que le sol retient malgré leur solubilité?

sol. Tels sont l'*azote ammoniacal*, l'*acide phospho-rique* et la *potasse*.

Ce pouvoir que possède le sol de fixer certains principes solubles s'appelle le pouvoir absorbant. Les expériences suivantes peuvent le mettre en évidence.

Remplissons un entonnoir de terre franche bien sèche, émiettée et légèrement tassée. Versons ensuite lentement du purin dans l'entonnoir. Le purin imbibe peu à peu la terre, puis s'écoule par la partie inférieure de l'entonnoir. Recueillons le liquide qui passe. Nous voyons d'abord qu'il diffère entièrement du purin. Celui-ci est noir et répand une odeur infecte; le produit obtenu est complètement décoloré, sans mauvaise odeur. Le purin contient de l'*ammoniaque*, de l'*acide phosphorique* et de la *potasse;* le liquide recueilli n'en renferme presque plus, une analyse chimique pourrait le montrer. Ces principes fertilisants ont été fixés par la terre.

On peut pousser l'expérience plus loin. Laissons sécher ce sol qui vient de s'enrichir aux dépens du purin, puis versons dans l'entonnoir de l'eau de pluie ; quand elle aura imbibé la terre elle s'écoulera comme tout à l'heure le purin, mais elle sera encore limpide, incolore, sans saveur marquée. Si on l'analysait on verrait qu'elle ne contient pas d'*ammoniaque*, d'*acide phosphorique* ou de *potasse* en quantité appréciable.

Voici une expérience encore plus démonstrative. Préparons trois pots à fleurs que nous remplirons

---

Quel nom donne-t-on à cette propriété du sol? Citez les expériences qui mettent en évidence le pouvoir absorbant.

de terre végétale de même provenance ; nous en arroserons deux avec du purin, puis sur un de ceux-là nous verserons ensuite de l'eau claire de manière à laver le sol. Semons une même plante dans chacun de ces pots, du blé, par exemple. Quand viendra la moisson, nous verrons que les deux pots arrosés de purin ont produit à peu près la même récolte, malgré le lavage subi par l'un d'eux. La récolte est moindre dans celui qui n'a pas reçu d'engrais.

Ces expériences nous montrent que la terre végétale a le pouvoir de retenir l'azote ammoniacal, l'acide phosphorique et la potasse, malgré la solubilité de ces éléments. Les eaux des pluies ne peuvent donc les entraîner hors de la portée des racines. Quant à la chaux, de même que l'azote nitrique, elle n'est pas retenue.

21. Le pouvoir absorbant est dû à l'argile et à l'humus. — Toutefois le pouvoir absorbant ne s'exerce pas dans toutes les terres. Les savants ont montré qu'il est dû surtout à la présence dans le sol de *l'argile* et de *l'humus*. Quand ces deux éléments font défaut, ce qui arrive dans certains sols *sableux*, les engrais sont très peu retenus. De plus, pour fixer les éléments solubles, l'argile ou l'humus doivent être accompagnés de *calcaire*. (Voir n° 72.) Dans les sols *tourbeux*, cette fixation n'a pas lieu.

---

21. Tous les sols retiennent-ils les engrais solubles ? A quoi est dû le pouvoir absorbant ? S'exerce-t-il dans les sols sableux ? dans les sols tourbeux ?

**22. Conséquences pratiques du pouvoir absor-
bant.** — La connaissance du pouvoir absorbant des
terres a une grande importance pour le cultivateur ;
c'est en partie sur elle qu'est basé l'emploi judicieux
des engrais chimiques. Quand un élément est retenu
par le sol, comme l'*acide phosphorique*, la *potasse*,
on peut en introduire dans la terre de grandes quantités sans avoir peur de le voir emmener en pure perte
par les pluies. Si au contraire il n'est pas retenu,
comme cela arrive pour l'*azote nitrique*, il faut l'employer en petite quantité à la fois et seulement au
moment où les plantes peuvent l'utiliser en entier.
Quant à l'*azote ammoniacal*, il est bien fixé par le
sol tant qu'il reste sous cette forme, mais il ne faut
pas oublier qu'il nitrifie très rapidement et peut
alors être entraîné par les eaux.

LECTURE

AZOTE NITRIQUE ENTRAÎNÉ PAR LES PLUIES

La perte de l'azote nitrique (azote contenu dans les
nitrates) par les eaux qui traversent le sol est chaque
année très sensible. D'après un grand nombre d'analyses, Lawes, Gilbert et Warington estiment qu'en
moyenne les eaux de drainage enlèvent annuellement
à un hectare de terre non cultivé une quantité d'azote
nitrique égale à 47 kilos. C'est à peu de chose près ce

---

22. Quelles sont les conséquences pratiques du pouvoir absorbant pour l'emploi de l'acide phosphorique et de la potasse
comme engrais? pour l'emploi de l'azote nitrique ? L'azote ammoniacal est-il retenu indéfiniment par le sol ?

que renferme une récolte moyenne de froment ou d'orge. La perte de nitrates est plus grande dans les sols nus que dans les sols cultivés. Ceux-ci, d'une part, utilisent une partie des nitrates au profit des plantes qu'ils portent; d'autre part, à l'aide du feuillage de celles-ci, ils évaporent une fraction notable de l'eau de pluie qu'ils reçoivent, ce qui diminue d'autant la quantité d'eau qui traverse. Les grandes pertes d'azote nitrique ont lieu pendant l'automne et l'hiver. Dans ces saisons les pluies sont abondantes, les récoltes sont enlevées, ou du moins toute végétation cesse. Les nitrates sont dissous, entraînés dans les eaux souterraines et perdus.

On ne doit donc fournir les nitrates au sol que lorsque la végétation est capable de les consommer rapidement : jamais avant l'hiver, mais seulement au printemps. Il suffira de les étendre en couverture, les pluies les entraîneront facilement dans le sol. (A. SOLANET : *Chimie agricole*, p. 151. AMAT, éditeur.)

II

FERTILISATION DU SOL

CINQUIÈME LEÇON

A. — Irrigation et drainage.

RÉSUMÉ. — On remédie à la sécheresse en **irriguant** les cultures. Pour cela on y amène par des rigoles l'eau d'un ruisseau ou d'un réservoir. D'autres rigoles emmènent l'excès d'eau. **L'eau doit arriver partout et ne séjourner nulle part.**

Les irrigations sont surtout profitables *aux prairies*.

Dans le **colmatage,** on laisse l'eau séjourner sur le sol pour que les matières terreuses qu'elle contient se déposent et augmentent l'épaisseur de la terre végétale.

Quand l'eau est en excès dans un sol, on peut l'enlever au moyen du **drainage.** Pour *drainer* un champ, on place dans le sous-sol des lignes de tuyaux dans lesquels l'eau circule et qui aboutissent à un ruisseau ou à un fossé. Les tuyaux s'appellent des **drains**. Le drainage rend les travaux agricoles plus faciles à exécuter, il améliore la nature des végétaux qui poussent naturellement sur le sol, il réchauffe la terre, ce qui avance la maturité des récoltes, enfin il assainit le pays. Malheureusement, c'est une amélioration coûteuse.

23. Irrigations. — L'eau est indispensable à la vie des plantes, car celles-ci en évaporent constamment par leurs parties vertes. Elle forme d'ailleurs la plus grande partie de leurs tissus : 100 kilos d'herbe verte en contiennent environ 75 kilos.

Les jardiniers sont obligés de donner à boire aux plantes qu'ils cultivent : ils les arrosent. Sans cela elles se dessécheraient. Le cultivateur peut parfois arroser aussi ses cultures au moyen des *irrigations*.

Pour irriguer un champ, on y amène par des rigoles l'eau d'un ruisseau ou d'un réservoir. D'autres rigoles emmènent l'excès d'eau. Si l'irrigation est bien conduite, l'eau doit *arriver partout et ne séjourner nulle part*.

24. Choix de l'eau. — Les eaux les meilleures

---

23. Les plantes contiennent-elles beaucoup d'eau ? Comment le cultivateur peut-il arroser ses cultures ? Comment pratique-t-on les irrigations ? Quel principe doit-on observer ? — 24. Quelles sont les eaux les meilleures pour l'irrigation ?

sont celles qui sont chargées de matières terreuses. Les débris qu'elles contiennent servent dans une

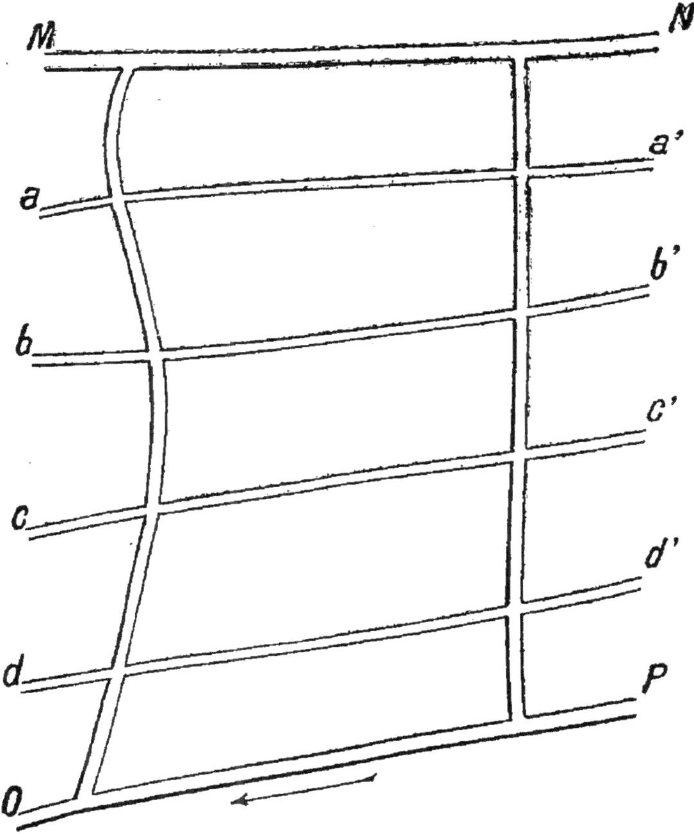

Fig. 6. — Irrigation par rigoles de niveau. L'eau amenée par le canal *MN* est distribuée par les rigoles *aa' bb'* etc. L'excès d'eau est emmené par la rigole *OP*.

certaine mesure d'engrais aux plantes. D'ailleurs, les eaux qui paraissent les plus limpides renferment toujours des impuretés, au moins en dissolution.

25. Nature du sol. — On peut irriguer tous les sols quand la sécheresse se fait sentir, mais on comprend que ceux qui profitent le plus de cette opération sont les sols légers, calcaires ou sablonneux, car ils se dessèchent très rapidement.

26. Cultures à irriguer. — Les irrigations sont surtout profitables *aux prairies;* elles en augmentent toujours le rendement. Dans le midi de la France, où le climat est sec et chaud, il y a avantage à arroser toutes les cultures, même les céréales.

27. Irrigations par submersion. — On submerge quelquefois complètement les terres à irriguer. Cette opération a lieu surtout pour la vigne, en vue de détruire le phylloxéra. Elle se pratique alors en hiver et doit durer au moins quarante jours.

28. Colmatage. — Certaines eaux charrient beaucoup de débris terreux ou limons. Quand on les laisse séjourner sur les terres, ces débris se déposent et augmentent l'épaisseur de la couche végétale, en même temps qu'ils l'enrichissent. Cette opération s'appelle le *colmatage.*

Par le colmatage, on a pu transformer en prairies fertiles des graviers stériles situés en aval d'Épinal, le

---

25. Quels sols convient-il d'irriguer? — 26. A quelles cultures les irrigations sont-elles profitables? — 27. Dans quel cas pratique-t-on surtout les irrigations par submersion? — 28. Parlez du colmatage.

4

long de la Moselle. Un autre exemple célèbre de colmatage est celui qui s'opère naturellement en Égypte. Le Nil déborde chaque année vers la fin de juin à cause des pluies abondantes qui tombent dans son bassin supérieur. Quand les eaux se retirent, elles laissent le sol recouvert d'un limon très fertile dans lequel les paysans égyptiens peuvent effectuer directement leurs semailles. Les Anglais ont construit tout récemment un énorme barrage pour régulariser les crues du Nil.

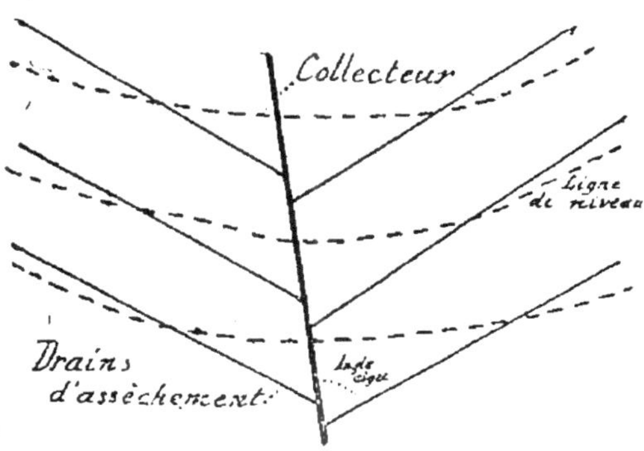

Fig. 7. — Plan de drainage.

Les collecteurs sont placés suivant la ligne de la plus grande pente. les petits drains sont inclinés sur les lignes de niveau et débouchent dans les collecteurs suivant un angle aigu. La pente des uns et des autres doit être bien régulière.

29. Drainage.

— Beaucoup de terres fortes sont trop humides. On les améliore en enlevant, par un *drainage*, l'excès d'eau qu'elles contiennent.

Pour drainer un terrain, on creuse des tranchées à pente bien régulière, au fond desquelles on place des tuyaux de poterie ou *drains*. Ces tranchées sont ensuite comblées. Les lignes de drains rayonnent dans tout le champ ; elles aboutissent dans des drains plus gros ou *collecteurs*, placés suivant la plus grande pente du terrain. Ceux-ci débouchent eux-mêmes dans un

---

29. Comment améliore-t-on les terres humides ? Comment établit-on un drainage ?

ruisseau ou dans un fossé de décharge. Quand deux collecteurs débouchent l'un dans l'autre, on place à cet endroit un *regard* qui permet de vérifier de temps en temps si le drainage fonctionne bien.

L'eau pénètre dans les drains par le léger intervalle qui existe entre chaque tuyau. Souvent on réunit les tuyaux par un manchon qui en protège l'extrémité : il y a là un surcroît de dépense, sans

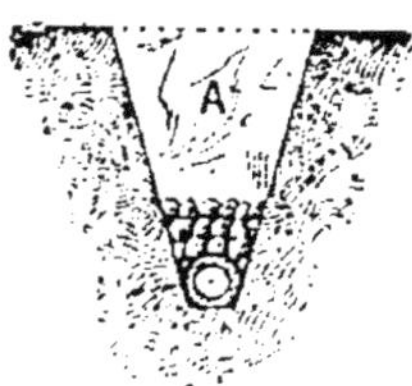

FIG. 9. — Tuyau de drainage et manchon.

Les manchons sont inutiles; les légers intervalles qui existent toujours entre deux drains suffisent pour assurer la pénétration de l'eau.

FIG. 8. — Tranchée de drainage.

que l'avantage qui en résulte soit bien considérable.

Le diamètre des tuyaux, la profondeur, l'écartement des lignes de drains, varient beaucoup suivant la nature du sol et la quantité d'eau à évacuer.

On a en général :

Profondeur des drains . .	$0^m,90$	à $1^m,30$.
Écartement des lignes . .	7^m	à 20^m.
Diamètre des petits drains.	$0^m,025$	à $0^m,05$.
Diamètre des collecteurs .	$0^m,05$	à $0^m,15$.

Que fait-on lorsque deux collecteurs débouchent l'un dans l'autre? Comment l'eau pénètre-t-elle dans les drains ? Les manchons sont-ils nécessaires pour protéger l'extrémité des drains?

30. Avantages du drainage. — Voici quels sont les principaux avantages du drainage :

1° Les travaux agricoles sont plus faciles à exécuter. Quand un sol est humide, la terre se colle aux instruments ou aux pieds des animaux. Les drains enlèvent rapidement l'eau en excès provenant des pluies et permettent de pénétrer plus tôt dans ces sols.

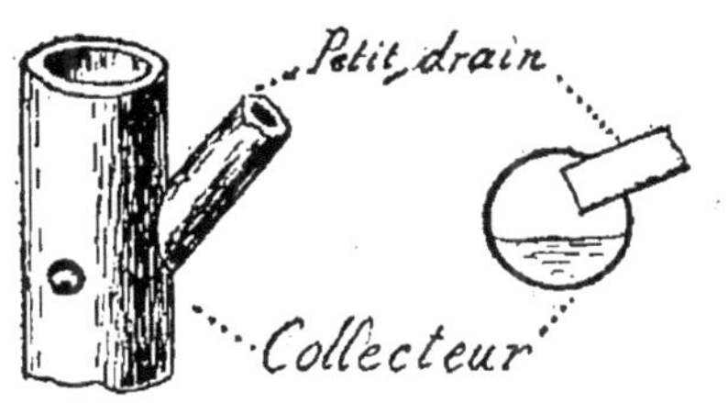

Fig. 10. — Arrivée d'un drain dans un collecteur.

2° La végétation naturelle est améliorée. Dans une prairie humide, il pousse des herbes dures, coupantes, donnant un foin de mauvaise qualité. Après le drainage elles sont remplacées par de bonnes plantes, graminées* ou légumineuses.

3° L'eau, en s'évaporant, refroidit la terre. Quand de l'eau bout sur le feu, elle utilise, pour s'évaporer, la chaleur du foyer ; dans le sol, elle prend cette chaleur à la terre elle-même. Les drains emmènent cette eau, la terre se refroidit moins. D'autre part, l'air circule mieux dans un sol drainé et il contribue aussi à réchauffer la terre. Il en résulte que la maturité des récoltes est avancée.

4° Enfin les pays humides sont malsains, le drainage les assainit.

---

30. Comment le drainage facilite-t-il les travaux agricoles ? Comment améliore-t-il la végétation ? Quelle est l'influence du drainage sur la maturité des récoltes ? Citez un autre avantage du drainage.

Malheureusement, c'est là une opération coûteuse ; un drainage ne peut guère revenir à moins de 3oo francs par hectare ; souvent il coûte bien davantage. Un cultivateur ne devra donc pas l'entreprendre à la légère, mais bien calculer si le supplément de récolte qu'il obtiendra ensuite pourra payer ses frais.

LECTURES

TERRES A DRAINER

Partout où, quelques heures après une pluie, on aperçoit l'eau qui séjourne ; partout où la terre est forte, grasse, s'attache au soulier, où le pied laisse

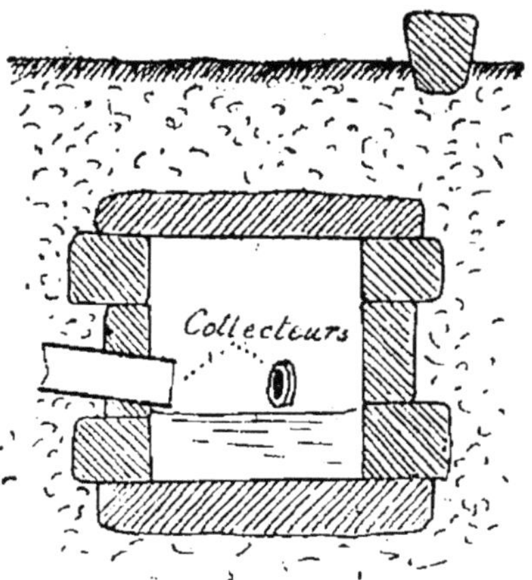

Fig. 11. — Regard.

Quand deux collecteurs doivent se croiser, on les fait déboucher dans un regard en maçonnerie. Une borne en indique l'emplacement.

des cavités, où l'eau demeure ; partout où le bétail après un temps pluvieux ne peut pénétrer sans enfoncer ; partout où le soleil forme sur la terre une croûte dure, légèrement fendue, resserrant comme dans un étau les racines des plantes ; partout où l'on voit les dépressions de terrain plus humides que le reste de la pièce, trois ou quatre jours après les pluies ; partout où un bâton enfoncé à une profondeur de $0^m,40$ à $0^m,50$ forme un trou qui ressemble à un puits au fond duquel l'eau s'aperçoit ; partout où la tradition a consacré comme avantageux l'usage de la culture en billons, le drainage produira de bons effets. (BARRAL.)

Quelle précaution faut-il prendre avant de drainer un champ ?

LES MARCITES DU MILANAIS

(Les marcites sont des prairies qui ont été créées, il y a plus de cinq cents ans, par des moines cisterciens dans le voisinage de Milan. Elles sont arrosées par les eaux des égouts de la ville. Grâce à un ingénieux système d'ados et de rigoles, la même eau sert jusqu'à dix ou douze fois.)

Grâce à ce système de reprise d'eau, on arrive à irriguer 1,000 hectares, tandis que le calcul semblerait indiquer que 3o hectares seulement peuvent être arrosés, étant donné que la quantité d'eau qui passe sur les marcites est de 3,000 mètres environ par hectare et par jour.

La couche de liquide qui ruisselle à la surface des prés garantit l'herbe du froid, à tel point qu'on peut prendre une première coupe dès le mois de février, et on répète cette opération six fois pendant l'année. Le produit varie beaucoup suivant les points considérés ; les plus beaux rendements s'observent sur les prairies les plus rapprochées de la ville, c'est-à-dire sur celles qui reçoivent l'eau la plus riche. C'est à de semblables situations que s'appliquent les chiffres de 80 ou même 100 tonnes de fourrage vert, correspondant à 20 et 25,000 kilogrammes de foin sec à l'hectare.

Les eaux déposent à la surface des marcites un limon qu'on enlève tous les cinq ou six ans et qu'on vend aux maraîchers. On prétend que la vente de cet engrais produit 600 francs par hectare.

Ces diverses considérations expliquent le prix de location de 5oo à 6oo francs par hectare. L'impôt s'élève à 6o francs. (BERTHAULT : *Dictionnaire d'agriculture* de BARRAL et SAGNIER, article Égouts, t. II, p. 692, HACHETTE, éditeur.)

SIXIÈME LEÇON

B. — Amendements.

Résumé. — On appelle **amendement** toute modification *durable* des propriétés du sol. On améliore les terres compactes en y introduisant des **amendements calcaires,** *marne ou chaux.*

Le **calcaire** ameublit les *sols argileux* et les empêche de former une pâte après la pluie, il permet la **nitrification** de l'azote organique des terres acides (sols tourbeux, terres de bruyère); enfin, sans lui, l'humus n'exerce pas son *pouvoir absorbant* vis-à-vis de l'azote ammoniacal et de la potasse.

La **chaux** a un effet plus prompt que la *marne*. Toutes deux doivent être accompagnées d'*abondantes fumures* au fumier de ferme ou aux engrais chimiques, sans quoi le sol sur lequel on les emploie s'appauvrit rapidement.

---

31. Définition. — On appelle *amendement* toute amélioration durable du sol. Le drainage, l'irriga-

---

31. Qu'appelle-t-on amendement? Citez des amendements.

tion, sont des amendements. Toutefois on réserve le plus souvent ce nom à l'introduction du calcaire dans une terre qui en est dépourvue ou qui n'en contient pas assez.

32. Action du calcaire dans les sols. — Le *calcaire* est un aliment des plantes, les sols qui n'en renferment pas sont stériles, mais il agit aussi pour modifier les propriétés physiques du sol. Il rend plus légères les terres compactes. Quand l'argile du sol n'est pas accompagnée de calcaire, elle agit comme une colle après les pluies et cimente entre elles les particules de terre ; il se forme ainsi une pâte dans laquelle les racines des plantes sont comme noyées. L'air ne peut arriver jusqu'à elles, et elles meurent asphyxiées. Le calcaire empêche cette pâte de se former, il *ameublit donc les terres argileuses.*

On peut le constater par une expérience très simple : si l'on délaye de l'argile pure dans l'eau, cette eau reste trouble indéfiniment. Il suffit d'ajouter une pincée de craie pour que l'argile se dépose et que l'eau s'éclaircisse.

Nous avons vu que le calcaire est *indispensable à la nitrification.* Certains sols renferment des quantités énormes d'azote : tels sont les sols tourbeux, les terres de lande, de bruyère ; pourtant ils sont à

A quoi réserve-t-on surtout le nom d'amendement ? — **32.** Quel est le rôle du calcaire dans les terres compactes ? Comment se comportent, après les pluies, les sols argileux dépourvus de calcaire ? Qu'en résulte-t-il pour les racines des plantes ? Citez des **sols stériles riches en azote.**

peu près stériles. C'est que cet azote est à l'état organique, il ne peut être utilisé par les plantes qu'après avoir nitrifié. Or, la nitrification ne se fait pas dans ces terres parce qu'elles manquent de calcaire ; l'humus qu'elles contiennent est un humus acide*. L'introduction du calcaire le rend propre à servir d'aliment aux plantes.

Enfin, pour que l'*humus* exerce son *pouvoir absorbant* vis-à-vis des éléments solubles, comme l'azote ammoniacal, la potasse, il doit être accompagné de *calcaire*. Les sols acides ne retiennent pas les engrais.

33. Marnage. — Le *calcaire* se donne le plus souvent sous forme de marne ou de chaux.

La *marne* est une pierre composée de calcaire et d'argile. Exposée à l'air, elle se délite, c'est-à-dire qu'elle tombe en poussière. On la répand alors à la surface du champ et on l'enterre par un labour.

34. Chaulage. — La *chaux* provient de la calcination des pierres calcaires. Nous avons vu que ces dernières sont formées de la combinaison de l'acide carbonique et de la chaux ; quand on les chauffe fortement, l'acide carbonique s'en va et la chaux reste seule.

Pourquoi cet azote n'est-il pas pris par les plantes ? Que faut-il pour que l'azote organique devienne un aliment ? Rôle du calcaire dans ces sols. — Résumez les trois propriétés fondamentales du calcaire dans la terre. — 33. Sous quelles formes donne-t-on le calcaire aux terres ? Qu'est-ce que la marne ? Qu'arrive-t-il quand elle est exposée à l'air ? Comment l'emploie-t-on ? — 34. **Comment fabrique-t-on la chaux ?**

La chaux qu'on vient de fabriquer est de la *chaux vive ;* si on la met dans l'eau elle l'absorbe, augmente de volume et devient de la *chaux éteinte.* Elle s'éteint également peu à peu dans l'air humide et tombe en poussière.

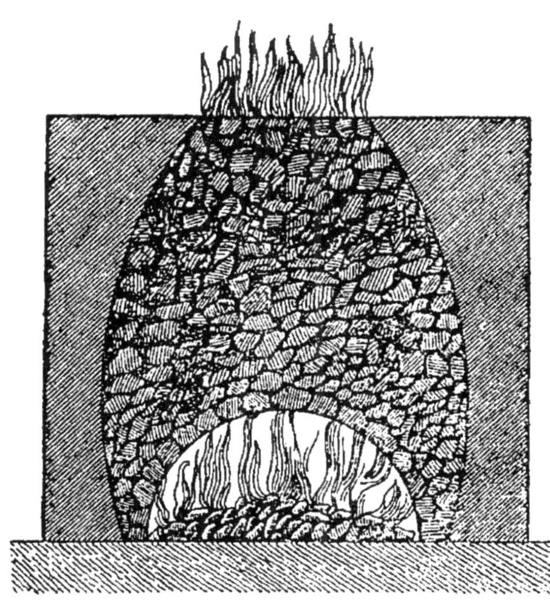

Fig. 12. — Four à chaux.

La chaux, étant plus pure que la marne, a des effets plus énergiques ; on doit l'employer en plus faible quantité. Elle a aussi des propriétés spéciales. A son contact, les matières organiques sont décomposées; il se forme de l'azote ammoniacal.

Pour s'en rendre compte on n'a qu'à mélanger un peu de fumier avec de la chaux vive et à remuer le tout ; il se dégage un gaz, à odeur piquante, provoquant les larmes : c'est de l'ammoniaque.

Dans le sol, la chaux absorbe peu à peu l'acide carbonique et repasse à l'état de calcaire.

Que devient la chaux vive exposée à l'air ? Comparez les effets de la chaux à ceux de la marne. Que devient la chaux dans le sol ?

35. Amendements marins. — Au voisinage de la mer, on emploie beaucoup, comme amendement, des débris de coquille (tangue) ou des plantes marines riches en calcaire (merl.).

36. Les amendements calcaires doivent être accompagnés de fumures. — Quand un sol est pauvre en calcaire, les récoltes y viennent mal ; si on introduit cet élément, les plantes s'y développeront davantage, le rendement sera plus élevé. Mais si la récolte est plus abondante, elle enlève aussi au sol une plus grande quantité *d'azote*, *d'acide phosphorique* et de *potasse*. La présence de l'amendement calcaire lui-même amène une perte *d'azote* qui nitrifie et est entraîné par les eaux. Un sol auquel on ne donne que cet amendement s'appauvrit donc rapidement, ce qui justifie ce vieux proverbe : « *La chaux enrichit les pères et ruine les enfants.* » (On aurait pu en dire autant de la marne).

Il est facile d'empêcher cet épuisement du sol : on n'a qu'à lui restituer par d'abondantes fumures les éléments que les récoltes lui enlèvent. La chaux n'aura ainsi que de bons effets.

LECTURE

ABUS ET INSUCCÈS DU CHAULAGE

Quand on fait marcher simultanément les fumures et les chaulages, on peut indéfiniment maintenir la terre

---

35. Parlez des engrais calcaires employés au bord de la mer. — 36. Comment l'emploi exclusif de la chaux ou de la marne appauvrit-il la terre ? Comment peut-on empêcher cet épuisement du sol ?

en bonne production. Mais là où les chaulages ont été exagérés, et les cas à citer ne sont pas rares, on a été conduit à abandonner par un revirement complet cette pratique qui a tant d'utilité. En effet, dans ces conditions, les terres, après avoir donné quelques bonnes récoltes, sont devenues de mauvaise qualité, et dans certaines localités où le chaulage était le plus en faveur, on en est arrivé à craindre la chaux et à la regarder comme nuisible. L'abus a donc provoqué une réaction et a fait renoncer aux bons effets qu'on est en droit d'attendre d'un chaulage rationnel.

En outre, il peut arriver que, par des applications répétées, la chaux se trouve en quantité suffisante dans le sol ; si alors on continue à apporter cet amendement, c'est en pure perte, puisque, au-delà d'une certaine limite, il n'y a plus de résultats utiles.

... Mais la chaux ne produit tous ses effets que si le sol peut donner en quantité suffisante les divers éléments nécessaires aux récoltes ; si l'un d'eux fait défaut, malgré l'abondance des autres, la production végétale est limitée. Il ne faut donc appliquer les chaulages qu'aux sols suffisamment riches en azote, en acide phosphorique, en potasse, ou aux sols auxquels on a ajouté celui de ces éléments qui faisait défaut. (Müntz et Girard : *Les Engrais*, t. III, p. 253, Didot, éditeur.)

SEPTIÈME LEÇON

C. — Les engrais. Le fumier de ferme.

Résumé. — Pour qu'un sol produise abondamment, il faut lui ajouter les éléments qui lui manquent, quand sa composition n'est pas convenable, et lui restituer ceux que chaque récolte lui enlève. On y arrive par les **engrais**.

L'engrais fondamental est le **fumier de ferme**. Il est formé par les *déjections* solides et liquides des animaux mélangées avec une *litière* (paille, feuilles mortes, sciure de bois, terre, tourbe). La litière de tourbe produit un meilleur fumier que la litière de paille.

L'urine des animaux est la partie la plus riche du fumier ; le cultivateur doit la recueillir avec soin dans une fosse. Dans l'étable elle *fermente* et laisse dégager du *carbonate d'ammoniaque*, ce qui l'appauvrit en *azote*. On diminue cette perte en renouvelant souvent les litières et en employant des litières très absorbantes (terre, tourbe).

37. Rôle des engrais. — Le sol est en quelque sorte le *garde-manger* de la plante ; il renferme la plus grande partie des aliments dont elle a besoin. Mais chaque récolte lui en enlève une certaine quantité : si on n'a pas soin d'en ajouter de nouveaux, il n'en contiendra bientôt plus. Dès lors il

Fig. 13. — Culture en sol stérile avec différents engrais.

1. Engrais complet.
2. Manque l'azote.
3. Manque la potasse.
4. Manque l'acide phosphorique.

sera *stérile*. Pour éviter de l'épuiser on y introduit des *engrais*.

D'autre part il arrive souvent que la terre ne renferme pas en quantité suffisante tout ce qui est nécessaire aux plantes. Nous avons vu que l'*azote*, l'*acide phosphorique*, la *potasse* et la *chaux* font souvent défaut et qu'il est nécessaire de les ajouter là où ils manquent si on veut avoir des récoltes satisfaisantes.

---

37. Quels sont les aliments que la plante puise dans le sol ? Et dans l'air ? Qu'arrive-t-il si on n'en ajoute pas de nouveaux à la terre ? A quoi servent encore les engrais ?

L'engrais a donc pour but :

1° De *restituer* au sol les principes fertilisants que les récoltes lui ont enlevés;

2° De lui *apporter* les éléments utiles qui lui manquent.

LE FUMIER

L'engrais par excellence est le *fumier de ferme*. Ils est formé par les *déjections solides et liquides* des animaux mélangées avec une *litière*.

38. Les litières. — Les *litières* ont pour but d'assurer aux animaux une couche plus douce, de les entretenir dans un meilleur état de propreté, et enfin d'absorber une partie des déjections liquides. Le plus ordinairement on emploie comme litière la paille des céréales, mais il peut être avantageux de la remplacer parfois par d'autres matières de peu de valeur : feuilles mortes, fanes de pomme de terre, et même par la terre sèche, la sciure de bois, la tourbe. Cette dernière présente même des avantages particuliers que nous examinerons bientôt.

39. Fabrication du fumier. Pertes à éviter. — L'idéal serait de pouvoir restituer au sol tous les résidus de la digestion des animaux; malheureusement cela est impossible. En pratique il y a toujours

---

Résumez leur rôle. Quel est l'engrais par excellence? — 38. A quoi servent les litières? Quelle est la litière la plus employée? Par quoi peut-on la remplacer? — 39. Peut-on restituer au sol tous les résidus de la digestion des animaux?

des *pertes*. Si le cultivateur ne peut pas toutes les éviter, du moins il doit *les réduire* le plus possible. Voyons d'abord celles qui se produisent dans l'*étable*.

40. Les urines doivent être recueillies. — Les *urines* sont surtout riches en *azote* et en *potasse ;* un bœuf rejette par ses urines à peu près *autant d'azote*, et souvent *sept* à *huit fois plus de potasse* que par ses excréments solides. Il importe donc de ne pas les laisser perdre. Il suffit pour cela d'établir derrière les animaux une *rigole* qui emmène les urines dans la *fosse à purin*. On peut aussi les recueillir dans une fosse spéciale et les employer en arrosage sur les cultures, mais il faut avoir soin de les mélanger de beaucoup d'eau. Sans cette précaution, elles brûleraient les plantes.

41. Fermentation de l'urine dans l'étable. Perte d'azote. — Dans l'étable même, l'urine s'appauvrit en *azote*. Elle *fermente* presque immédiatement après son émission ; des microbes transforment les matières azotées qu'elle contient en *carbonate d'ammoniaque*, qui, très volatil, se dégage dans l'air. C'est pourquoi on perçoit une odeur ammoniacale quand on entre dans une étable mal aérée.

Que doit faire le cultivateur ? — 40. Que contiennent surtout les urines des animaux ? Comparez leur richesse à celle des excréments solides. Comment peut-on les recueillir ? Peut-on les employer directement en arrosages sur les plantes ? — 41. Dans l'étable, l'urine ne s'appauvrit-elle pas en azote ? Pourquoi ? Comment s'aperçoit-on de cette fermentation ?

La perte résultant de cette décomposition est considérable : elle peut atteindre *plus de la moitié de l'azote contenu dans les fourrages* consommés par les animaux. Un kilogramme d'azote vaut environ 1 fr. 5o ; or, un mouton consomme à peu près 18 kilogrammes d'azote par an ; si la moitié de cet azote est perdu, nous avons à la fin de l'année, par tête de mouton, une perte en argent de 13 fr. 5o. Cela fait 1,35o francs pour un troupeau de 1oo têtes.

42. Rôle des litières dans la fixation de l'azote. — Le cultivateur ne peut pas complètement éviter cette perte, mais du moins il peut la *réduire*. Les *litières* fixent une certaine quantité d'ammoniaque : il devra les renouveler fréquemment. Il doit aussi employer celles dont le pouvoir fixateur est le plus grand : la *terre* et surtout la *tourbe* peuvent rendre de grands services à cet égard. Nous avons vu, à propos du pouvoir absorbant du sol, que l'humus fixe l'azote ammoniacal ; or, la tourbe est très riche en humus, *elle s'oppose au dégagement de l'ammoniaque.*

On a placé, dans des écuries semblables, des chevaux ayant pour litière, les uns de la paille, les autres de la tourbe. Au bout de quatre jours, il n'y avait encore aucun dégagement ammoniacal avec la litière de tourbe.

La perte résultant du dégagement ammoniacal est-elle grande ? Citez un exemple. — 42. Le cultivateur peut-il complètement éviter cette perte ? Voyez-vous pourquoi ? (Il y a toujours des microbes dans l'étable, l'urine fermente. En remuant le fumier l'ammoniaque se dégage.) Comment peut-on la diminuer ? Parlez des litières de tourbe. Comparez-les avec les litières de paille.

Après quinze jours, le dégagement n'était pas plus fort qu'au bout de six jours avec la litière de paille.

D'autre part, le fumier produit est de meilleure qualité, sa composition est plus uniforme, et il est plus facile à épandre. Enfin, à poids égal, la tourbe absorbe *trois fois* plus de liquide que la paille de blé.

La *tannée*, la *sciure de bois*, ont des pouvoirs absorbants voisins de ceux de la tourbe ; il y a avantage à les employer quand on peut se les procurer à bon compte.

On recommande parfois, pour empêcher le départ de l'ammoniaque, de saupoudrer les litières avec du *plâtre*, du *sulfate de fer*. Ces substances coûtent assez cher et sont peu efficaces — ou tout au moins ne le seraient qu'à haute dose. Le sulfate de fer pourrait alors nuire à la santé des animaux.

LECTURE

NÉCESSITÉ D'UNE FOSSE A PURIN

Les cultivateurs hésitent souvent à faire les frais d'une fosse à purin, se figurant qu'ils n'en obtiendront qu'une faible quantité ; ils ne songent pas que le petit filet de purin qui s'échappe de leur cour coule pendant toute

---

Le fumier fait avec des litières de tourbe vaut-il celui qui est fait avec des litières de paille ? Citez d'autres substances qui peuvent aussi servir de litière. Avec quoi recommande-t-on parfois de saupoudrer la litière pour empêcher le dégagement ammoniacal ? **Est-ce avantageux ?**

l'année et grossit, à chaque pluie, aux dépens de leur tas de fumier, c'est-à-dire aux dépens de leur bourse. La litière, quelque abondante qu'elle soit, n'absorbe presque jamais la totalité des urines, surtout à l'époque où le bétail est mis au vert, et il serait impardonnable de ne pas diriger sur le fumier ou dans une fosse les urines qui s'écoulent alors hors des étables et des écuries.

Dans les exploitations peu avantageusement disposées pour la bonne confection des fumiers, il est assez rare qu'on ne puisse pas utiliser sans grands frais, comme fosse à purin, une de ces mares infectes dans lesquelles vont se réunir les eaux de la basse-cour.

Lorsqu'enfin on aura jugé la construction d'un réservoir trop dispendieuse, en raison du peu d'importance de la ferme, ce qu'il y aurait de mieux à faire, pour ne pas perdre les eaux du fumier, ce serait de recouvrir le fond de l'emplacement d'une couche de terre, de sable, de tourbe, de marne, en un mot d'une substance sèche et poreuse capable d'absorber l'excès des matières liquides qui suintent pendant la fermentation. (Isidore Pierre : *Chimie agricole,* IIe volume, p. 159, Librairie agricole de la Maison rustique.)

HUITIÈME LEÇON

Le fumier de ferme *(suite)*.

Résumé. — Le fumier retiré des étables est placé sur une **plate-forme** ou dans une **fosse**. Il faut recueillir le liquide ou **purin** qui s'en écoule.

Quand le fumier est en tas, les matières solides fermentent à leur tour. Partout où l'air arrive, elles sont décomposées, et l'azote se perd dans l'atmosphère ; mais dans les parties profondes, où l'air ne pénètre pas, elles se transforment en **humus**. Cette dernière décomposition est utile ; pour l'activer et diminuer la première, on *tasse* le fumier et on *l'arrose* avec le purin.

Les cultivateurs négligent trop leur fumier et perdent ainsi chaque année, sans s'en rendre compte, des sommes importantes.

Il est nécessaire d'employer le fumier, car il apporte au sol de *l'humus*. De plus c'est un **engrais complet**. Mais s'il renferme tous les aliments des plantes, il ne les contient pas toujours en *proportions convenables*, et jamais en *quantité suffisante* (pertes pendant la fabrication, produits exportés, etc.). Il faut lui adjoindre des *engrais complémentaires*, pour éviter d'épuiser le sol.

43. Le tas de fumier. Plate-forme. Fosse. —

Le fumier retiré des étables est placé en tas dans la cour. Il est bon de placer ces tas sur une *plate-forme* qu'on a rendue *imperméable**, soit par un pavage, soit par un simple enduit de terre glaise.

Le fumier laisse suinter un liquide noirâtre, le *purin* ou *jus de fumier*. Il importe de le recueillir avec soin, car c'est la partie la plus riche du fumier.

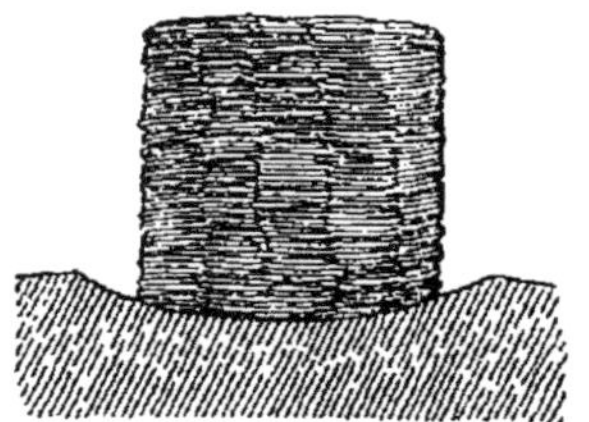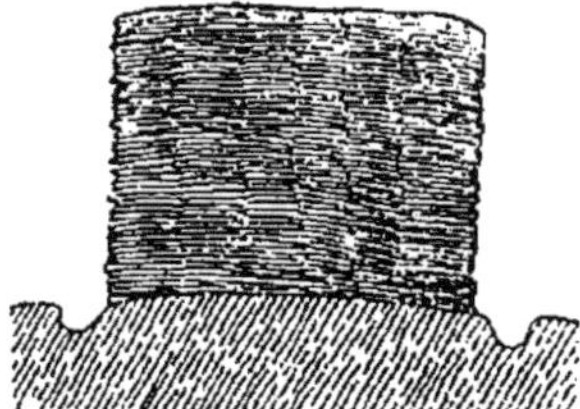

Fig. 14. — Plates-formes à fumier.

Pour cela il suffit de creuser autour de la plate-forme une rigole conduisant le purin dans une fosse à parois également imperméables. On l'emploie ensuite pour l'arrosage du fumier, le reste est conduit sur les prairies ou sur les céréales.

On peut aussi placer le fumier tout entier dans une *fosse*; il est alors mieux protégé contre la sécheresse et l'arrivée de l'air. Mais l'établissement d'une fosse est plus coûteux que celui d'une plate-forme ; en outre, l'accès en est plus difficile et le chargement du fumier incommode.

---

43. Où place-t-on les tas de fumier ? Quelle condition doit remplir la plate-forme ? Comment appelle-t-on le liquide qui s'écoule du tas de fumier ? Comment le recueille-t-on ? Pourquoi faut-il le recueillir ? Quel est son emploi ? Quels sont les avantages et les inconvénients des fosses à fumier ?

14. Fermentation du fumier en tas. — Dans l'étable, les urines seules fermentent, les excréments solides ne subissent aucune perte ; mais il n'en est pas de même dans le tas. Partout où l'air peut pénétrer, c'est-à-dire sur les bords principalement, la température s'élève beaucoup. Il y a une véritable

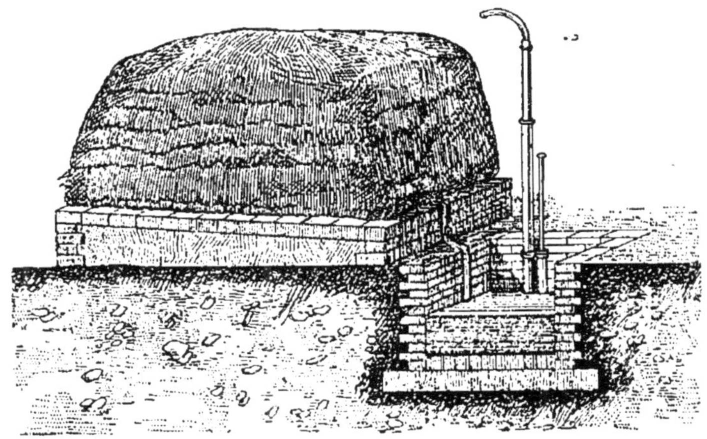

Fig. 15. — Plate-forme à fumier avec fosse à purin et pompe d'arrosage.

combustion de la matière organique — toujours sous l'action de microbes — et l'*azote* se dégage dans l'atmosphère.

A l'intérieur du tas, où l'air ne pénètre pas, les choses se passent différemment. D'autres microbes attaquent les parties solides et les transforment en cette matière grasse qu'on désigne quelquefois sous le nom de *beurre noir*. C'est de l'*humus*. La produc-

---

14. Les excréments solides fermentent-ils dans les étables ? Et dans le tas ? Que se passe-t-il sur les bords ? Et à l'intérieur du tas ? Comment appelle-t-on la matière produite ?

tion d'*ammoniaque* aux dépens des *urines* continue également, mais cette ammoniaque est alors retenue par l'humus.

En somme, cette deuxième transformation est *utile*, mais il n'en est pas de même de la première qui se traduit par une *perte d'azote*, sans aucun profit, et le cultivateur doit essayer de l'empêcher. Puisque l'air est nécessaire à cette première fermentation, il doit l'empêcher de pénétrer dans le tas. Il ne faudra *jamais remuer* le fumier avant de le conduire aux champs, mais au contraire le *tasser* fortement et *l'arroser avec le purin*.

L'arrosage a un autre avantage : il empêche le développement de moisissures blanches ou *chancissures*, champignons qui vivent aux dépens de la matière organique du fumier. Il est bon

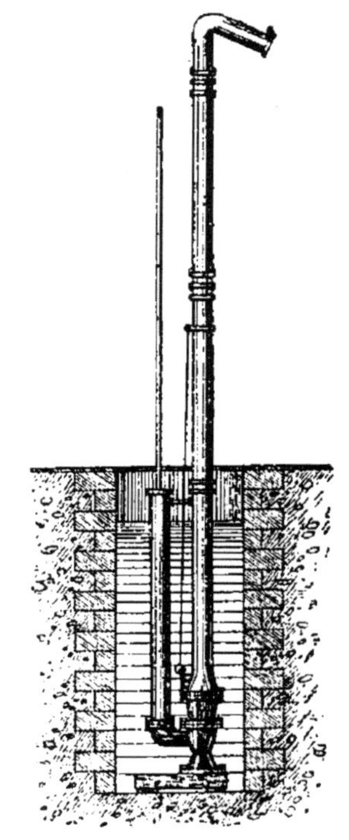

Fig. 16. — Pompe à purin.
(*Pompe Fauler.*)

d'arroser aussi le tas au moment du transport du fumier : le purin est transporté en même temps sans plus de frais.

La décomposition de l'urine continue-t-elle ? Y a-t-il encore perte d'ammoniaque ? Pourquoi ? Comment peut-on empêcher la première fermentation ? L'arrosage du fumier n'a-t-il pas un autre avantage ? Pourquoi arrose-t-on au moment du transport ?

L'ammoniaque, étant presque entièrement retenue par l'humus, se dégage fort peu du tas de fumier. On peut arrêter tout dégagement en plaçant sur le tas une mince couche de *terre* qui aide d'ailleurs à la compression.

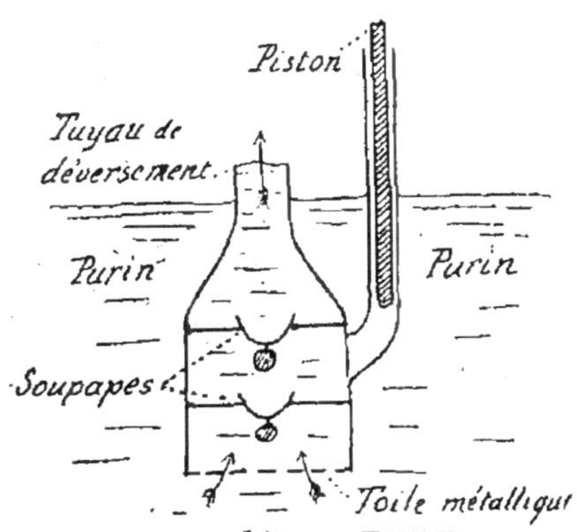

FIG. 17. — Pompe à purin.
(*Pompe Fauler.*)

Le corps de pompe plonge entièrement dans le purin: il est muni à sa partie inférieure d'une toile métallique à mailles peu serrées pour retenir la paille, les feuilles, etc. Les soupapes ont la forme de bols et sont maintenues en place par des contrepoids, ce qui évite tout engorgement. Le piston est un simple cylindre en bois.

45. Emplacement du tas de fumier. — Il est bon de placer la plate-forme à proximité des étables, autant que possible, dans une encoignure ou près de grands arbres qui la garantissent du soleil et de la pluie. La pluie, en effet, lave le fumier, délaie et entraîne les principes fertilisants.

Malheureusement les cultivateurs sont loin de prendre, pour leur fumier, tous les soins que nous venons de signaler. Leur négligence à cet égard est déplorable. Souvent le sol des étables ou des fosses à fumier n'est pas imperméable; les liquides, s'infiltrant dans la terre, sont perdus pour le cultivateur et vont en outre corrompre les eaux des puits et des abreuvoirs.

Le fumier est jeté au milieu de la cour, sans être tassé. Les poules l'éparpillent en cherchant des graines

---

Comment peut-on supprimer tout dégagement ammoniacal? — 45. Où faut-il placer le tas de fumier? Parlez de la négligence dont fait preuve le cultivateur à l'égard de son fumier.

échappées à la digestion des grands animaux, les pluies le lavent, et le purin s'écoule en ruisseaux infects dans les fossés de la route. D'autres fois, comme pour rendre le lavage encore plus énergique, le tas est adossé à un mur et reçoit toute l'eau des gouttières.

Un illustre agronome, M. Grandeau, a calculé que l'ensemble du fumier produit en France chaque année représente une valeur d'environ *trois milliards de francs*. Près de *la moitié* des principes fertilisants de cette masse d'engrais est perdue, tant par les causes naturelles que par l'incurie des agriculteurs. Ainsi, en quatre ans, nous perdons, de ce chef, plus d'argent que nous n'avons dû en payer à l'Allemagne après la guerre de 1870.

46. Composition du fumier. — La composition du fumier est *très variable*. Elle dépend de l'*espèce* animale qui l'a produit et, pour une même espèce, de l'*âge* des sujets, de leur *alimentation*, des *soins* apportés dans sa préparation. Elle varie aussi suivant que le fumier est *plus ou moins consommé*. En général, 1000 kilos de fumier contiennent :

4 à 6 kilos d'azote ;
2 à 3 kilos d'acide phosphorique ;
4 à 5 kilos de potasse.

(D'habitude on ne tient pas compte de la *chaux*, dont la valeur est moindre et qui manque plus rarement au sol.)

Quelle est la valeur du fumier produit annuellement en France ? A combien s'élèvent les pertes ? — 46. Parlez des causes qui font varier la composition du fumier.

Les fumiers de *vaches*, de *bœufs*, de *porcs*, renferment beaucoup d'eau. On les appelle *fumiers froids*. Ils conviennent aux terres *légères* ou *calcaires*. Les fumiers de *chevaux* ou de *moutons* sont appelés *fumiers chauds*. Beaucoup plus secs, ils conviennent mieux aux *terres argileuses*.

47. Importance du fumier comme engrais. — Le fumier constitue l'aliment par excellence de la plante, surtout lorsqu'il a été bien arrosé de purin. Il contient *tous les éléments* dont le végétal se nourrit : c'est un *engrais complet*. En outre, il les contient sous une forme *très assimilable**. L'azote organique seul a besoin de nitrifier pour être absorbé ; or, cette nitrification se produit rapidement.

De plus avec le fumier on introduit dans le sol de l'*humus*. Nous savons que l'humus *ameublit* les *terres fortes* et donne de la *consistance* aux *terres légères*, qu'en outre il empêche l'azote ammoniacal, l'acide phosphorique et la potasse d'être entraînés par les eaux. Sans lui les pluies *laveraient* le sol et emmèneraient tous les éléments utiles aux plantes.

48. Le fumier seul ne suffit pas à maintenir la fertilité du sol. — Le fumier est donc nécessaire. Mais employé seul il ne suffit pas à maintenir la

---

Qu'appelle-t-on fumier froid? Fumier chaud? A quelles terres conviennent-ils ? — 47. Le fumier contient-il tous les éléments de la plante? Qu'introduit-on dans le sol avec le fumier? Rappelez le rôle de l'humus dans l'ameublissement du sol. Dans le pouvoir absorbant des terres. — 48. L'emploi exclusif du fumier suffit-il pour maintenir la fertilité d'une terre? Pourquoi?

fertilité du sol. Il ne contient pas en effet *tout* ce que les récoltes ont enlevé à la terre. Pendant sa fabrication on n'a pas pu éviter toutes les pertes, et d'autre part tout ce qui est produit à la ferme n'y est pas consommé. Toutes les fois qu'on vend du lait, des œufs, du grain, des fourrages, c'est de l'azote, de l'acide phosphorique et de la potasse qui sortent du domaine et ne se retrouveront pas dans le fumier. Un bœuf de 800 kilogrammes exporte, en quittant la ferme, environ 20 kilogrammes d'azote, 15 kilogrammes d'acide phosphorique, 1 kg. 5 de potasse, soit autant d'azote et d'acide phosphorique qu'il y en a dans 4 à 5000 kilogrammes de fumier.

L'emploi exclusif du fumier de ferme amène donc à la longue l'appauvrissement du sol.

19. Le fumier ne modifie pas la composition du sol. — Il a un autre inconvénient, c'est qu'il ne permet pas au cultivateur de corriger la composition chimique du sol quand elle est défectueuse. Le fumier est pour ainsi dire le *reflet du sol;* il renferme plus ou moins d'un élément donné suivant que le sol est lui-même plus ou moins riche en cet élément. Dans les fermes de la Champagne, par exemple, le fumier, riche en chaux, est pauvre en potasse et en acide phosphorique ; dans les terrains granitiques, il est pauvre en chaux et en acide phos-

---

Donnez des exemples de produits exportés. — 49. Le cultivateur peut-il corriger la composition de son sol avec le fumier qu'il produit ? Pourquoi ? Donnez des exemples.

phorique comme la terre elle-même. Il ne faut donc pas compter sur lui pour donner à une terre l'un ou l'autre des éléments essentiels qui font défaut. Le cultivateur est obligé, s'il veut obtenir des rendements avantageux, d'avoir recours à des *engrais complémentaires*, déchets divers, résidus d'industries ou *engrais chimiques*.

Que faut-il faire pour obtenir des rendements avantageux? Résumez les deux causes principales qui rendent nécessaire l'emploi des engrais complémentaires.

NEUVIÈME LEÇON

ENGRAIS COMPLÉMENTAIRES

a). Engrais organiques et déchets divers. Engrais verts.

RÉSUMÉ. — Les déjections des *animaux de basse-cour* forment un engrais plus riche que le fumier, et il ne faut pas les laisser perdre. Il en est de même de l'*engrais humain*.

Le **guano** est formé par les déjections d'oiseaux marins. Sa composition est très variable ; il contient surtout de l'azote et de l'acide phosphorique.

La *viande*, le *sang desséché*, sont riches en azote ; *les os*, le *noir animal*, le sont en acide phosphorique ; les *cendres*, en acide phosphorique et en potasse. Les *cendres lessivées* ont perdu leur potasse. Les *tourteaux* sont des engrais complets et très assimilables, mais quand ils sont comestibles* il est plus avantageux de les donner au bétail.

Tous ces engrais doivent être payés d'après **leur richesse** en éléments utiles.

On appelle **engrais verts** des plantes que l'on enfouit dans la terre au moment de leur floraison. Il ne faut cultiver dans ce but que des *Légumineuses* qui enrichissent le sol en *azote*, et encore le plus souvent on aurait avantage à les faire consommer par les animaux.

---

50. Déjections des animaux de basse-cour. — Le cultivateur ne doit pas seulement recueillir les déjections de ses grands animaux, mais aussi celles des animaux de basse-cour (poules, pigeons, lapins, etc.). D'ordinaire elles contiennent plus d'azote, et surtout plus d'acide phosphorique que le fumier de ferme.

51. Engrais humain. — Les excréments de l'homme sont plus riches que ceux des animaux, car sa nourriture est plus substantielle que la leur. La quantité émise annuellement par un homme équivaut à 1,100 ou 1,200 kilogrammes de fumier de ferme. On pourrait très facilement les recueillir en installant des latrines en communication avec la fosse à purin. L'hygiène y trouverait également son profit.

52. Guano. — Depuis une cinquantaine d'années on emploie sous le nom de *guano* des déjections d'oiseaux marins. Ces déjections forment, sur certaines

---

50. Quelle est la composition des déjections des oiseaux de basse-cour ? — 51. Parlez de l'engrais humain. Comment peut-on le recueillir ? — 52. Qu'appelle-t-on guano ? Où le trouve-t-on ?

côtes du Pérou et des îles voisines, des bancs de plus de 20 mètres d'épaisseur. Comme les oiseaux qui les ont formés se nourrissent de poisson, elles contiennent beaucoup d'*azote* et d'*acide phosphorique*. Une partie de l'azote est à l'état ammoniacal, le reste nitrifie très vite. L'acide phosphorique est à un état de division* qui en rend l'utilisation très rapide. Tous les éléments qu'elles renferment sont donc très assimilables*.

Toutefois, les premiers guanos étaient beaucoup plus riches que ceux que l'on vend actuellement; en outre, leur composition est aujourd'hui très variable : le cultivateur ne doit pas en acheter sans savoir leur richesse en éléments fertilisants et ne doit les payer qu'en conséquence. Cela est d'autant plus nécessaire qu'aucun engrais n'a été plus fraudé. Des marchands sans scrupules y introduisent une foule de matières sans valeur (sable, tourbe, etc.), pour en augmenter le poids.

Les points où se déposent le guano sont d'ordinaire très secs ; il n'y pleut presque jamais. C'est pourquoi il a conservé l'azote qu'il contenait. Pourtant il s'en forme aussi dans des endroits exposés aux pluies : dans ce cas, il est très pauvre en azote, mais à poids égal il renferme beaucoup plus d'acide phosphorique. C'est le guano phosphaté ou phospho-guano.

Quels sont les éléments qu'il contient? Sont-ils assimilables, et pourquoi? La composition des guanos est-elle fixe ? Quelle précaution doit prendre le cultivateur qui en achète ? Pourquoi le guano a-t-il conservé l'azote qu'il contenait? Qu'appelle-t-on phospho-guano?

53. Viande. Sang. — Dans le voisinage des clos d'équarrissage ou des abattoirs on trouve à acheter de la viande ou du sang desséchés. Ces engrais renferment environ 10 à 12 pour 100 d'azote organique.

54. Os. Noir animal. — On emploie quelquefois comme engrais des os qu'on a broyés après leur avoir enlevé la graisse et la gélatine qu'ils contenaient. Ils renferment alors de 20 à 30 pour 100 d'acide phosphorique et une petite quantité d'azote.

Dans les sucreries et les raffineries, on utilise, pour purifier le sucre, le noir animal obtenu en calcinant les os en vase clos. Quand il ne peut plus servir on l'emploie comme engrais. C'est un excellent engrais, malheureusement son prix est assez élevé et on le fraude fréquemment.

55. Tourteaux. — Quand on a extrait l'huile des graines, il reste un tourteau. Celui-ci contient tous les éléments fertilisants de la graine : l'huile n'en renferme aucun. Il constitue donc un engrais très riche : il apporte au sol à la fois l'*azote*, l'*acide phosphorique* et la *potasse*. L'azote est toujours à l'état *organique*.

Les tourteaux se décomposent facilement et ont une action rapide sur la végétation ; ils produisent presque tout leur effet la première année. Il importe

---

53. Quelle est la composition de la viande et du sang desséchés ? — 54. De la poudre d'os ? Qu'appelle-t-on noir animal ? A quoi sert-il ? Parlez de son usage comme engrais. — 55. Qu'est-ce qu'un tourteau ? Quels sont les éléments fertilisants contenus dans les tourteaux ?

de les employer quelque temps avant les semailles ; enfouis avec les graines, ils peuvent, en se décomposant, les altérer et les empêcher de lever. On peut aussi les répandre *en couverture* sur des plantes déjà vigoureuses.

Il arrive souvent que la valeur marchande d'un tourteau est supérieure à sa valeur réelle comme engrais. Le cultivateur doit bien se rendre compte de cette dernière pour savoir s'il doit en acheter. De plus, toutes les fois qu'un tourteau ne contient pas de substance nuisible au bétail et qu'il a été bien conservé, il est beaucoup plus avantageux de le faire consommer aux animaux que de l'employer comme engrais.

56. Cendres. — La composition des *cendres* est très variable, non seulement d'une plante à l'autre, mais encore d'une partie à l'autre d'une même plante. En général, elles sont riches en *potasse* et en *acide phosphorique*. Celles qui ont été lessivées sont appauvries en *potasse*, mais non en acide phosphorique. La potasse se retrouve dans les eaux de lessive : il faut les recueillir dans la fosse à purin.

La *suie* contient de l'*azote ammoniacal* et de la *potasse*.

---

57. Compost. — Dans une ferme il y a encore un grand nombre de déchets qui peuvent servir d'engrais : balayures, débris de plantes, chiffons de laine, sciure de bois, etc. On les rassemble en tas avec de la terre et on les arrose fréquemment : on a ainsi un *compost*. Le tout finit par se transformer en terreau. Comme leur décomposition est très lente, on peut l'activer en y ajoutant de la *chaux* et en remuant la masse de temps en temps.

L'usage de la confection des composts introduit des habitudes d'ordre et de propreté dans les exploitations. (I. PIERRE.)

58. Engrais verts. — On cultive quelquefois des plantes qu'on enfouit sur place, directement, sans les faire servir à l'alimentation du bétail. Ce sont des *engrais verts*. Pendant leur végétation elles puisent dans la terre l'azote, l'acide phosphorique et la potasse dont elles ont besoin ; en se décomposant, elles fournissent ces éléments à la récolte qui suit. Les racines de celles-ci trouvent immédiatement leur nourriture à leur portée sans avoir besoin de la rechercher dans toutes les parties du sol ; en outre, la transformation subie par ces aliments les a rendus beaucoup plus assimilables.

Nous avons vu que les *Légumineuses* prennent dans l'air l'azote qui leur sert de nourriture : ce sont les seules plantes qu'il convient d'employer comme

57. Qu'est-ce qu'un compost ? Comment favorise-t-on sa décomposition ? — 58. Qu'appelle-t-on engrais verts ? Quel avantage présente leur emploi ? Quelles plantes faut-il employer comme engrais verts ?

engrais verts. Avec elles, on enrichit le sol en *azote*. Quant aux autres éléments, il est bien évident que l'engrais vert ne les apporte pas. Il favorise leur utilisation s'ils sont dans le sol, et c'est tout.

D'autre part, il en est des engrais verts comme des tourteaux : le plus souvent il est plus économi-

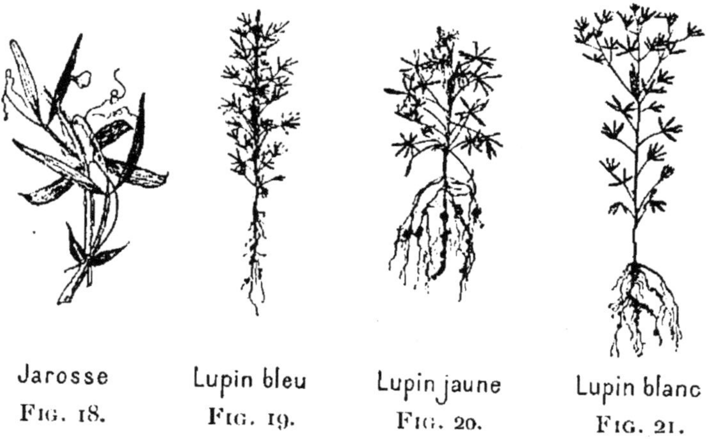

Jarosse   Lupin bleu   Lupin jaune   Lupin blanc
Fig. 18.   Fig. 19.   Fig. 20.   Fig. 21.

que de les faire consommer au bétail que de les enfouir directement.

Supposons que l'on enfouisse en vert une quantité de trèfle qui séchée aurait donné 1,000 kilogrammes de foin. La valeur de la fumure, calculée d'après sa richesse en principes utiles, est d'environ 40 francs. Or, 1,000 kilogrammes de foin de trèfle valent en moyenne 70 francs.

Pourquoi? Les engrais verts enrichissent-ils le sol en acide phosphorique et en potasse ? N'y a-t-il pas avantage à faire consommer les engrais verts au lieu de les enfouir ? Montrez-le par un exemple.

De plus, en l'employant à la nourriture du bétail on retrouve dans le fumier tout l'acide phosphorique, toute la potasse et plus de la moitié de l'azote qu'il contenait. Une partie de l'azote qui manque a été transformée en viande et a acquis ainsi une valeur bien supérieure à celle qu'il avait comme engrais.

1 kilogramme d'azote engrais vaut environ 1 fr. 50.

1 kilogramme d'azote viande vaut 30 francs et plus.

Il n'y a réellement avantage à employer les engrais verts que dans les terres trop éloignées de la ferme ou d'un accès trop difficile pour qu'on puisse y transporter du fumier. Encore est-il bon de compléter leur action par des engrais minéraux.

Les *légumineuses* cultivées comme engrais vert sont principalement les *trèfles*, le *lupin*, la *vesce*, la *féverolle*, la *jarosse*. On emploie aussi le sarrasin, la moutarde, mais ces plantes ne fixent pas l'azote de l'air.

Dans quel cas les engrais verts peuvent-ils rendre des services? Quelles sont les légumineuses qu'on cultive surtout comme engrais verts ? N'emploie-t-on pas aussi d'autres plantes ? Quel est leur inconvénient ?

DIXIÈME LEÇON

b). **Engrais chimiques : 1° Engrais azotés.**

Résumé. — Le **nitrate de soude** renferme 15 à 16 pour 100 d'azote, et le **sulfate d'ammoniaque** 20 à 21 pour 100. Ils sont *très solubles ;* le premier fond même à l'air humide. Tous deux sont absorbés directement par la plante ; en outre, le *sulfate d'ammoniaque nitrifie* très rapidement.

Le nitrate de soude n'est pas retenu par le pouvoir absorbant du sol ; le sulfate d'ammoniaque cesse de l'être dès qu'il a nitrifié. Pour qu'ils ne soient pas entraînés par les pluies, on les emploie au *printemps,* généralement en *couverture*, mais il vaudrait mieux les enfouir. On peut aussi donner à l'automne une demi-fumure de sulfate d'ammoniaque qui est retenu tant qu'il n'a pas été nitrifié.

Ils conviennent principalement aux **céréales.** On choisit celui qui fournit l'azote au meilleur marché.

Il ne faut pas donner d'engrais azotés aux sols contenant de l'*humus acide* (sols tourbeux, terres de landes, terres de bruyère).

7

Les engrais azotés minéraux ordinairement employés sont le *nitrate de soude* et le *sulfate d'ammoniaque*.

59. Nitrate de soude. — Le *nitrate de soude* se trouve au Pérou, au Chili et dans la Bolivie. Il ressemble beaucoup au *sel de cuisine*, avec lequel d'ailleurs il est souvent fraudé. 100 kilogrammes contiennent 15 à 16 kilogrammes d'azote, qui, étant à l'état nitrique, est absorbé directement par la plante.

Il est *très soluble ;* il fond même *à l'air humide*. Il faut donc le conserver dans des endroits secs et éviter de s'approvisionner longtemps à l'avance.

60. Sulfate d'ammoniaque. — Le *sulfate d'ammoniaque* est fabriqué avec les eaux d'épuration du gaz ou avec les liquides des fosses d'aisances. Il renferme 20 à 21 pour 100 d'azote. Comme le nitrate de soude, il est *très soluble*, mais pourtant se conserve mieux que ce dernier. *L'azote ammoniacal* qu'il contient *nitrifie* très rapidement : il suffit d'une quinzaine de jours, en été, pour amener sa transformation en azote nitrique. Cette transformation n'est d'ailleurs pas nécessaire à son utilisation par la plante qui peut *l'absorber directement*.

---

59. Quels sont les engrais minéraux ordinairement employés? D'où provient le nitrate de soude? A quoi ressemble-t-il? Quelle est sa richesse en azote? A quel état contient-il cet azote? Parlez de sa solubilité. Peut-on s'approvisionner longtemps à l'avance? — 60. Avec quoi fabrique-t-on le sulfate d'ammoniaque? Parlez de sa nitrification. Cette transformation est-elle nécessaire?

61. Emploi de ces engrais. — Rappelons que l'azote nitrique n'est pas retenu par la terre ; le nitrate de soude employé avant l'hiver serait entraîné par les pluies. L'azote ammoniacal du sulfate d'ammoniaque est bien retenu tant qu'il reste sous cette forme, mais il peut être entraîné aussitôt qu'il a nitrifié. Il convient donc d'employer ces deux engrais *au printemps*. Toutefois, comme la nitrification est peu active en hiver, on peut à la rigueur répandre en automne un peu de *sulfate d'ammoniaque* sur les plantes qui en auraient absolument besoin, mais en réservant toujours pour les mois de février-mars le principal de la fumure. *Le nitrate de soude ne doit jamais être employé en automne.* Au printemps, les pluies sont rarement assez abondantes pour laver le sol, aussi elles ne font que favoriser l'action de ces engrais. Elles les dissolvent, et les racines des plantes peuvent s'en emparer.

Le plus souvent le nitrate de soude et le sulfate d'ammoniaque sont employés en *couverture*. Il serait préférable de les enfouir, ne fût-ce qu'à la herse, pour qu'ils puissent se dissoudre dans l'eau du sol. En couverture, ils n'ont aucun effet si des pluies ne surviennent pas, ce qui arrive quelquefois.

Il faut éviter de les employer *au moment des semis* : les jeunes racines, les rencontrant avant

---

61. Le nitrate de soude est-il retenu par la terre ? Et le sulfate d'ammoniaque ? A quelle époque peut-on les employer ? Peut-on employer le sulfate d'ammoniaque avant l'hiver ? Et le nitrate de soude ? Quel est l'effet des pluies de printemps sur ces deux engrais ? Comment les emploie-t-on d'habitude ? N'y a-t-il pas une meilleure manière de procéder ? Faut-il les employer au moment des semis ?

qu'ils aient eu le temps de se dissoudre dans beaucoup d'eau, seraient brûlées.

Les engrais azotés conviennent surtout aux *céréales*. Ils amènent un grand développement des feuilles qui sont *plus vertes, plus riches* en *chlorophylle**, mais par cela même ils *retardent un peu la maturité*. Mis en excès, ils amènent la *verse*.

Il ne faut jamais en donner aux *Légumineuses*. Comme celles-ci prennent dans l'air l'azote dont elles ont besoin, ce serait une *dépense inutile*.

On peut les appliquer à tous les sols, excepté aux terres *acides* (terres de landes, de bruyères, sols tourbeux). Ces dernières en effet contiennent déjà un excès d'azote organique (humus acide); il est facile de le rendre utilisable par des chaulages ou des marnages, moins coûteux que l'emploi d'engrais azotés.

Lequel faut-il choisir ? Le nitrate de soude, employé à dose égale d'azote, exerce souvent une action plus considérable que le sulfate d'ammoniaque, mais il a l'inconvénient d'être plus facilement entraîné par les pluies, car le sulfate d'ammoniaque est retenu dans le sol tant qu'il n'est pas nitrifié. Il en résulte qu'ils se valent ; en pratique, il faut employer celui qui donne l'azote au meilleur marché (Sauf bien entendu pour les fumures d'automne, où le sulfate d'ammoniaque convient seul).

Quel est leur effet sur les céréales ? Qu'arrive-t-il si on en met trop ? Les Légumineuses ont-elles besoin d'engrais azoté ? Pourquoi ? A quels sols conviennent-ils ? Pourquoi ne faut-il pas employer d'engrais azotés dans les sols acides ? Lequel faut-il préférer du nitrate de soude ou du sulfate d'ammoniaque ? Citez un cas dans lequel le nitrate de soude ne convient pas.

62. Autres engrais minéraux azotés. — D'autres engrais minéraux peuvent encore fournir l'azote, mais ils sont peu employés à cause de leur prix trop élevé. Tels sont le nitrate d'ammoniaque, le nitrate de potasse. Ce dernier contient deux éléments utiles, azote et potasse.

LECTURE

ÉPUISEMENT DU SOL PAR LES ENGRAIS AZOTÉS

On a souvent observé que l'emploi des fumures azotées laissait le sol, après une période plus ou moins longue de temps, dans un état d'épuisement, et on a adressé particulièrement aux engrais azotés rapidement assimilables, tels que le nitrate de soude, le reproche de fatiguer la terre. Ce reproche est justifié et facilement explicable, dans le cas où l'application de l'azote est exclusive et immodérée. Les engrais azotés, en effet, poussent beaucoup à la végétation ; ils sont très épuisants pour le sol en ce sens que, n'apportant par eux-mêmes que l'élément azoté, ils déterminent un appel notable de phosphates, de potasse, etc., dans les récoltes. Leur emploi exclusif n'est permis que dans les terres qui sont abondamment pourvues des autres éléments ; les terres ordinaires seraient rapidement épuisées si on les utilisait seuls pendant plusieurs années consécutives. En général, il convient de les additionner d'engrais potassiques et surtout d'engrais phosphatés, qui empêchent l'épuisement du sol et corrigent, dans une certaine mesure, ce que leur action sur la végétation a de trop énergique.

---

62. N'y a-t-il pas d'autres engrais minéraux azotés ? Sont-ils d'un emploi fréquent ?

Mais cet épuisement de la terre a déterminé une production correspondante de la récolte. L'agriculteur a utilisé dans un temps plus court la richesse de son sol ; il le laisse à la fin dans un état d'infertilité qui nécessite sa reconstitution par les engrais minéraux. (A. Muntz et A.-Ch. Girard : *Les Engrais*, t. II, p. 37, Didot, éditeur.)

ONZIÈME LEÇON

2° Phosphates.

Résumé. — **L'acide phosphorique** *est l'élément qui manque le plus au sol français.* Les engrais phosphatés minéraux les plus employés sont les *phosphates naturels,* les *superphosphates* et les *scories de déphosphoration.*

Les phosphates naturels ont une valeur qui varie beaucoup suivant leur richesse en acide phosphorique et suivant leur origine. Le cultivateur doit choisir ceux qui sont *le plus facilement assimilables (nodules*, coprolithes*)* et parmi ceux-là ceux qui sont **moulus le plus fin.**

On rend solubles les phosphates naturels en les traitant par l'*acide sulfurique.* On a ainsi des **superphosphates** dosant 10 à 17 pour 100 d'acide phosphorique. Peu après leur fabrication, cet acide phosphorique *rétrograde :* il devient insoluble dans l'eau, mais soluble dans un liquide, le **citrate d'ammoniaque.** Dans le sol ils deviennent complètement *insolubles.* Leur action est *plus prompte* que celle des phosphates naturels.

Les scories de déphosphoration sont des résidus de la fabrication du fer, elles contiennent

10 à 20 pour 100 d'*acide phosphorique* et 40 à
50 pour 100 de *chaux vive.*

Les phosphates conviennent surtout *aux céréales,* dont ils avancent la maturité, et aux *Légumineuses.* Il ne faut pas employer les *superphosphates* dans les *terres acides,* ni les *scories* dans les *sols calcaires.* Il est souvent avantageux d'incorporer les *phosphates naturels* au *fumier.*

Il faut éviter de mélanger le *superphosphate et le nitrate de soude, les scories et le sulfate d'ammoniaque.*

L'*acide phosphorique* est l'élément qui manque le plus au sol français : *un cinquième* de nos terres (Bretagne, Limousin, Vendée, Morvan) en sont presque totalement dépourvues ; presque tous les *sols calcaires* (Champagne, Bourgogne, etc.) en renferment insuffisamment.

63. Phosphates naturels. — En quelques endroits il existe en grande quantité, combiné le plus souvent à la chaux et formant des pierres ou des sables : ce sont les *phosphates naturels.*

Leur aspect et leur valeur agricole sont très variables. Parfois ce sont des *roches dures,* en cristaux

---

Quels sont les sols pauvres en acide phosphorique ? — 63. Qu'appelle-t-on phosphates naturels ?

de couleur verte le plus souvent *(apatite)* ou d'aspect terreux, rappelant la pierre à bâtir, avec des zones de couleur violacée ou jaune rougeâtre *(phosphorite du Quercy* : Lot, Aveyron, Tarn, Tarn-et-Garonne).

Ailleurs, le phosphate de chaux est mélangé intimement à *de la craie* ou à *du sable* (Somme, Pas-de-Calais, Nord et Oise). D'autres fois enfin, il forme des *cailloux verdâtres*, des *coquillages*, *(nodules* et coprolithes*)* disséminés dans le sable. Tels sont les *phosphates des Ardennes*, de *la Meuse*, de la *Côte-d'Or*.

Tous sont *insolubles dans l'eau pure* et très peu solubles dans l'eau chargée d'acide carbonique. Leur richesse en acide phosphorique varie énormément : 10 à 30 pour 100. *Leur valeur est donc très variable.* De plus, à richesse égale ils n'ont pas le même effet sur la végétation. Les *phosphates verts* des nodules et coprolithes, quoiqu'insolubles, *sont assez facilement utilisés par les plantes* parce qu'ils se désagrègent aisément dans le sol. Ensuite vient la *phosphorite.* Les craies et sables phosphatés, et surtout l'apatite, n'ont qu'une action très faible.

Quelle que soit leur origine, avant de les employer on les réduit en *une poudre très fine.* Comme ils sont

---

Qu'est-ce que l'apatite ? la phosphorite ? Où trouve-t-on des craies et sables phosphatés ? Qu'est-ce que les nodules et les coprolithes ? Où les trouve-t-on ? Les phosphates naturels sont-ils solubles dans l'eau ? Leur valeur est-elle la même pour tous ? Quels sont les plus assimilables ? Pourquoi ? Les craies et sables phosphatés, l'apatite, sont-ils assimilables ? Quelle préparation fait-on subir aux phosphates naturels avant de les employer ?

insolubles, les racines ne peuvent les absorber que si elles sont en contact avec eux. Plus ils seront finement moulus, plus leur répartition sera facile dans le sol, et plus les racines des plantes auront chance de les rencontrer.

6 4. Superphosphates. — Quand on traite les phòsphates naturels par de l'*acide sulfurique*, on modifie leur composition et *ils deviennent solubles*. On a alors des *superphosphates*.

Les *superphosphates* contiennent de 10 à 17 pour 100 d'acide phosphorique. A cause du traitement chimique qu'ils ont subi, ils *coûtent plus cher* que les phosphates naturels, mais comme ils sont *solubles* dans l'eau, on les emploie souvent de préférence à ceux-ci.

Peu de temps après leur fabrication, les superphosphates deviennent en partie *insolubles* dans l'eau pure (pour un tiers ou un quart de l'acide phosphorique qu'ils contiennent). On dit qu'ils *rétrogradent*. Mais l'eau du sol n'est pas de l'eau pure, et son pouvoir dissolvant est augmenté par les substances qu'elle contient ; on pense qu'elle peut encore dissoudre l'acide rétrogradé.

Celui-ci d'ailleurs diffère de l'acide phosphorique des phosphates naturels; il est soluble dans un liquide, le *citrate d'ammoniaque*, qui est sans

---

64. Qu'appelle-t-on superphosphates? Pourquoi les préfère-t-on aux phosphates naturels? Quelle transformation subit l'acide phosphorique des superphosphates, après leur fabrication? Comment appelle-t-on cette transformation? Dans quel liquide l'acide rétrogradé est-il soluble?

action sur les phosphates naturels. Quand les marchands d'engrais vendent un superphosphate, ils doivent indiquer la *proportion d'acide soluble dans l'eau* et *d'acide soluble au citrate* qu'il contient. On ne fait pas de différence entre les deux.

Un phosphate peut être rapidement assimilable sans pourtant être soluble dans le citrate : c'est le cas de l'acide phosphorique du fumier, du guano, de la poudre d'os.

Dans le sol, l'acide des superphosphates, rétrogradé ou non, se transforme encore. Il devient *complètement insoluble*, soit en reprenant la composition qu'il avait dans les phosphates naturels, soit en se combinant avec divers éléments du sol (fer, alumine*, humus). C'est pourquoi il n'est pas entraîné par les eaux. Mais avant cela il s'est dissous dans l'eau et *répandu dans tout le sol*, si bien que les racines des plantes le rencontrent partout et peuvent mieux l'absorber. En fait, l'action des superphosphates sur la végétation est *plus prompte* que celle des phosphates naturels.

L'acide phosphorique des phosphates naturels, l'acide phosphorique des superphosphates et l'acide phosphorique rétrogradé *n'ont pas la même composition*, c'est pourquoi leurs propriétés sont différentes. Le premier

---

Que doivent indiquer les marchands qui vendent un superphosphate ? L'acide soluble dans l'eau est-il plus actif que l'acide soluble au citrate ? Dans le sol, que devient l'acide des superphosphates ? Quel est l'avantage de la transformation en superphosphates ? Que savez-vous de la composition du phosphate naturel, du superphosphate et du phosphate retrogradé ?

est uni à trois parties de chaux, le second à une partie de chaux et deux parties d'eau, le troisième à deux parties de chaux et une partie d'eau.

Phosphate naturel. . . . { Acide phosphorique. / Chaux. / Chaux. / Chaux.

Superphosphate . . . . { Acide phosphorique. / Chaux. / Eau. / Eau.

Phosphate rétrogradé . . { Acide phosphorique. / Chaux. / Chaux. / Eau.

On choisit naturellement pour les transformer en superphosphates ceux des phosphates naturels qui, employés directement, auraient l'action la plus lente, principalement les *apatites* et les *sables phosphatés*.

65. Scories de déphosphoration. — Certains minerais de fer renferment du *phosphore*, ce qui rend le métal cassant. Il faut donc les en débarrasser. On y est arrivé en l'unissant à la *chaux*. Les résidus de fabrication, ou *scories de déphosphoration*, contiennent de 10 à 20 pour 100 d'acide phosphorique. On les broie et on les emploie comme engrais.

Quels phosphates emploie-t-on pour la fabrication des superphosphates ? — 65. D'où proviennent les scories de déphosphoration ? Quelle est leur composition ?

L'acide phosphorique des scories, sans être aussi soluble que celui des superphosphates, l'est davantage que celui des phosphates naturels. Les scories contiennent en outre 40 à 50 pour 100 de *chaux vive*.

66. Emploi des engrais phosphatés.— Les engrais phosphatés employés sur les *céréales* augmentent la production en *grain*. A l'inverse des nitrates, ils *avancent la maturité* des récoltes. Ils produisent également des effets remarquables sur les *choux*, les *pommes de terre*. Sur les *prairies naturelles*, ils provoquent un grand développement des *Légumineuses*, c'est-à-dire des plantes qui fournissent le meilleur fourrage. A plus forte raison conviennent-ils aux *prairies artificielles* formées de ces mêmes *Légumineuses* (trèfle, luzerne, sainfoin).

Comme la terre retient l'acide phosphorique, on peut en ajouter de grandes quantités sans avoir peur de le voir entraîner par les pluies, comme il arrive pour les nitrates.

Les *phosphates naturels* conviennent à tous les sols, mais ils produisent surtout de bons résultats dans les terres *acides* (sols tourbeux, terre de bruyères, de landes). L'acidité du sol facilite leur action. Par contre, dans ces mêmes sols il ne faut pas employer les *superphosphates*, qui, contenant

---

Que contiennent-elles encore ? — 66. Quel est l'effet des engrais phosphatés sur les céréales ? Sur les prairies naturelles ? A quelles plantes les donne-t-on encore ? L'acide phosphorique est-il entraîné par les pluies ? A quels sols conviennent les phosphates naturels ?

toujours de l'acide sulfurique en excès, ajouteraient à leurs défauts. On les réservera pour les terres *calcaires ou argileuses*.

Pour des raisons analogues, les *scories*, riches en chaux, ne seront pas appliquées aux *terres calcaires*, mais aux terres *argileuses*. En même temps qu'elles y introduisent de l'acide phosphorique, elles produisent un véritable *chaulage*.

67. Phosphatage du fumier. — On recommande de saupoudrer tous les jours la litière des animaux avec du *phosphate naturel*. Cet engrais se trouve ainsi transporté et répandu avec le fumier. De plus, pendant la fermentation il se produit des acides qui le rendent plus soluble, mieux utilisable par les plantes. On peut ainsi avoir les mêmes résultats qu'avec les superphosphates, avec moins de frais.

68. Mélange des phosphates et des nitrates. — Il arrive fréquemment qu'une terre manque à la fois d'azote et d'acide phosphorique; pour économiser la main-d'œuvre, on pourrait répandre en même temps les deux engrais. Il ne faut jamais mélanger ensemble le *superphosphate et le nitrate de soude*, d'une part; les *scories et le sulfate d'ammoniaque*, d'autre part. L'acide du superphosphate décompose le nitrate avec perte d'*azote* et forma-

---

A quels sols conviennent les superphosphates? les scories? Pourquoi n'emploie-t-on pas les superphosphates dans les sols acides? les scories dans les terres calcaires? — 67. Quels sont les avantages du phosphatage du fumier? — 68. Pourquoi ne faut-il pas mélanger le superphosphate et le nitrate de soude? les scories et le sulfate d'ammoniaque?

tion d'un gaz dangereux à respirer ; la chaux des scories décompose le sulfate, et il y a perte d'*ammoniaque* (c'est-à-dire d'azote).

LECTURE

AZOTE ET PHOSPHORE

En comparant entre elles les diverses récoltes au point de vue de leur richesse en acide phosphorique, nous sommes frappés de ce fait qu'il y a une coïncidence entre la proportion d'azote et celle de phosphate, non seulement d'une plante à l'autre, mais encore dans les diverses parties d'une même plante. Ce fait est général ; le rapport entre les deux éléments est loin d'être constant, mais il faut s'attendre à trouver toujours plus de phosphate dans les végétaux plus riches en azote. De là une règle d'emploi simultané des engrais azotés et phosphatés qui a une importance considérable dans la pratique agricole.

M. Boussingault a le premier constaté l'heureuse influence de cet emploi simultané des fumures azotée et phosphatée, réalisé par l'application des guanos, des poudres d'os, du phosphate ammoniaco-magnésien. Dans maintes circonstances, on voit la fumure azotée ne produire qu'un effet restreint par suite de l'insuffisance d'acide phosphorique, et réciproquement. On ne saurait trop attirer l'attention des agriculteurs sur ce point.

L'engrais phosphaté offre en outre l'avantage d'activer la maturité des récoltes, tandis que l'engrais azoté la retarde ; l'acide phosphorique sera donc à ce point de vue en quelque sorte le correctif de l'azote. (MUNTZ et GIRARD : *Les Engrais,* t. II, p. 349, DIDOT, éditeur.)

DOUZIÈME LEÇON

3° Engrais potassiques et engrais calciques.

Résumé. — Les principaux engrais potassiques sont le **chlorure de potassium** et le **sulfate de potasse**. Ceux qu'on trouve dans le commerce contiennent 40 à 50 pour 100 de potasse. La *kaïnite* est un sulfate de potasse impur dosant seulement 10 à 12 pour 100 de potasse.

Ces engrais sont *très solubles* ; le chlorure de potassium fond même à l'air humide ; mais ils sont retenus par le pouvoir absorbant du sol quand celui-ci contient à la fois de l'humus et du calcaire. Il ne faut jamais les employer en *couverture* ni au *moment des semailles*.

On choisit celui qui donne la potasse au meilleur marché : c'est le plus souvent le *chlorure de potassium*.

On donne la **chaux** à la terre par des *marnages* et des *chaulages*.

Le **plâtre**, ou *sulfate de chaux*, s'emploie cru ou cuit, mais toujours en poudre fine. On le répand au printemps sur les prairies artificielles.

ENGRAIS POTASSIQUES

La *potasse* manque souvent dans les terrains *calcaires* ou *tourbeux*, toutefois les sols pauvres en potasse sont beaucoup moins nombreux que les sols pauvres en azote et surtout en acide phosphorique. Dans les plantes elle se trouve principalement dans les *tiges* et les *feuilles* qui restent à la ferme, tandis que l'acide phosphorique se rencontre en plus grande quantité dans le *grain*, qui est vendu au dehors.

Les principaux engrais potassiques du commerce sont le *chlorure de potassium* et le *sulfate de potasse*.

69. Chlorure de potassium. — Il y a en Allemagne, à *Strassfürth*, près de Magdebourg, un immense gisement de sels minéraux. Au-dessus d'un lit de sel gemme, et sur une épaisseur de cinquante mètres environ, on trouve un minerai riche en *chlorure de potassium*. On en extrait chaque année des quantités considérables. Le chlorure de potassium s'extrait également des eaux qui restent dans les *marais salants* après le dépôt du sel marin.

Quand il est pur, c'est un sel blanc, très soluble dans l'eau, renfermant 63 pour 100 de potasse. Celui du commerce, toujours impur, en contient 40 à 50

Quels sont les sols qui sont surtout pauvres en potasse ? Sont-ils aussi nombreux que les sols pauvres en acide phosphorique ? Pourquoi ? 69. Quels sont les principaux engrais potassiques du commerce ? Où trouve-t-on le chlorure de potassium ? Quelles sont ses propriétés ?

pour 100. Comme le nitrate de soude, il absorbe très facilement l'humidité et doit se conserver au sec.

70. Sulfate de potasse. — Le *sulfate de potasse* s'extrait aussi des sels de Strassfürth. On le retire également des salins de betterave*, ainsi que des cendres de végétaux marins, les varechs*. Il est un peu moins soluble que le chlorure de potassium et n'absorbe pas comme lui l'humidité de l'air. Le sulfate de potasse du commerce renferme de 40 à 50 pour 100 de potasse. On appelle *kaïnite* un sulfate de potasse très impur, contenant seulement 10 à 12 pour 100 de potasse.

71. Engrais potassiques divers. — L'*azotate de potasse*, le *carbonate de potasse*, pourraient également être employés s'ils ne coûtaient trop cher.

72. Emploi des sels de potasse. — Les sels de potasse, malgré leur solubilité, sont *retenus par la terre*, mais pour cela il faut que celle-ci renferme à la fois de l'*humus* ou de l'*argile*, et du *calcaire*. Les sols *tourbeux*, riches en humus mais pauvres en chaux, les sols *calcaires*, dans lesquels la nitrification trop rapide a enlevé la matière organique, les retiennent mal. C'est ce qui explique leur pauvreté en potasse. A de tels sols il faut donc en donner de petites quantités à la fois.

---

70. Où trouve-t-on le sulfate de potasse? Qu'est-ce que la kaïnite? — **71**. N'y a-t-il pas d'autres engrais potassiques? Les emploie-t-on généralement? — **72**. Les sels de potasse sont-ils entraînés par les eaux? A quoi est due la fixation de la potasse dans le sol?

Voici comment a lieu cette fixation. L'humus contient un acide, l'*acide humique*, qui se combine à la *chaux* pour donner un *humate de chaux* (comme l'*acide carbonique* donnerait un *carbonate de chaux*). Dans le sol, le *sulfate de potasse* ou le *chlorure de potassium* cèdent leur potasse à l'acide humique et s'emparent de la chaux. Il se forme un *humate de potasse* d'une part, et, d'autre part, du *sulfate de chaux* ou du *chlorure de calcium.* L'humate de potasse, étant *insoluble,* reste dans la terre.

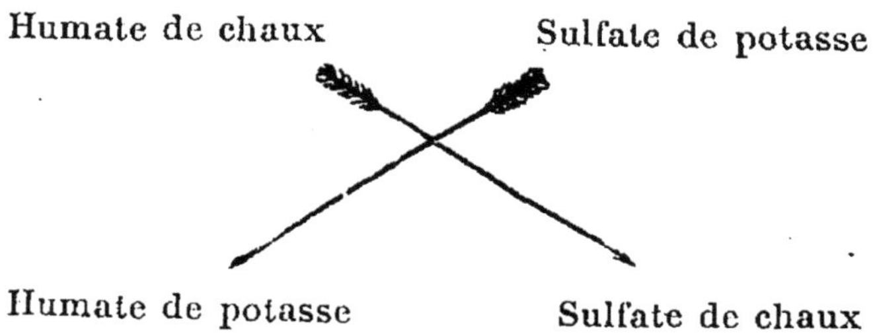

Il faut donc à la fois de l'*humus* et du *calcaire* pour que la fixation se produise. L'*argile* peut jouer un rôle analogue à celui de l'humus grâce à la silice ou *acide silicique* qu'elle contient.

Le sulfate de chaux et surtout le chlorure de calcium sont entraînés par les eaux ; une fumure aux sels de potasse amène un appauvrissement du sol en chaux.

(C'est par un mécanisme analogue que s'opère la fixation du *sulfate d'ammoniaque* ; il forme avec l'humus un humate d'ammoniaque insoluble.)

Les sels de potasse sont *caustiques* ; s'ils ne sont

Expliquez comment elle a lieu. Expliquez comment se produit la fixation du sulfate d'ammoniaque. Comment se fait-il que l'apport d'un engrais potassique amène l'appauvrissement du sol en chaux ?

pas dissous dans beaucoup d'eau, ils brûlent les plantes. Il ne faut donc pas les employer en couverture, ni au moment des semailles. Il est préférable de les répandre à *l'avance* et de les enfouir *par un labour*.

Ce sont les engrais qu'il est le plus difficile d'employer judicieusement. Généralement ils donnent de bons résultats sur les *céréales* et les *prairies artificielles*. Les *pommes de terre*, les *betteraves* exigent beaucoup de potasse, mais, d'autre part, elles absorbent plus facilement que les céréales celle qui se trouve dans le sol, aussi l'application d'engrais potassique à ces plantes n'est pas toujours avantageuse.

Le *chlorure de potassium* et le *sulfate de potasse* produisent le plus souvent les mêmes effets sur les récoltes et peuvent s'employer indifféremment. Pourtant, pour la culture du *tabac*, de la *betterave à sucre*, des *pommes de terre*, le *sulfate* est préférable. Avec le chlorure, le tabac est moins combustible, le sucre de la betterave cristallise plus difficilement, et la pomme de terre contient moins de fécule.

Pour les autres plantes, il faut prendre celui des deux engrais dans lequel le kilogramme de potasse coûte le moins cher. C'est généralement le *chlorure de potassium*.

Comment emploie-t-on les sels de potasse ? A quelles plantes les applique-t-on ? Pour quelles cultures vaut-il mieux employer du sulfate de potasse ? Que faut-il faire pour les autres cultures ? **Quel est l'engrais potassique qui coûte le moins cher ?**

ENGRAIS CALCAIRES

73. La chaux. — La *chaux* est indispensable à la plante ; apportée dans un sol qui en manque, elle constitue un *engrais*. Mais le plus souvent on l'introduit en quantité bien supérieure aux besoins des

Fig. 22. — Four à plâtre.

plantes, en vue surtout de corriger les propriétés physiques du sol. C'est alors un *amendement*.

74. Le plâtre. — Le *plâtre*, ou *sulfate de chaux*, est très abondant aux environs de Paris. Il s'extrait de carrières, comme la pierre à bâtir. On l'emploie *cru* ou *cuit*. Dans le premier cas, le *gypse* ou pierre

---

73. Comment emploie-t-on la chaux ? — 74. Où trouve-t-on le plâtre ? Comment prépare-t-on le plâtre cuit ?

à plâtre est simplement broyé. Dans le second, il est d'abord chauffé dans des fours spéciaux, de façon à faire partir l'eau qu'il contenait.

Pour l'agriculture, le plâtre cuit et le plâtre cru s'équivalent. Leur prix est peu différent, car si la cuisson élève le prix du premier, le second est plus difficile à broyer. Il est moins riche aussi que le plâtre cuit puisqu'il contient plus d'eau.

Qu'il soit cru ou cuit, le plâtre est d'autant plus efficace qu'il est *en poudre plus fine*, et il y a souvent avantage à payer plus cher un produit qui a été mieux broyé.

Le plâtre agit surtout sur les *Légumineuses*, luzerne, sainfoin, trèfle. Il donne une grande vigueur à la végétation ; les feuilles deviennent plus larges, plus nombreuses. On le répand en couverture par un temps calme.

Franklin, voulant montrer à ses compatriotes les bons effets du plâtre, traça, dans un champ de luzerne placé à côté d'une grande route, ces mots : *Ceci a été plâtré.* L'effet produit fut tel que les mots pouvaient facilement être lus par les voyageurs qui passaient sur la route.

Par contre, le plâtre ne produit généralement aucun effet sur les *graminées*, les *céréales*, les *plantes racines*. Souvent même, après des plâtrages répétés, il n'a plus d'action sur les légumineuses.

Quelle différence y a-t-il entre le plâtre cru et le plâtre cuit au point de vue agricole? Quel effet produit le plâtre sur les Légumineuses ? Comment le répand-on? Racontez l'expérience de Franklin. Le plâtre est-il efficace sur les graminées, les céréales, les plantes racines?

Le mécanisme de son action est mal connu. Son effet n'est pas dû seulement à la chaux qu'il contient, car alors il ne devrait pas donner de résultat dans les sols calcaires. Il est possible qu'il agisse aussi comme engrais *sulfurique* : le *soufre* est indispensable à la plante, et certains sols en sont dépourvus.

Connaît-on bien le mécanisme de son action ?

TREIZIÈME LEÇON

Achat des engrais.

RÉSUMÉ. — Le prix des engrais varie beaucoup ; il faut s'approvisionner au moment où il est le plus bas. On compare entre eux des engrais qui produisent le même effet sur la végétation en cherchant à quel prix ils donnent le kilogramme d'*azote*, d'*acide phosphorique* ou de *potasse*.

Pour les engrais de nature complexe (fumier, tourteaux), on calcule la valeur des principes utiles qu'ils renferment en prenant pour base celle des mêmes principes fournis par des *engrais simples*, et on fait la somme. *Les mélanges faits par les marchands sont toujours à rejeter.*

La loi du 4 février 1888 oblige les marchands d'engrais à indiquer la *composition exacte*, en azote, acide phosphorique ou potasse, des produits qu'ils vendent. Elle punit sévèrement ceux qui fraudent ou essaient seulement de frauder.

Le cultivateur a encore une garantie plus grande en effectuant ses achats par l'intermédiaire des **syndicats agricoles**.

75. Valeur des engrais. — Le prix d'un engrais est très variable, non seulement d'une année à l'autre, mais dans le courant d'une même année. Le plus souvent les achats se font au moment de l'emploi, c'est-à-dire aux semailles d'automne et à celles de printemps. Les cultivateurs sont alors obligés d'acheter sous peine de se passer d'engrais et les marchands en profitent pour hausser leurs prix. Toutes les fois qu'un engrais est de conservation facile, comme les phosphates, le sulfate d'ammoniaque, le sulfate de potasse, il y a tout avantage à s'approvisionner à l'avance, au moment où son prix est le plus bas.

Voici les prix moyens du kilogramme d'élément utile dans différents engrais :

Azote	Nitrate de soude	1 fr. 50
	Sulfate d'ammoniaque . . .	1 fr. 50 à 1 fr. 55
	Viande et sang desséchés. . .	1 fr. 70 à 1 fr. 85
Acide phosphorique.	Phosphates naturels	0 fr. 25 à 0 fr. 35
	Superphosphates.	0 fr. 40 à 0 fr. 50
	Scories de déphosphoration .	0 fr. 30 à 0 fr. 40
Potasse	Chlorure de potassium . . .	0 fr. 40 à 0 fr. 45
	Sulfate de potasse	0 fr. 45 à 0 fr. 50

Pour déterminer la valeur des engrais, on doit bien se rendre compte de leur richesse et rechercher à combien revient *le kilogramme de l'élément utile*. Cela est nécessaire, car ce qu'on paie dans un engrais, c'est seulement l'*azote*, l'*acide phosphorique* et la *potasse* qu'il contient. L'engrais qui coûte

---

75. Le prix d'un engrais varie-t-il ? A quelle époque se font les achats? Qu'en résulte-t-il? A quel moment faut-il s'approvisionner d'engrais ?

9

le moins cher à poids égal n'est pas toujours le plus économique en réalité.

Soient deux nitrates de soude, l'un valant 23 francs les 100 kilogrammes et dosant 10 pour 100 d'azote, l'autre valant 25 francs mais dosant 16 pour 100 d'azote. Avec le premier, le kilogramme d'azote est payé :

$$\frac{23}{10} = 2 \text{ fr. } 30.$$

Et avec le second :

$$\frac{25}{16} = 1 \text{ fr. } 56.$$

Celui-ci, bien que coûtant plus cher, est donc plus avantageux.

On peut comparer entre eux de la même manière des engrais différents, pourvu qu'ils produisent les mêmes effets sur les plantes : le *nitrate de soude et le sulfate d'ammoniaque*, par exemple, ou le *chlorure de potassium et le sulfate de potasse*, ou encore *deux tourteaux*. Le calcul ne serait plus exact si on l'appliquait à un *superphosphate* et à un *phosphate naturel*, puisque l'acide phosphorique du premier est plus actif que celui du second.

Les engrais de nature *complexe*, comme le fumier, les tourteaux, doivent être évalués d'après *leur richesse* en principes utiles et l'état de *solubilité* de

---

Comment fait-on pour comparer deux engrais de même nature ? Quelles conditions doivent remplir deux engrais pour être comparables ? Citez des exemples. Comment évalue-t-on les engrais complexes ?

ceux-ci. L'*azote* est coté à un prix d'autant plus élevé qu'il *nitrifie* plus rapidement.

Soit par exemple un fumier contenant par tonne 5 kilogrammes d'azote, 2 kg. 5 d'acide phosphorique et 5 kilogrammes de potasse. Sa valeur serait :

```
Azote . . . . . . .      1 fr. 50 × 5   =  7 fr. 50.
Acide phosphorique.  .    0 fr. 50 × 2,5 =  1 fr. 25.
Potasse. . . . . . .      0 fr. 40 × 5   =  2 fr.
                                           ─────────
            Total. . . . . . .   10 fr. 75.
```

Les litières s'évaluent comme le fumier. 1000 kilogrammes de paille de blé contiennent environ :

```
Azote . . . . .    4 kg. 8 valant 1 fr. 50 × 4,8 = 7 fr. 20.
Acide phosphor. .  2 kg. 3    »   0 fr. 50 × 2,3 = 1 fr. 15.
Potasse. . . . .   4 kg. 9    »   0 fr. 40 × 4,9 = 1 fr. 96.
                                                  ─────────
              Total. . . . . . .   10 fr. 31.
```

Ce prix est très inférieur à la valeur marchande de la paille. Quand on peut se procurer d'autres litières, on a donc intérêt à la vendre ou à la faire consommer par les animaux.

Soit encore un tourteau de sésame noir, non comestible, vendu 12 francs les 100 kilogrammes. Il contient :

```
Azote . . . . . . . .    6 kg. 34 valant 9 fr. 51.
Acide phosphorique.  .   2 kg. 03 valant 1 fr. 015.
Potasse. . . . . . . .   1 kg. 45 valant 0 fr. 58.
                                         ─────────
              Total. . . . . . .   11 fr. 105.
```

Dans ces conditions il ne serait pas économique ; il vaudrait mieux s'adresser aux engrais minéraux.

Pour ces évaluations, il faut naturellement prendre le prix du kilogramme d'azote, d'acide phosphorique ou de potasse tel qu'il est donné par les engrais chimiques, *au cours du moment*, en tenant compte de la solubilité de chacun d'eux, comme il a été dit plus haut. L'acide phosphorique du fumier, des tourteaux, de la paille, doit être compté au même prix que celui des superphosphates.

76. Engrais complets. — Les marchands offrent souvent, sous le nom « *d'engrais complets* », des mélanges d'engrais chimiques qu'ils disent s'appliquer à des cultures données ou à des terres données. *Ces mélanges commerciaux sont toujours à rejeter.*

1º *Ils sont vendus trop cher.* Le cultivateur doit payer le travail qu'a nécessité leur mélange.

2º Quoi qu'en disent les marchands, *ils ne conviennent pas toujours ni aux sols ni aux plantes pour lesquels ils ont été faits.* Avec eux on risque d'employer un élément dont on n'a pas besoin : c'est une dépense inutile.

3º *Ils favorisent la fraude.* Quand des engrais sont mélangés, ils perdent leur aspect, on ne peut plus les reconnaître. Il est plus facile d'y introduire des matières sans valeur.

Quand il a reconnu quels sont les éléments qui manquent à sa terre, le cultivateur a beaucoup plus d'avantage à les acheter séparément et à les mélan-

---

Quel prix faut-il donner au kilogramme d'élément utile, dans les engrais complexes ? — 76. Qu'appelle-t-on engrais complets ? Pourquoi ne faut-il pas en employer ?

ger lui-même s'il veut les répandre en une seule fois et si ce mélange peut se faire sans inconvénient.

77. Influence des frais de transport. — Dans tous les calculs, il ne faut pas oublier de tenir compte des *frais de transport*. Ils augmentent d'autant plus le kilogramme de l'élément utile que les engrais sont moins riches. Pour le fumier, par exemple, ils sont tellement considérables qu'on ne peut songer à l'expédier au loin.

78. Achat des engrais. — Loi du 4 février 1888 : Les marchands d'engrais sont obligés, sous peine d'une amende de 11 à 15 francs, d'indiquer *la composition des engrais qu'ils vendent*. (Loi du 4 février 1888.)

« Cette composition doit être exprimée par les poids des éléments fertilisants contenus dans 100 kilogrammes de la marchandise facturée, telle qu'elle est livrée et dénommée ci-après ;

« Azote nitrique ;

« Azote ammoniacal ;

« Azote organique ;

« Acide phosphorique en combinaison soluble dans l'eau ;

« Acide phosphorique en combinaison soluble dans le citrate d'ammoniaque ;

---

77. Quelle est l'influence des frais de transport sur le prix de revient des engrais ? — 78. A quoi sont tenus les marchands d'engrais depuis la loi du 4 février 1888 ? Comment les éléments fertilisants doivent-ils être désignés ?

« Acide phosphorique en combinaison insoluble ;

« Potasse en combinaison soluble dans l'eau.

« Pour l'azote organique et la potasse en combinaison soluble dans l'eau, l'origine ou l'indication de la matière première dont ils proviennent doit être indiquée. » (Décret du 10 mai 1889, art. 2.)

Le marchand doit donc toujours indiquer sous quel état se trouve la matière fertilisante.

La même loi punit d'une amende de 50 à 200 francs et d'un emprisonnement de six jours à un mois, ou de l'une des deux peines seulement, ceux qui en vendant des engrais *auront trompé*, ou même simplement *essayé de tromper*, l'acheteur sur leur nature, leur composition ou le dosage des éléments utiles qu'ils contiennent.

Cette sévérité était nécessaire, car les fraudes ont été innombrables dans le commerce des engrais. Des marchands peu scrupuleux volaient indignement le cultivateur en lui vendant très cher, sous le nom de phosphate, de guano, etc., des matières d'aucune valeur (tourbe, sciure de bois, terre, pierre broyée, sel marin, etc.). Depuis la loi de 1888, la fraude est rendue plus difficile, mais elle n'a pas disparu, et l'acheteur doit toujours être sur ses gardes. La meilleure garantie serait *l'analyse**, par un chimiste, des engrais achetés, mais cette analyse coûte assez cher, et le petit cultivateur hésite souvent à en supporter les frais.

Comment la loi de 1888 punit-elle la fraude ? Quelle est la meilleure garantie contre la fraude?

Il peut tourner très simplement la difficulté en s'adressant aux *syndicats agricoles*. Ceux-ci achètent par grande quantité à la fois, ils paient meilleur marché. Ils peuvent s'approvisionner aux maisons sérieuses sans passer par des intermédiaires qui prélèvent des bénéfices exagérés. Enfin, une seule analyse suffit pour contrôler un achat considérable.

LECTURE

COMMERCE DES ENGRAIS

Comme toutes les industries qui offrent des débouchés faciles, la fabrication des engrais dits chimiques ou commerciaux est aux mains de négociants plus ou moins honnêtes. Plus qu'aucune autre cette industrie est sujette à la fraude de la part de ceux qui l'exercent directement ou de celle des intermédiaires nombreux qu'elle exige. Si l'on ajoute que, malheureusement, l'ignorance des cultivateurs, leur crédulité et la tentation du bon marché, à laquelle ils résistent rarement, viennent aider presque partout l'audace des fraudeurs, on se convaincra aisément du nombre de dupes que font les marchands d'engrais.

En attendant que l'initiative individuelle, trop rare chez nos cultivateurs, ait conduit devant la justice les fraudeurs dont ils sont la dupe, aujourd'hui que la loi du 7 février 1888 rend si faciles ces poursuites, je conseille aux agriculteurs de mettre impitoyablement à la porte de leur demeure ces coureurs d'affaires, représentants, sous des noms divers, d'une bande noire de flibus-

---

Parlez des avantages des syndicats agricoles.

tiers qui a ses maisons de commerce à Nantes, à Paris, au Mans, à Agen, à Bordeaux, à Marseille, etc. Les syndicats sont là pour délivrer la petite culture de cette race de voleurs dont le trafic se résume en deux chiffres : vendre à raison de 20 à 25 francs les 100 kilogrammes, suivant le degré de crédulité et d'ignorance de leurs dupes, un engrais contenant, d'après garantie, 2 à 2 1/2 pour 100 d'azote et 10 à 12 pour 100 d'acide phosphorique, le tout valant en réalité de 6 à 8 francs les 100 kilogrammes. (L. GRANDEAU : *L'épuisement du sol et les récoltes,* p. 193, HACHETTE, éditeur.)

QUATORZIÈME LEÇON

Emploi des engrais.

Résumé. — Le cultivateur, pour employer judicieusement les engrais chimiques, doit connaître la **composition de son sol**. Une *analyse*, effectuée par un chimiste sur un échantillon convenablement choisi, la lui indique.

Une terre est suffisamment riche quand elle contient **un pour mille** d'*azote*, d'*acide phosphorique* ou de *potasse*, et 10 à 50 pour mille de *chaux*. Si un des éléments est en quantité notablement inférieure à ces chiffres, on l'introduit avec des engrais complémentaires.

Le cultivateur peut aussi savoir l'élément qui manque à sa terre en faisant des *essais* des diverses sortes d'engrais sur des *carrés d'expériences*. C'est en somme l'**analyse du sol par la plante**. Cette méthode est plus longue, plus délicate, mais plus sûre que la première.

Il est bon de chercher quel est le *supplément de récolte* produit par l'engrais chimique et de calculer sa *valeur*. On verra ainsi si l'emploi de cet engrais a été *économique*.

———

79. Le cultivateur doit connaître la composition chimique de ses terres. — Les engrais chimiques coûtent assez cher ; le cultivateur doit bien savoir les employer s'il ne veut pas gaspiller son argent. Il vaut mieux s'en passer que les appliquer à tort et à travers.

Rappelons que ces engrais viennent en *complément du fumier*. Ils doivent apporter au sol l'élément qui lui manque, de façon que les plantes aient à leur disposition un aliment contenant en quantité suffisante les principes dont elles ont besoin. Si une terre est pauvre en acide phosphorique, par exemple, il est nécessaire d'employer des engrais phosphatés, indépendamment du fumier, pour obtenir de bonnes récoltes. Si elle est pauvre en azote, il faudra lui donner un supplément d'engrais azotés.

80. Analyse chimique du sol. — Le cultivateur a donc tout intérêt à connaître la composition de son sol. Pour cela, il peut le faire *analyser* par un chimiste. Il n'a qu'à en envoyer un échantillon à une station agronomique.

81. Prise d'échantillon. — Pour prélever l'échantillon, il suffit de prendre quelques poignées de terre en différents endroits et de bien les mélanger de façon que leur composition soit uniforme. On envoie au chimiste 1 kilogramme environ de ce mélange.

---

79. Quel est le rôle des engrais chimiques ? Que doit connaître le cultivateur pour les employer judicieusement ? — 80. Comment peut-il savoir la composition de son sol ? Où se font généralement les analyses de terre ? — 81. Comment prélève-t-on un échantillon ?

Toutefois on ne peut opérer ainsi que dans une terre *homogène*, c'est-à-dire dont la composition est la même partout. Si les terres sont de natures très différentes, il faut autant d'échantillons et autant d'analyses qu'il y a de sortes de terres. D'ailleurs, le cultivateur sait toujours, d'après les récoltes qu'il obtient, si les terres de son exploitation sont de compositions différentes.

Si le sous-sol n'avait pas la même composition que le sol, et le cas est fréquent, il serait utile de le faire aussi analyser séparément.

82. Interprétation des résultats de l'analyse. — On admet qu'une terre est de composition convenable quand elle renferme au moins *un pour mille* d'azote, d'acide phosphorique et de potasse, 10 à 50 pour 1,000 de chaux.

Supposons que le chimiste envoie un bulletin d'analyse ainsi conçu :

ANALYSE DE LA TERRE N°

Azote	1,15 pour 1,000
Acide phosphorique	0,72 —
Potasse	2,41 —
Chaux	23,32 —

Nous voyons immédiatement qu'un pareil sol est assez riche en azote, en potasse et en chaux, mais

---

Quelle précaution faut-il prendre si les terres de l'exploitation n'ont pas toutes la même composition? Si le sous-sol n'a pas la même composition que le sol? — 82. Combien une terre doit-elle renfermer d'azote, d'acide phosphorique, de potasse et de chaux pour être assez riche?

qu'il est pauvre en acide phosphorique. Les engrais qui lui conviennent sont des phosphates.

83. Analyse du sol par la plante. — Le cultivateur peut faire l'analyse chimique de son sol en employant pour cela la plante elle-même. Cette méthode est plus lente que la précédente, mais quand elle est bien appliquée elle donne des résultats plus certains.

On cultive une plante, du blé par exemple, sur des carrés égaux, d'un are environ, ayant reçu des engrais différents, de façon que tous les cas soient envisagés. On aura un carré pour chacun des trois engrais simples : azote, acide phosphorique, potasse ; trois carrés où ils sont associés deux à deux : azote et acide phosphorique, azote et potasse, acide phosphorique et potasse ; un où ils sont réunis (engrais complet), et enfin un carré sans engrais (carré témoin).

1	2	3	4
TÉMOIN sans engrais.	Azote.	Acide phosphorique.	Potasse.
5	6	7	8 ENGRAIS COMPLET
Azote, acide phosphorique.	Azote et potasse.	Acide phosphorique et potasse.	Azote, acide phosphorique et potasse.

83. Comment le cultivateur peut-il faire l'analyse du sol par la plante?

Quand la récolte est arrivée à maturité, on la pèse. Supposons que l'on ait les résultats suivants (nous ne tiendrons compte que du poids du grain) :

1 — 13 kg.	5 — 25 kg., 5
2 — 15 kg.	6 — 18 kg.
3 — 25 kg.	7 — 26 kg.
4 — 17 kg.	8 — 26 kg., 5

Nous voyons d'abord que c'est l'engrais complet (n° 8) qui a produit la meilleure récolte : 26 kg. 5 au lieu de 13 kilogrammes que donne seulement la terre sans engrais. Mais trois autres rendements sont voisins de celui-ci, ce sont ceux qui sont produits par :

Acide phosphorique et potasse	26 kg.	(Carré n° 7)
» » Azote	25 kg., 5	(» 5)
Acide phosphorique seul	25 kg.	(» 3)

L'acide phosphorique employé seul amène donc un rendement presque égal à celui qui est donné par l'engrais complet. L'azote et la potasse n'ont eu un effet marqué que lorsqu'ils étaient associés à l'acide phosphorique, et dans ce cas le surcroît de production sur ce qu'a donné l'acide phosphorique seul n'est pas assez grand pour qu'on puisse conseiller leur emploi.

Conclusion : la terre envisagée renferme assez d'azote et de potasse, elle est pauvre en acide phosphorique.

Sur un autre terrain on a eu :

1 — 12 kg.		5 — 28 kg.	
2 — 16 kg.		6 — 17 kg.	
3 — 19 kg.		7 — 20 kg.	
4 — 15 kg.		8 — 29 kg.	

Le carré qui a reçu à la fois azote et acide phosphorique a seul donné un rendement comparable à celui qui a reçu l'engrais complet. L'azote et l'acide phosphorique employés isolément ont donné des résultats bien inférieurs. La terre est pauvre en ces deux éléments à la fois.

Pour que les carrés d'essais donnent des résultats concluants, ils doivent être établis sur un terrain dont la composition soit la même partout. Les engrais qu'ils reçoivent doivent être solubles, de façon à produire tout leur effet dans l'année ; on emploiera comme engrais azoté le nitrate de soude, comme engrais phosphaté le superphosphate et comme engrais potassique le chlorure de potassium ou le sulfate de potasse.

Il est bon de les employer à forte dose pour avoir des résultats plus frappants, mais il ne faut pas exagérer, car alors on s'écarterait trop des conditions ordinaires de la végétation. 400 kilogrammes de nitrate de soude, 400 kilogrammes de superphosphate et 200 kilogrammes de chlorure de potassium par hectare constituent une forte fumure. Sur les carrés d'un are on emploiera donc 4 kilogrammes de nitrate de soude, 4 kilogrammes de superphosphate et 2 kilogrammes de chlorure de potassium par carré.

Quelle précaution y a-t-il à prendre dans l'établissement des carrés d'essais? Quelle sorte d'engrais faut-il employer sur ces carrés?

Il est évident que les résultats obtenus dans ces essais n'ont de valeur que pour les sols et les plantes sur lesquels on a expérimenté. Si l'exploitation renferme des terres de natures très différentes, il faut, comme pour l'analyse chimique, autant d'essais qu'il y a de sortes de terres.

84. Quantité d'engrais à employer. — Quand le cultivateur a déterminé l'engrais qui convient à son sol, il doit se préoccuper de la quantité qu'il lui faut répandre à l'hectare. Cette question est assez compliquée. En employant les engrais à haute dose, on est certain d'avoir de belles récoltes, mais ce n'est pas là le but qu'on se propose en agriculture. Le cultivateur doit produire *économiquement*, afin de gagner de l'argent. Il faut que le supplément de récolte dû à l'engrais paie le prix d'achat de cet engrais et laisse encore un bénéfice.

Prenons des exemples :

Une terre, fumée au fumier de ferme, a produit par hectare 20 hectolitres de blé. En complétant cette fumure par 300 kilogrammes de superphosphate dosant 13/14 pour 100 d'acide phosphorique valant 8 francs les 100 kilogrammes, on a un rendement de 25 hectolitres à l'hectare, soit 5 hectolitres en plus.

Si l'hectolitre de blé vaut 18 francs, la valeur de ce supplément de récolte est 18 francs × 5 = 90 francs.

D'autre part, la dépense faite pour l'obtenir se monte à 8 francs × 3 = 24 francs.

---

84. Quelle dose? Quelle est la règle à suivre pour l'emploi économique des engrais chimiques? Donnez des exemples.

L'emploi des engrais phosphatés a donc été avantageux.

Soit, d'autre part, une prairie qui fournit normalement 3,200 kilogrammes de foin sec à l'hectare. L'emploi de 3oo kilogrammes de nitrate de soude dosant 16 pour 100 d'azote et valant 25 fr. 5o les 100 kilogrammes a porté le rendement à 4,200 kilogrammes. On a donc obtenu 1,000 kilogrammes en plus. Mais pour cela on a dépensé :

$$25 \text{ fr. } 5o \times 3 = 76 \text{ fr. } 5o.$$

Le foin valant d'habitude 4o à 5o francs les 1,000 kilogrammes, l'excédent de récolte n'a pas payé l'excédent de dépense.

LECTURE

PRINCIPE DE RESTITUTION

Chaque année, les récoltes emportent d'un hectare une quantité déterminée d'azote, d'acide phosphorique, de potasse et de chaux ; pour maintenir la fertilité de la terre, il faut, disait-on, restituer ces quantités par les engrais.

Une pareille conduite n'a que des relations fort lointaines, dans la plupart des cas, avec une bonne pratique agricole. En effet, pour nourrir une plante avec un engrais, il faut incorporer au sol une quantité d'aliment bien supérieure à celle que la plante assimile ; l'expérience a mille fois démontré qu'une fumure très abondante, dépassant énormément les quantités exigées par la restitution, peut donner un bénéfice net bien supérieur à la fumure purement conservatrice ; quant à l'excès utile, il dépend de beaucoup de circonstances.

D'une part, la terre peut contenir une matière fertilisante en quantité telle que le prélèvement des plantes pour une récolte est absolument insignifiant. Dans les terres calcaires, on n'aura jamais à restituer la chaux ; dans beaucoup de terres la potasse est suffisante pour subvenir indéfiniment à l'alimentation des végétaux ; dans certaines terres phosphatées, l'acide phosphorique est en masse pratiquement inépuisable ; pour les légumineuses, on n'aura pas à restituer l'azote. Ainsi à tous moments et de tous côtés, le principe de restitution est inapplicable. (LAGATU et SICARD : *Guide pratique et élémentaire pour l'analyse des terres*, p. 259, COULET, éditeur.)

PROBLÈMES

Nota. — Dans les problèmes qui suivent, à moins d'indications contraires, on calculera la valeur des éléments utiles d'après les prix suivants :

Azote . . . . 1 fr. 50 le kilogramme
Acide phosphorique . . . 0 fr. 50 —
Potasse . . . . 0 fr. 40 —

Nous n'indiquons pas à nouveau ces prix dans chaque problème. Il est bien entendu d'ailleurs qu'ils n'ont rien d'absolu et varient avec l'état du marché.

---

1. — Quelle est la valeur d'une tonne de fumier qui contient pour 100 0,42 d'azote, 0,21 d'acide phosphorique et 0,5 de potasse ?

2. — Un cultivateur achète un tas de fumier ayant 6 mètres de long, 3 mètres de large et 1^m,50 de haut à raison de 5 francs le mètre cube. Calculer la valeur réelle du fumier sachant qu'il dose 0,48 d'azote, 0,32 d'acide phosphorique et 0,58 de potasse pour 100, et que le mètre cube pèse 650 kilogrammes. Calculer le bénéfice ou la perte du cultivateur résultant de l'emploi de ce fumier au lieu d'engrais chimiques. (On ne tiendra pas compte des frais de transport.)

3. — Un cheval fournit annuellement 10,200 kilogrammes de fumier frais dosant en moyenne 0,58 d'azote,

0,28 d'acide phosphorique et 0,53 de potasse. Quelle est la valeur de ce fumier ?

4. — Quelle est la valeur du fumier fourni annuellement par un troupeau de 100 moutons ? On sait que le fumier de mouton dose en moyenne 0,83 d'azote, 0,23 d'acide phosphorique, 0,67 de potasse pour 100, et qu'un mouton en donne 550 kilogrammes par an.

5. — On a trouvé par litre de purin s'écoulant d'un tas de fumier : 1 gr. 5 d'azote, 0 gr. 1 d'acide phosphorique et 4 gr. 9 de potasse. Quelle est la valeur d'un mètre cube de ce purin ?

6. — Une vache a émis dans une année 4,500 kilogrammes d'urine dosant 0,812 d'azote, 0,015 d'acide phosphorique et 1,625 de potasse. Quelle est la valeur des déjections liquides de cet animal ?

7-10. — Voici quelle est la composition moyenne pour 100 de la paille des diverses céréales :

	AZOTE	ACIDE phosphorique.	POTASSE
Paille de blé	0,48	0,23	0,49
» d'orge	0,48	0,19	0,93
» d'avoine . . .	0,40	0,28	0,97
» de seigle . . .	0,40	0,25	0,80

Quelle est la valeur de 1,000 kilogrammes de paille de chaque catégorie employée comme litière en ne tenant compte que des principes fertilisants qu'elle contient ?

11. — On donne en moyenne 4 kilogrammes de litière par jour et par tête de gros bétail. Quelle est la valeur de la litière utilisée dans un an pour une paire de bœufs,

en supposant que toute cette litière soit formée de paille de blé ?

12. — Dans des expériences faites par MM. Müntz et Girard sur 12 moutons pendant 6 mois, il s'est perdu, par évaporation de l'ammoniaque, 52,7 pour 100 de l'azote donné aux animaux (litières et fourrages). Évaluer cette perte : 1° en kilogrammes d'azote ; 2° en argent, sachant que les litières et les fourrages contenaient en tout 98 kilogrammes d'azote.

13. — D'après Wolff, les déjections humaines émises annuellement par un individu contiennent : Déjections solides : 0 kg. 750, azote ; 0 kg. 500, acide phosphorique ; 0 kg. 250, potasse ; Déjections liquides : 4 kilogrammes, azote ; 0 kg. 850, acide phosphorique ; 0 kg. 750, potasse. Calculer leur valeur.

14. — Un hectare de vesces cultivées comme engrais verts a produit 12,500 kilogrammes. Sachant qu'elles contiennent 0,56 d'azote, 0,13 d'acide phosphorique et 0,43 de potasse pour 100, on demande la valeur : 1° de 1,000 kilogrammes de vesces ; 2° de toute la récolte.

15. — Quelle est la valeur agricole d'un tourteau de coton brut dosant 3,90 d'azote, 1,24 d'acide phosphorique et 1,65 de potasse pour 100 ?

16. — Un marchand offre à un cultivateur pour 14 francs les 100 kilogrammes un tourteau de colza dosant 4,90 d'azote, 2,83 d'acide phosphorique et 1,36 de potasse pour 100. Ce marché est-il avantageux ?

Voici la composition moyenne de tourteaux les plus employés :

	AZOTE	ACIDE phosphorique.	POTASSE
Tourteau de cameline.	4,93	1,87	»
» de chanvre .	4,91	1,90	»
» de colza . .	4,90	2,83	1,36
» de coprah .	3,90	1,12	2,54
» de lin . . .	5,04	2,15	1,29
» de navette .	4,63	1,65	1,46
» de pavot . .	5,88	2,53	1,98
» de sésame .	6,34	2,03	1,45
» d'arachide brut .	5,37	0,59	»

17. — Quelle est la valeur agricole d'un marc de raisin renfermant pour 100 1,11 d'azote, 0,25 d'acide phosphorique et 0,90 de potasse ?

18. — Un guano contient 8,43 d'azote et 12,54 d'acide phosphorique. A quel prix peut-on l'évaluer ?

19. — Une poule donne 6 kilogrammes de déjections par an, contenant en moyenne pour 100 1,14 d'azote, 0,63 d'acide phosphorique et 0,22 de potasse. Quelle est la valeur de l'engrais fourni annuellement par 50 poules ?

20. — Des cendres de chêne contiennent 12 pour 100 de potasse et 7 pour 100 d'acide phosphorique. Quelle est la valeur de 100 kilogrammes de ces cendres ?

21. — Même question pour les cendres de peuplier dosant pour 100 13 de potasse et 11,5 d'acide phosphorique.

22. — On offre du nitrate de soude dosant 16 pour 100 d'azote pour 25 fr. 50 les 100 kilogrammes. Quelle est la valeur du kilogramme d'azote dans cet engrais ?

23. — Même question pour du sulfate d'ammoniaque dosant 20,5 d'azote et vendu 30 fr. 75.

24. — Rechercher le prix du kilogramme d'acide phosphorique dans les engrais suivants : Superphosphate dosant 14 pour 100, vendu 6 fr. 5o les 100 kilogrammes ; Scories de déphosphoration dosant 16 pour 100, vendu 5 francs les 100 kilogrammes ; Phosphates de l'Oise dosant 17 pour 100, vendu 2 fr. 5o les 100 kilogrammes ; Phosphates des Ardennes, dosant 15 pour 100, vendu 3 francs les 100 kilogrammes.

25. — Le chlorure de potassium dosant 53 pour 100 de potasse vaut 22 fr. 5o. A combien revient le kilogramme de potasse ?

26. — Un marchand d'engrais offre à un cultivateur du superphosphate pour 5 fr. 4o les 100 kilogrammes tandis que le syndicat agricole le fournit à 6 fr. 15. Le phosphate du marchand donne 9 pour 100 d'acide phosphorique et celui du syndicat 14 pour 100. Quel est le marché le plus avantageux ?

27. — Un cultivateur se proposait d'acheter 5oo kilogrammes de phosphate naturel dosant 14 pour 100 d'acide phosphorique. Il prend à la place du phosphate dosant 18 pour 100. Combien devra-t-il en acheter pour introduire dans son sol la même quantité d'acide phosphorique ?

28. — On offre au prix de 21 fr. 5o les 100 kilogrammes un « engrais complet » dosant 11 pour 100 d'acide phosphatique soluble dans le citrate d'ammoniaque, 3 pour 100 d'azote nitrique, 6 pour 100 de potasse. Ce prix est-il exagéré? De combien?

29. — Le nitrate de soude dosant 16 pour 100 d'azote vaut 25 fr. 5o les 100 kilogrammes; le superphosphate dosant 14 pour 100 d'acide phosphorique soluble au citrate, 6 fr. 10 les 100 kilogrammes et le chlorure de potassium dosant 52 pour 100 de potasse, 21 fr. 5o.

D'après cela, quelle la valeur réelle d'un engrais ainsi composé : Azote nitrique, 2 pour 100 ; acide phosphorique soluble dans le citrate, 13 pour 100; potasse soluble, 3 pour 100. Le marchand l'offre au prix de 21 francs les 100 kilogrammes. Quel est son bénéfice ?

30. — Le chlorure de potassium pur renferme 63 pour 100 de potasse. Quel est le prix du kilogramme de potasse dans un chlorure de potassium du commerce vendu 32 francs les 100 kilogrammes et renfermant 85 pour 100 de chlorure de potassium pur?

31. — Un syndicat fait venir directement de Strassfürth deux wagons de 5,000 kilogrammes chacun de chlorure de potassium dosant 80 pour 100 de chlorure. Le prix d'achat est de 16 fr. 50 les 100 kilogrammes. A combien revient le kilogramme de potasse si les frais de transport s'élèvent à 3 fr. 20 les 100 kilogrammes? (Le chlorure de potassium pur dose 63 pour 100 de potasse.)

32. — Le sulfate de potasse, dosant 52 pour 100 de potasse, est vendu 21 fr. 75 les 100 kilogrammes. Quel est le prix du kilogramme de potasse?

33. — Un cultivateur a répandu dans un champ de blé 300 kilogrammes de superphosphate valant 6 fr. 75 les 100 kilogrammes. Le supplément de récolte dû à l'emploi de cet engrais est de 4 hectolitres. Calculer le bénéfice du cultivateur si le blé vaut 22 fr. 50 les 100 kilogrammes. 1 hectolitre de blé pèse 78 kilogrammes.

34. — L'emploi de 200 kilogrammes de scories de déphosphoration sur une luzernière a augmenté le rendement de 1.250 kilogrammes, évalués en foin sec, par hectare. Cet emploi a-t-il été avantageux? Les scories

employées valaient 4 fr. 5o les 100 kilogrammes et le foin de luzerne 7o francs les 1,000 kilogrammes.

35. — On a semé sur un hectare de prairie 3oo kilogrammes de nitrate de soude valant 25 fr. 5o les 100 kilogrammes. Le rendement s'est augmenté de 1,15o kilogrammes de foin sec, valant 6o francs les 1000 kilogrammes. L'emploi de l'engrais a-t-il été avantageux? Calculer le bénéfice ou la perte.

36. — Dans une expérience de M. Garola une **prairie** donnait 3,75o kilogrammes de foin sec à l'hectare. L'emploi de 325 kilogrammes de nitrate de soude a porté le rendement à 6,ooo kilogrammes. Calculer le bénéfice ou la perte en estimant le nitrate de soude 24 francs les 100 kilogrammes et le foin 6o francs les 1,000 kilogrammes.

III

FAÇONS CULTURALES

QUINZIÈME LEÇON

Les labours.

Résumé. — **Les labours** servent à *ameublir le sol*, à *détruire les mauvaises herbes* et à *enfouir les engrais*. Ils favorisent le développement des racines des plantes et activent la nitrification.

Les *labours profonds* sont souvent très utiles dans les *terres fortes*, où ils peuvent remplacer un *drainage*, mais ils conviennent moins aux terres *perméables*. Ils doivent être accompagnés de *fortes fumures*.

Une bonne **charrue** doit être *solide*, *légère* et *facile à conduire*. La charrue communément employée est la charrue à *avant-train*. L'*araire* est moins utilisée. Le *brabant*, qui verse toujours la terre du même côté, convient particulièrement pour les *labours à plat*. Dans les grandes exploitations, on emploie aussi des *charrues multiples*, traçant plusieurs raies à la fois.

---

85. Effets des labours. — Les *labours* servent à ameublir le sol. Quand celui-ci est trop compact, les racines des plantes s'y développent mal ; elles ont peine à s'y enfoncer et ne rencontrent pas en quantité suffisante l'air et l'eau qui leur sont nécessaires. Les labours divisent la terre en mottes plus ou moins grosses laissant entre elles des vides. Les racines pénètrent dans ces intervalles et peuvent fouiller le sol dans tous les sens pour prendre la nourriture de la plante.

L'air et l'eau, on le comprend sans peine, circulent mieux dans un sol labouré. Le premier apporte aux racines l'oxygène dont elles ont besoin, l'autre dissout les aliments de la plante et pénètre ensuite dans les poils absorbants. Grâce à eux également, la *nitrification* est plus active.

Les labours servent aussi à détruire les mauvaises herbes et à enfouir les engrais.

86. Labours de défoncement. — Suivant leur profondeur, on les divise en labours superficiels ou de déchaumage (profondeur 5 à 10 centimètres), labours ordinaires ou moyens (profondeur 10 à 25 centimètres), labours profonds ou de défoncement (25 à 60 centimètres).

---

85. A quoi servent les labours ? Comment favorisent-ils le développement des plantes ? Quel est leur rôle ? — 86. Comment les divise-t-on d'après leur profondeur?

Ces derniers offrent de grands avantages dans les terres fortes et lorsque le sous-sol est de bonne qualité. Ils permettent aux racines de s'enfoncer plus profondément, augmentant ainsi le volume de terre qui sert à la nourriture de la plante. Grâce à eux, l'eau des pluies s'enfonce mieux dans le sol; ils peuvent souvent remplacer un drainage, beaucoup plus coûteux.

Il arrive parfois que le sol et le sous-sol sont de natures très différentes et se complètent mutuellement; un sol argileux peut, par exemple, reposer sur un sous-sol calcaire ou inversement. Un labour de défoncement qui mélange les deux couches modifie alors heureusement les propriétés physiques du sol.

Par contre, quand le sous-sol est de mauvaise nature, il ne faut pas le mélanger avec le sol; la fertilité de ce dernier serait diminuée. Dans ce cas, on se contente de le fouiller pour l'ameublir et l'aérer, mais on le laisse en place.

Les labours profonds ont sur la nitrification un effet encore plus actif que les labours ordinaires à cause de la plus grande quantité de terre remuée, aussi ne faut-il pas les exécuter dans les sols perméables où elle est déjà trop active.

Ces labours se donnent en automne; les gelées d'hiver divisent ensuite les mottes et ameublissent

---

Quels avantages offrent les labours profonds dans les terres fortes ? Dans quel cas un labour de défoncement permet-il de modifier les propriétés physiques du sol ? Que fait-on quand le sous-sol est de mauvaise nature ? Quel est l'effet des labours profonds sur la nitrification ? Conviennent-ils aux terres perméables ? A quel moment les exécute-t-on ? Quelles précautions faut-il prendre ?

la terre. Ils doivent être accompagnés de fortes fumures. Sans cette précaution ils pourraient diminuer le rendement pendant quelque temps ; car, dans les terres compactes où on les effectue, le sous-sol n'a pas pu s'imprégner d'engrais comme le sol. Le

Charrue a deux versoirs
(*Brabant double.*)
Fig. 23.

mélange des deux couches donnerait une terre dont la fertilité moyenne serait moins grande.

87. La charrue. — Les labours s'exécutent au moyen de la *charrue*. Une charrue doit couper la terre verticalement, puis horizontalement, et enfin la retourner. Ces travaux sont exécutés par le *coutre*, le *soc* et le *versoir*, fixés eux-mêmes à l'*âge*.

---

87. Quelles sont les principales pièces d'une charrue ?

L'âge est muni de *mancherons* servant à diriger l'instrument ; son extrémité repose d'ordinaire sur un *avant-train*. Un *régulateur* permet de modifier la largeur ou la profondeur du labour.

Il y a des charrues qui n'ont pas d'avant-train : ce sont des *araires*. Elles sont plus difficiles à diriger que les charrues à avant-train et ne permettent guère de faire des labours légers.

Fouilleuse

FIG. 24.

88. Qualités d'une bonne charrue. — Une bonne charrue doit se régler et se conduire facilement, être solide et légère, se composer de pièces simples, faciles à réparer ou pouvant se remplacer immédiatement. Enfin elle doit effectuer parfaitement le travail pour lequel elle a été faite. Une charrue donnée, en effet, ne fournit un bon travail que dans un sol donné. Si, par exemple, elle a été construite pour un sol argileux, elle ne fonctionnera pas bien dans une terre légère, et réciproquement.

Comment appelle-t-on les charrues sans avant-train ? — 88. Quelles sont les qualités d'une bonne charrue ?

89. **Charrue brabant double.** — Lorsque dans un labour la terre est toujours retournée du même côté, on a un *labour à plat*. Les labours à plat s'effectuent avec des charrues *brabant double*. Un brabant possède deux versoirs, l'un au-dessus, l'autre au-dessous de l'âge, autour duquel ils peuvent tourner. On les fait travailler à tour de rôle et,

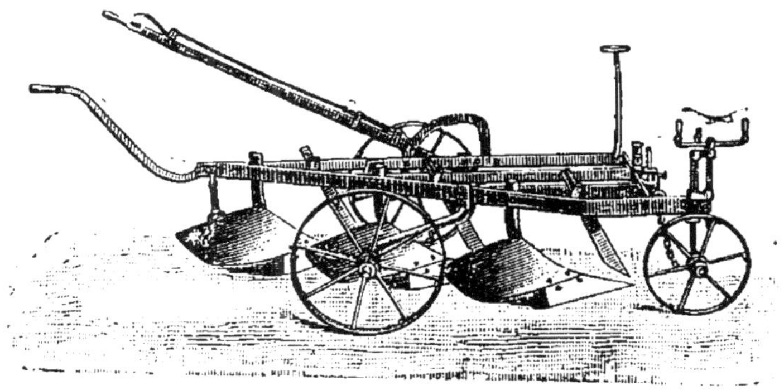

Fig. 25. — Polysocs.

grâce à ce dispositif, la terre est toujours versée du même côté.

90. **Charrue fouilleuse.** — Dans les labours de défoncement, si on mélange le sol et le sous-sol, on emploie des charrues de grandes dimensions. Ce travail est généralement fait par des entrepreneurs. Pour remuer seulement le sous-sol, on se sert de *sous-soleuses* ou *charrues fouilleuses*. On peut également adapter à la charrue ordinaire une *griffe fouilleuse*.

89. Qu'appelle-t-on labour à plat ? Avec quoi le donne-t-on ? Comment effectue-t-on les labours de défoncement ? — 90. Qu'appelle-t-on charrue fouilleuse ou sous-soleuse?

91. Charrues multiples. — On construit, pour les labours légers, des *charrues multiples (bisocs, polysocs)*, formées de deux ou plusieurs corps de charrue montés sur le même bâti et faisant deux ou plusieurs raies à la fois. Elles permettent d'exécuter le travail plus rapidement et plus économiquement, mais sont un peu plus difficiles à régler que des charrues simples.

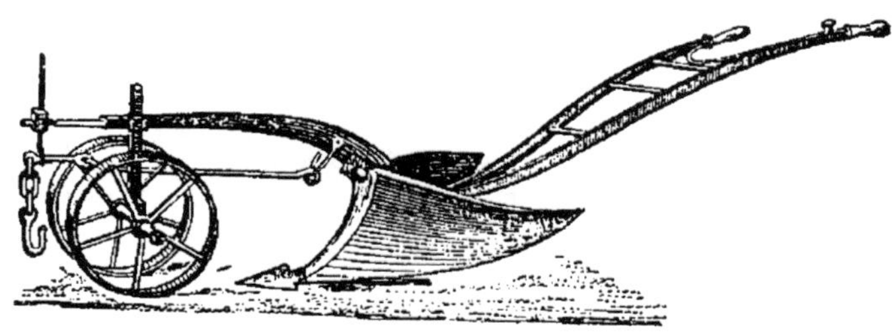

Buttoir

Fig. 26.

92. Charrues vigneronnes. — On emploie souvent des charrues spéciales pour des cultures données. Ainsi pour la culture de la vigne on se sert de charrues très légères ; le soc est rejeté vers la gauche pour labourer tout près des ceps, et les mancherons peuvent se déplacer pour éviter de heurter les échalas.

93. Buttoir. — Pour accumuler la terre au pied de certaines plantes (pommes de terre, maïs, etc.), on emploie un *buttoir*. C'est une petite charrue à deux versoirs qu'on peut écarter plus ou moins l'un

---

91. Parlez des charrues multiples. — 92. Parlez de la charrue à vigne. — 93. Qu'est-ce qu'un buttoir ? A quoi sert-il ?

de l'autre, suivant l'intervalle des lignes. Le buttoir permet aussi de creuser rapidement des rigoles pour l'écoulement des eaux.

LECTURE

CHARRUES MULTIPLES

Ces charrues présentent différents avantages, notamment dans les labours légers. Leur traction relative est plus faible, toutes choses égales d'ailleurs, que celle des charrues à une raie ; le tirage est plus régulier, il n'y a pas d'à-coups ; cette uniformité de traction se conçoit facilement, car les résistances de la terre à deux ou trois versoirs solidaires oscillent dans des limites restreintes, tandis que dans les charrues simples les écarts entre le maximum et le minimum sont très étendus.

D'un autre côté, elles permettent d'exécuter le travail beaucoup plus rapidement et économiquement. Si, pour labourer une terre donnée, 16×22, il faut deux chevaux, pour faire dans le même temps une dimension double (16×44 large), il faudra employer deux charrues, quatre chevaux et deux conducteurs. Avec une charrue à deux raies on aura besoin de trois chevaux et d'un conducteur, d'où économie d'un cheval et d'un homme. Dans les deux cas, on labourera 70 ares par jour ; il y aura donc, en faveur de la charrue à deux raies, par hectare labouré, une économie de près d'une journée et demie d'homme et autant de cheval. (RINGELMANN : *Les Machines agricoles*, 1re série, p. 30, HACHETTE, éditeur.)

SEIZIÈME LEÇON

Cultivateurs. Herse. Rouleau. Houe.

Résumé. — L'ameublissement du sol est complété au moyen des **cultivateurs** (scarificateurs, extirpateurs, piocheurs vibrateurs), de la **herse** et du **rouleau.**

La *herse* sert aussi à enterrer les semences et le *rouleau* à raffermir la terre soulevée par les gelées. Les *herses articulées,* les *rouleaux à disques,* suivent mieux les inégalités du sol que les herses et les rouleaux *rigides* et leur sont préférables.

Pendant le cours de la végétation, on détruit les mauvaises herbes et on ameublit le sol par des **sarclages** et des **binages,** exécutés soit à la main, soit avec des instruments attelés *(houe à cheval ou bineuses).*

---

94. Cultivateurs. — On peut compléter le travail de la charrue au moyen de *cultivateurs* (scarificateurs, extirpateurs, piocheurs vibrateurs). Ils se

---

94. Comment peut-on compléter le travail de la charrue ?

composent d'un bâti très solide portant des dents de forme variable. Celles du *scarificateur* ressemblent à un coutre, celles de l'*extirpateur* à un soc. Quant aux dents des *piocheurs*, elles sont montées sur une tige recourbée et flexible.

Ces instruments ne retournent pas la terre, mais ils la divisent, l'émiettent mieux que la charrue. Avec

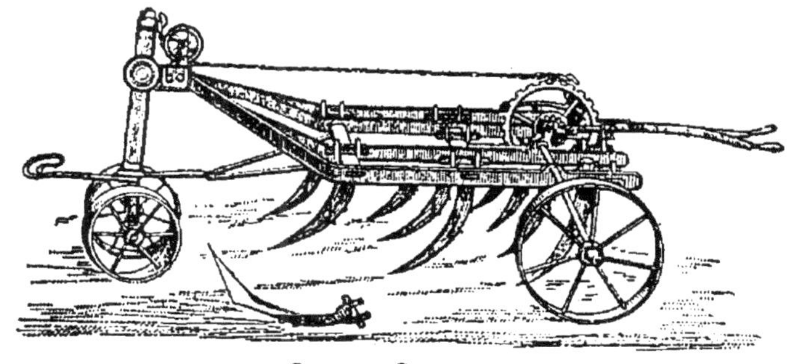

Scarificateur
Fig. 27.

eux on peut donner rapidement des labours légers, des binages pour détruire les mauvaises herbes.

95. Herse.— Pour ameublir seulement la surface de la terre on emploie la *herse*. Elle permet aussi d'enterrer les semences, d'enlever les mauvaises herbes arrachées par la charrue, de détruire la mousse des prairies. Les dents de la herse sont enfoncées dans un bâti ayant la forme d'un parallé-

---

Comment sont disposées les dents du scarificateur? de l'extirpateur? du piocheur vibrateur? Quel est le rôle de ces instruments? 95. Quel est le rôle de la herse? Comment ses dents doivent-elles être disposées?

logramme ou d'un triangle. Elles doivent être placées
de telle sorte que lorsque la herse traîne sur le sol
les sillons laissés par ces dents soient tous à la même
distance l'un de l'autre.

Quand le bâti de la herse est rigide, il y a des
parties du sol qui échappent au hersage ; on obtient

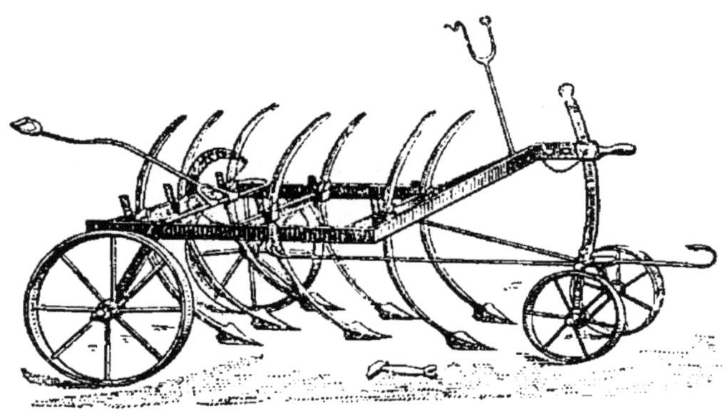

Déchaumeuse
(*Extirpateur.*)
Fig. 28.

un meilleur travail en associant plusieurs petites
herses. On a alors une *herse articulée* qui suit mieux
les inégalités du sol.

On fabrique aussi des *herses souples*, dont les
dents sont indépendantes les unes des autres :
aucune partie du sol n'échappe à leur action. Les
dents de ces herses sont reliées par des chaî-
nons.

Quels sont les inconvénients des herses rigides ? Par quoi les
remplace-t-on ?

96. Rouleau. — Dans les terres fortes il reste encore des mottes après le hersage. On les écrase avec un *rouleau*. Le rouleau comprime le sol au moment des semailles et donne aux racines des plantes un appui solide. On l'emploie également

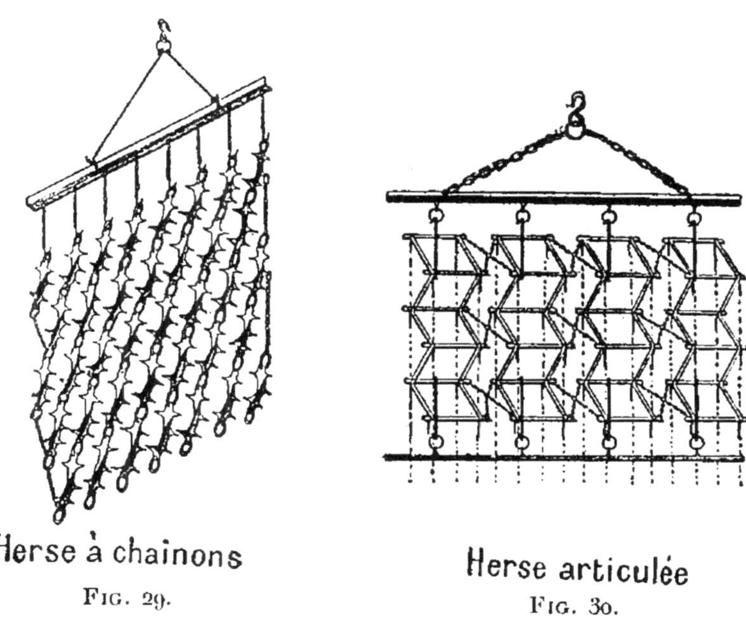

Herse à chainons
Fig. 29.

Herse articulée
Fig. 30.

pour tasser la terre qui a été soulevée par la gelée. Il nivelle en quelque sorte la surface du champ et permet l'usage des instruments de récolte perfectionnés (faucheuses, moissonneuses, etc.).

Les rouleaux d'une seule pièce glissent sur le sol dans les tournées et le creusent ; les rouleaux perfectionnés sont formés de plusieurs cylindres de

96. A quoi servent les rouleaux? Qu'arrive-t-il dans les tournées avec les rouleaux d'une seule pièce? Comment les rouleaux perfectionnés sont-ils construits ?

fonte mis bout à bout, montés sur le même axe et fonctionnant séparément. Quand on tourne au bout du champ, les cylindres placés aux extrémités roulent en sens inverse.

Les rouleaux lisses ne suffisent pas toujours à émietter les mottes. Dans les terres fortes on emploie pour cela des rouleaux munis de dents comme le *Croskill*. Ce dernier est formé de disques en fonte dentelés et de diamètres différents. Les petits dis-

FIG. 31.   FIG. 32.

ques alternent avec les grands. Tous sont enfilés sur un axe autour duquel les grands disques tournent avec un très grand jeu, de façon à ce qu'ils puissent tous porter sur le sol.

97. Houe à cheval. — Pendant la végétation des plantes cultivées, on détruit les mauvaises herbes par des binages et des sarclages. Ces opérations peuvent s'effectuer mécaniquement au moyen de houes à cheval ou bineuses. On distingue les houes simples, qui ne cultivent qu'un seul rang, et les houes multiples, qui cultivent plusieurs rangs à la fois.

Parlez du rouleau Croskill. — **97.** Comment détruit-on les mauvaises herbes qui nuisent à la végétation des plantes cultivées ? Comment classe-t-on les houes ?

Parmi ces dernières il y en a qui permettent de biner les céréales quand elles ont été semées en lignes.

Non seulement les binages nettoient la terre,

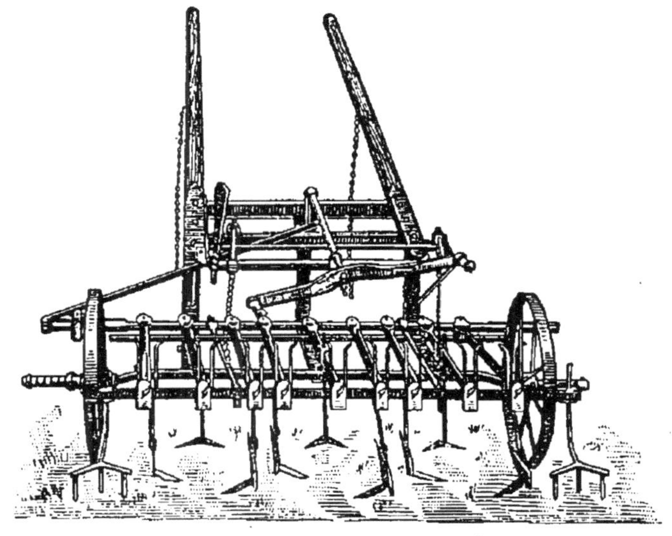

Houe à cheval
Fig. 33.

mais ils diminuent encore l'évaporation à la surface du sol, ce qui a donné naissance au vieux proverbe : « Un binage vaut deux arrosages. »

LECTURES

LES LABOURS

Le nombre des labours et la manière de les exécuter varient suivant les différentes provinces et selon que la

---

Quel est l'effet des binages sur l'évaporation ?

différente nature des terres l'exige, mais tous tendent au même but, qui consiste à détruire les mauvaises herbes, à briser et soulever la terre, et à la mettre en état de recevoir la semence. Lorsque la terre ne retient point l'eau, il faut labourer à plat pour ne point perdre inutilement du terrain ; si, au contraire, les terres retiennent l'eau, il faut labourer par billons, ou tout au moins par planches, plus ou moins larges, selon qu'il est plus ou moins nécessaire de donner un écoulement aux eaux, de sorte que, suivant la nature des terres ou leur situation, on pratique quelquefois dans une même ferme l'une et l'autre façon de labourer.

De même, il y a des terres qui ont besoin d'être beaucoup plus labourées que d'autres. Il faut labourer fréquemment et dans des temps convenables les terres qui produisent beaucoup de mauvaises herbes, et celles qui se durcissent lorsqu'après avoir été pénétrées d'eau, elles sont desséchées par le hâle.

Une terre forte, si on la laboure lorsqu'elle est pénétrée d'eau, est pétrie et rendue plus compacte qu'elle n'était. Cette même terre, labourée par un temps trop sec, forme de grosses mottes ; ce qui ne peut être qu'avantageux avant l'hiver parce que les gelées divisent les mottes, mais ces mottes sont un grand inconvénient quand elles subsistent lorsqu'il faut semer. Il y a cependant des terres dont les mottes, très dures tant qu'il fait sec, se divisent aisément lorsqu'il survient un peu d'eau. C'est au laboureur à étudier son terrain pour agir conséquemment à ce qu'il exige. (DUHAMEL DU MONCEAU : *Traité de la culture des terres*, t. VI, p. 7.)

ROLE DES MACHINES EN AGRICULTURE

Tandis que dans l'industrie dominent avec de très grands avantages les forces inanimées et surtout la force-vapeur, l'agriculture, et c'est un de ces traits les plus caractéristiques, emploie surtout les forces animales pour mettre ses machines en mouvement. Nos constructeurs sont parvenus à nous doter d'un bon matériel de récolte, faucheuses, râteaux, moissonneuses, qui est actionné par des attelages et nous aide à remédier à la cherté des bras.

Les machines agricoles ne remplacent en réalité que des absents. Elles sont le résultat de l'insuffisance de la main-d'œuvre et de la hausse des salaires, surtout en temps de moisson. Sans elles, il n'y aurait plus, entre le prix des produits et le prix du travail des ouvriers ruraux, un écart suffisant pour rémunérer les chefs d'établissement. La main-d'œuvre prélèverait presque tout pour elle seule. Il faudrait donc battre en retraite. Les machines interviennent, et dès lors l'esprit d'entreprise se sent armé pour la lutte ; il aborde l'exploitation de terres que, très certainement, il aurait laissées à l'état d'inculture s'il avait dû baser ses espérances sur le concours d'une main-d'œuvre de plus en plus exigeante. (LECOUTEUX : *Cours d'économie rurale*, t. I, p. 172, Librairie agricole de la Maison rustique.)

IV

MULTIPLICATION DES VÉGÉTAUX

DIX-SEPTIÈME LEÇON

Germination et semailles.

Résumé. — Pour qu'une graine *germe*, il lui faut de l'**eau**, de l'**oxygène** et une **température convenable**.

La jeune plante se développe d'abord aux dépens des provisions contenues dans la graine; quand celles-ci sont épuisées, elle doit prendre elle-même sa nourriture dans l'air et dans le sol. Pour qu'elle puisse arriver à la lumière, il ne faut pas qu'elle soit enterrée trop profondément.

Pour que la levée soit *régulière,* il faut que toutes les graines soient placées à la *même profondeur.* On obtient ce résultat en effectuant les semis à l'aide des **semoirs mécaniques**. Ces instruments permettent de réaliser une *économie de semence;* ils augmentent en outre le rendement en rendant les *sarclages* plus faciles et, pour les céréales, en évitant la *verse*.

Quand une graine est placée dans des conditions convenables, elle *germe*. Son enveloppe se déchire et il en sort d'abord une petite racine avec sa coiffe* et son fin duvet de poils absorbants. La tige se développe ensuite.

98. Conditions nécessaires à la germination. — Pour que la germination ait lieu, la graine doit se trouver dans un endroit qui soit à la fois humide, aéré et chaud.

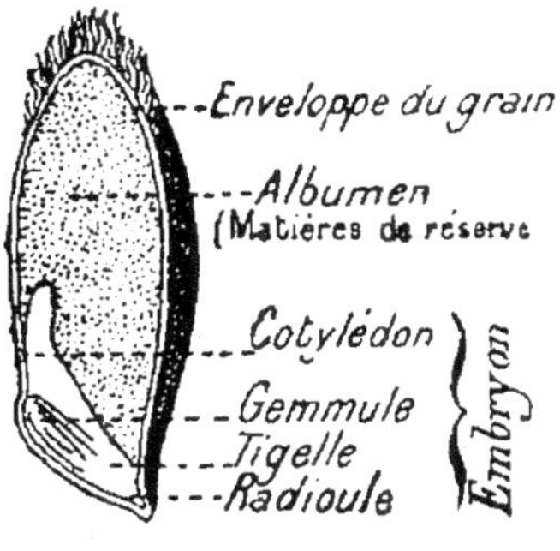

Enveloppe du grain
Albumen
(Matières de réserve)
Cotylédon
Gemmule
Tigelle
Radicule
Embryon

Fig. 34.
Coupe d'un grain de blé.

L'*eau* est nécessaire : chacun sait qu'on met au sec les graines que l'on veut conserver.

L'*air* — ou plutôt l'*oxygène* — ne l'est pas moins ; il est indispensable au développement de tout être vivant. Des graines plongées dans l'eau, et par conséquent privées d'air, pourrissent, elles ne germent pas.

Enfin, la *température* doit être convenable. Le

Comment se produit la germination d'une graine ? — 98. Dans quelles conditions la graine doit-elle se trouver pour germer ?
Montrez que l'oxygène est nécessaire à la germination. Parlez de la température.

blé, par exemple, ne germe pas au-dessous de 5° ni au-dessus de 42° 5 ; le haricot au-dessous de 9° et au-dessus de 46°. Entre ces deux limites extrêmes, il y a une température pour laquelle la germination s'effectue le plus rapidement. C'est 28° 7 pour le blé, 34° pour le haricot.

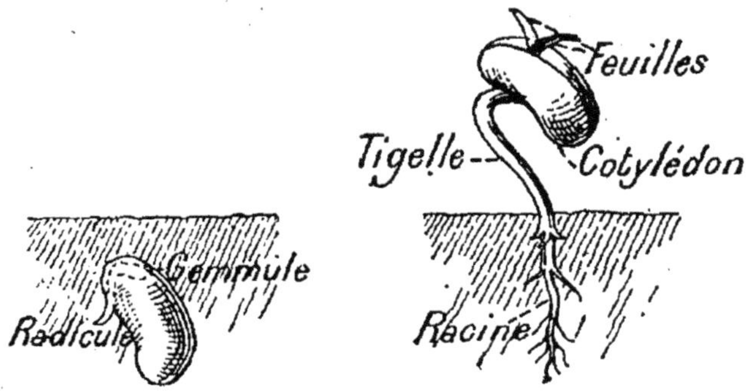

FIG. 35. — Germination d'un haricot.

99. **La graine ne doit pas être enterrée trop profondément.** — Au commencement de la germination, la racine et la tige du petit végétal s'allongent aux dépens des provisions contenues dans la graine. Celle-ci finit par se vider entièrement, il n'en reste plus que l'écorce. Il faut qu'à ce moment la plante soit en état de prendre sa nourriture elle-même ; ses racines doivent être assez développées, ses feuilles pourvues de *chlorophylle**. Pour cela, il est nécessaire que la graine ne soit pas enterrée trop profondément. Si elle est trop enfoncée dans la

---

99. Comment se nourrit la jeune plante au début de la germination ? Qu'arrive-t-il quand la graine est enterrée trop profondément ?

terre, il peut arriver que les réserves de la graine soient épuisées avant que la jeune tige arrive à la lumière. La chlorophylle ne peut se former, par suite la plante n'assimile pas le carbone et elle meurt.

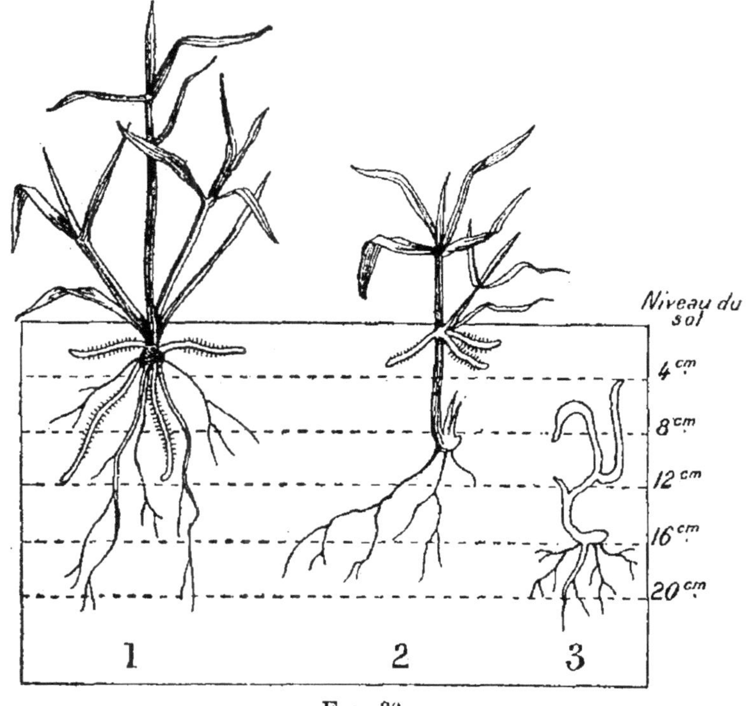

Fig. 36.

Le grain nº 1, placé à quatre centimètres, a germé et donné un pied vigoureux. Le nº 2 a atteint difficilement la lumière ; au premier entre-nœud, des racines sont apparues pour suppléer les premières ; sa végétation est en retard sur celle du nº 1. Le nº 3 était placé trop profondément, la tigelle est morte avant d'avoir atteint la lumière.

100. La profondeur du semis doit être uniforme.

— Si les graines sont enterrées à des profondeurs différentes, celles qui sont le plus près de

---

100. Qu'arrive-t-il quand les graines sont enterrées à des profondeurs différentes ?

la surface du sol germent les premières ; les plantes qu'elles donnent arrivent les premières à la lumière ; leur végétation est en avance sur celles des plantes qui proviennent de graines placées plus profondément. Pour que la levée soit régulière, il faut donc que les graines soient enterrées à une profondeur uniforme. Cette condition est difficile à réaliser, pour les plantes de grande culture, quand le semis a lieu à la main. Dans ce cas, on enterre ensuite les graines à la herse ou à la charrue et elles sont toujours placées à des profondeurs très diverses. De plus, il y en a toujours qui sont en-

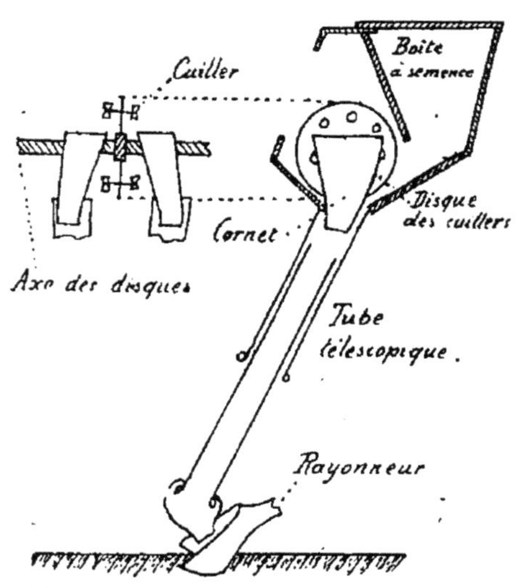

FIG. 37. — Semoir « à cuillers ».

La semence est versée dans le premier compartiment de la boîte à semence ; elle passe ensuite dans le second. Là, elle est prise par des petits godets ou cuillers, fixés sur des disques qui sont montés sur un axe commun et qu'un engrenage fait tourner. Le grain tombe ensuite dans des cornets qui le conduisent aux distributeurs ; ceux-ci le déposent dans des sillons que trace un rayonneur. Le distributeur est un tube télescopique : il est formé de plusieurs parties s'emboîtant les unes dans les autres, de façon qu'il puisse s'allonger ou se raccourcir suivant les inégalités du sol.

fouies trop profondément, soit par les pieds des animaux, soit par les instruments eux-mêmes ; d'autres restent sur le sol, exposées à être dévorées par les oiseaux : il en résulte une perte de semence.

La levée est-elle très régulière dans les semis à la main? Pourquoi?

101. Emploi des semoirs mécaniques. — On obtient un bien meilleur résultat en effectuant les semis en lignes, au moyen d'un *semoir mécanique.*

1° Il y a *économie de semence.* Les semoirs perfectionnés placent tous les grains à une profondeur convenable et uniforme. Tous peuvent germer.

2° Le *rendement est augmenté,* d'abord parce que les plantes en lignes recevant plus d'air et de lumière se développent mieux, et ensuite parce qu'on peut les sarcler plus facilement.

3° L'accès de l'air et de lumière au pied des tiges des céréales les rend plus vigoureuses et évite la *verse.*

Les semoirs en lignes ont un inconvénient : avec eux il faut plus de temps et de main-d'œuvre pour effectuer les semailles, mais ce défaut est largement compensé par les avantages que nous venons de signaler.

On construit aussi des semoirs à la volée, mais leur emploi n'est généralement pas à conseiller. Ils n'ont guère d'autre avantage que celui de répandre régulièrement la semence.

LECTURE

AVANTAGES DES SEMOIRS MÉCANIQUES

Quand on sème à la main, il arrive souvent qu'une poignée est plus forte que l'autre ; que le grain étant

---

101. Quels sont les avantages des semoirs en lignes au point de vue de l'économie de semence? de l'augmentation du rendement? de la verse des céréales? Quel est l'inconvénient des semoirs en lignes? L'emploi des semoirs à la volée est-il avantageux?

plus menu il en tient une plus grande quantité dans la main du semeur. Si le champ est plein de mottes et inégal, la plus grande partie de la semence s'amasse dans les fonds pendant qu'il en reste peu sur les éminences : d'où il résulte que la semence est distribuée fort inégalement.

D'ailleurs on est obligé, en semant à l'ordinaire, d'employer trop de semence ; parce que comme elle est enterrée à de différentes profondeurs, celle qui l'est trop ne lève point, pendant qu'une partie qui reste sans être enterrée est mangée par les oiseaux.

On remédie à cet inconvénient par le nouveau semoir (1). Car 1° il fait les rigoles aux distances qu'on désire et à la profondeur qu'on a trouvée par expérience être convenable pour la semence qu'on met en terre ; 2° comme le semoir remplit de terre toutes les rigoles, il n'y a aucune graine qui reste sans être enterrée ; 3° enfin le semoir verse dans chaque rigole la quantité précise de semence qu'on a jugée être convenable.

Au moyen du semoir toutes les semences sont donc placées dans la terre d'une façon si bien compassée qu'on pourra compter qu'elles réussiront toutes à moins qu'elles ne soient endommagées par les insectes.

Mais comme le semoir ne répand que la quantité de semence qui est absolument nécessaire, il faut être certain que tous les grains sont capables de germer et de lever ; car il arrive souvent qu'une partie de la semence est mauvaise. Comme on ne connaît point à l'œil sa qualité, il convient de s'en assurer par l'expérience en

(1) Ces lignes datent de 1753. On voit qu'il y a plus de cent cinquante ans, d'habiles agronomes préconisaient déjà l'emploi de semoirs mécaniques. Le semoir dont il est question ici est celui qui avait été inventé par l'Espagnol Lucatello, perfectionné par l'Anglais Tull et par Duhamel lui-même.

semant cinquante ou cent graines prises au hasard, mais bien comptées ; et quand elles sont levées on s'aperçoit par le nombre des tiges s'il y a dans la semence un dixième, ou un sixième ou un tiers de défectueux, et l'on augmente proportionnellement la quantité de celle qu'on met en terre. (DUHAMEL DU MONCEAU : *Traité de la culture des terres*, t. I, p. 129.)

DIX-HUITIÈME LEÇON

Choix des semences.

Résumé. —Avant d'acheter une semence, il est bon, pour se rendre compte de sa valeur réelle, de déterminer sa **faculté germinative**, c'est-à-dire le nombre de graines pour cent qui sont capables de germer. En général, la faculté germinative est d'autant plus élevée que la graine est *moins vieille*.

Quand on récolte soi-même sa graine, il faut toujours la choisir sur des plantes vigoureuses et fertiles. Ce choix porte le nom de **sélection**.

On préserve le blé de la *carie* par le *sulfatage* des semences, qui consiste à les plonger dans une dissolution étendue de *sulfate de cuivre*.

---

102. Détermination de la faculté germinative des semences. — Alors même que les conditions d'humidité, de chaleur et d'aération sont réalisées, la graine ne peut germer que si elle est *bien con-*

---

102. — Comment s'y prend-on pour connaître la qualité des grains que l'on achète ?

stituée et si elle a été *bien conservée*. Le cultivateur sait à peu près à quoi s'en tenir sur les graines qu'il a récoltées et conservées lui-même, mais il n'en est pas de même pour celles qu'il achète. Il est prudent alors de se faire délivrer un échantillon et de le faire germer, en le plaçant dans une assiette, sur du drap humide, à une température convenable. En comptant le nombre de graines qui ont germé et en le comparant à celui des graines mises en expérience, on sera renseigné sur la *faculté germinative* de cette semence.

Supposons que sur 25 graines 20 seulement aient germé, la faculté germinative de ces graines est $\frac{20 \times 100}{25} = 80$ pour 100. Avec 100 graines, on n'obtiendra donc que 80 plants au maximum.

Voici quelle est en moyenne la faculté germinative de quelques graines de commerce :

Luzerne	89 o/o
Trèfle ordinaire	91 o/o
Sainfoin	71 o/o
Pâturin des Prés	48 o/o

103. Les graines récentes sont préférables aux vieilles. — Pour que la germination s'effectue, il ne faut pas que la graine soit trop vieille. Certaines semences peuvent conserver très longtemps leurs facultés germinatives ; on a pu faire germer des haricots, des grains de blé, qui avaient plus de cent ans, mais ce sont là des faits exceptionnels. En

---

103. — Quelle est l'influence de l'âge des grains sur leur germination ?

général, ce sont les semences de l'année qui donnent le meilleur résultat. Toutefois, pour la carotte et la betterave, elles donnent des plantes qui sont plus exposées à monter à graines ; celles de deux ou trois ans sont préférables.

104. Sélection des semences. — Un cultivateur peut toujours, par un choix judicieux de ses semences, améliorer rapidement et à peu de frais les plantes qu'il cultive. C'est un fait d'observation courante que les enfants ressemblent toujours plus ou moins à leurs parents ; ce principe est également vrai pour les plantes. Une graine qui provient d'un pied vigoureux et fertile donnera à son tour une plante vigoureuse et fertile. C'est en semant constamment des grains de blé provenant de beaux épis qu'on a obtenu des variétés à grand rendement. De même, on a augmenté considérablement la richesse de la betterave à sucre en choisissant toujours comme porte-graines les betteraves les plus sucrées.

Ce choix porte le nom de **sélection.**

Un Anglais, le major Hallet, a pu, par sélection, augmenter considérablement le nombre de grains contenu dans un épi de blé. Pour le blé Victoria, par exemple, ce nombre est passé de 60 à 113 après 6 années ; pour le Goldendrop, de 39 à 96 après 7 années. On voit qu'avec ce dernier il a plus que doublé.

Le rendement moyen des betteraves à sucre était en 1884 de 6,87 pour 100 en sucre raffiné ; en 1898, il s'élevait à 11,40 pour 100.

---

104. — Comment peut-on améliorer rapidement et à peu de frais les plantes cultivées ? Citez des exemples.

Dans une expérience faite par M. Grandeau à l'école d'agriculture Mathieu de Dombasle, sur 13 parcelles d'un même champ également fumées, le produit net a varié de 21 francs par hectare à 449 francs, par la seule différence des semences employées ! On voit quelle est l'importance de cette question pour le cultivateur.

105. Sulfatage des semences. — Il est quelquefois utile de faire subir certains traitements aux graines qui doivent servir de semence. Le blé, par exemple, est sujet à une maladie, *la carie.* Cette maladie est causée par un champignon qui se développe dans le grain et le rend impropre à l'alimentation.

Or, les champignons se propagent par des petits corpuscules appelés *spores ;* si on tue les spores de la carie, on empêchera donc la maladie de se développer.

Quand on examine avec attention un grain de blé, on voit, à son extrémité, une houppe de poils : c'est dans ces poils que les spores de la carie viennent se loger. Si on sème le blé dans cet état, on sème donc avec lui le germe de la maladie. On tue ce germe en plongeant les grains de semence dans une dissolution étendue de *vitriol bleu* ou *sulfate de cuivre.*

250 grammes de vitriol suffisent pour 100 litres d'eau. Une dissolution trop concentrée empêcherait les grains de germer.

---

105. — Par quoi la carie du blé est-elle causée? Comment les champignons se propagent-ils ? Comment détruit-on les germes de la carie ?

On se contente quelquefois d'asperger les grains avec la dissolution ; ce procédé est expéditif, mais il peut y avoir des grains qui ne soient pas mouillés.

LECTURE

SÉLECTION DES SEMENCES

Parmi les perfectionnements que la plupart des cultivateurs peuvent introduire dans la production de leur blé, celui qui donnera le plus de profit, celui qui en abaissera le prix de revient de la manière la plus certaine, parce qu'il permet d'en augmenter, à peu de frais, le produit brut dans une proportion souvent considérable, c'est le choix de variétés bien appropriées au climat et aux terres de leur ferme.

Avant d'importer dans sa ferme de nouvelles variétés, il faut commencer par tirer le meilleur parti possible de celles que l'on a l'habitude d'y cultiver. Il faut chercher à les améliorer par la sélection, en choisissant, non pas seulement les plus beaux grains, mais les grains provenant des plus beaux épis et des plantes qui ont à la fois le plus de beaux épis et une paille assez forte pour les porter sans être exposée à la verse. C'est la méthode la plus sûre et la plus économique pour se procurer de bonnes semences.

Ce qu'il y a de mieux, c'est de faire son choix sur les plantes encore debout avant la moisson et de donner la préférence à celles qui sont bien saines, avec deux ou trois tiges aussi égales que possible, à paille forte, surmontées d'épis longs et bien remplis. Sinon, on peut encore arriver à d'excellents résultats en faisant couper sur le blé en javelles ou déjà lié en gerbes, par des femmes ou des enfants intelligents, les plus beaux épis, puis en les faisant battre ou égrener à part et semer dans un jardin ou dans un bon coin de terre. En choisissant ainsi chaque année de quoi faire une dizaine de litres, on en aura l'année suivante assez pour ensemencer un hectare, et, en continuant avec persévérance cette méthode de sélection, on sera certain d'obtenir les blés les mieux adaptés au sol et au climat de l'ensemble de la ferme. (RISLER : *Physiologie et culture du blé*, p. 62, HACHETTE, éditeur.)

PROBLÈMES

(Suite.)

---

37. — De la graine de sainfoin contient 9 pour 100 d'impuretés ; sa faculté germinative est de 71 pour 100. Combien germera-t-il au maximum de graines pour 100 ?

38. — Même question pour de la graine de pâturin des prés qui contient en moyenne 16 pour 100 d'impuretés et dont la faculté germinative est 48 pour 100.

39. — Une graine de luzerne vendue 2 francs le kilo renferme 2 pour 100 d'impuretés, et sa faculté germinative est 90 pour 100. Quel serait le prix théorique du kilogramme de graine parfaite ?

40. — La graine de trèfle blanc de première qualité renferme 4 pour 100 d'impuretés, et sa faculté germinative est 75 pour 100. Un commerçant l'offre à raison de 2 fr. 45 le kilogramme. Un autre offre à 1 fr. 95 le kilogramme une graine qui renferme 12 pour 100 d'impuretés, et un essai montre que sa faculté germinative est 47 pour 100. Quel est le marché le plus avantageux ?

41. — Un cultivateur récoltait 17 hectolitres de blé à l'hectare. Par sélection de ses semences il a porté le rendement à 22 hectolitres. Quel est son bénéfice par hectare si le blé vaut 23 francs les 100 kilogrammes ? Un hectolitre de blé pèse 78 kilogrammes.

DIX-NEUVIÈME LEÇON

Bouture. Marcotte. Greffe.

Résumé. — Indépendamment des semis, les végétaux se multiplient encore par la **bouture,** la **marcotte** et la **greffe.**

Une **bouture** est un rameau détaché d'un végétal que l'on enfonce en terre pour lui faire prendre racine. Dans la **marcotte** on recourbe une branche dont on enfonce une partie en terre ; on la sépare de la plante-mère lorsque la partie entourée est pourvue de racines. La **greffe** consiste à transplanter une partie de végétal ou *greffon* sur un autre végétal qu'on appelle le *sujet.* Pour que la greffe réussisse, il faut que le *cambium* du greffon, c'est-à-dire sa partie vivante, soit en contact avec le cambium du sujet.

Les principales espèces de greffe sont la *greffe en fente* et la *greffe en écusson.* La *greffe anglaise* est une variété de greffe en fente qui se pratique surtout pour la vigne.

On ligature les greffes pour empêcher le greffon de se détacher du sujet, et dans la greffe en fente on recouvre la plaie d'un enduit.

La bouture, la marcotte et la greffe permettent de multiplier les végétaux plus rapidement que par semis et de conserver les bonnes variétés.

On multiplie encore les végétaux au moyen de la bouture, de la marcotte et de la greffe.

106. Bouture. — Pour faire une *bouture*, on détache un rameau et on enfonce en terre la partie coupée.

Sur tout le pourtour de la blessure, des racines se développent ; le rameau qu'elles alimentent grandit, se ramifie, se couvre de feuilles et finit par donner une plante complète.

Les saules, les peupliers, les groseilliers, la vigne, se bouturent très facilement.

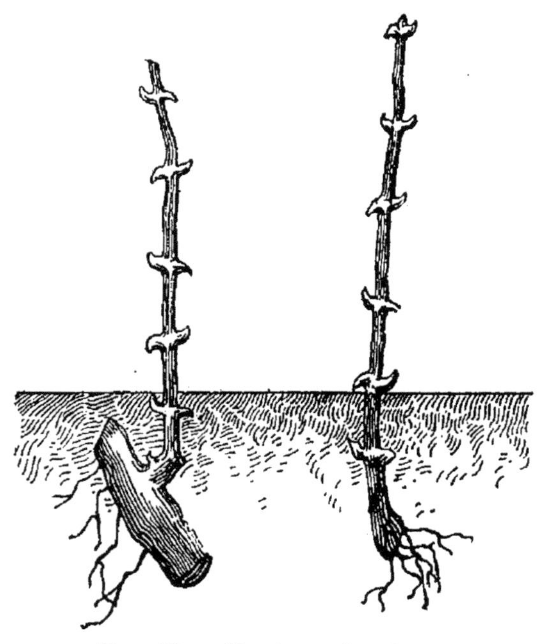

Fig. 38. — Bouture de vigne.

---

106. Comment fait-on une bouture? Citez des végétaux qui se reproduisent par bouture.

Parmi les plantes de grande culture, la pomme de terre se multiplie uniquement par le bouturage. Les tubercules que l'on plante au printemps ne sont pas autre chose, en effet, que des fragments de tige.

107. Marcotte. — Dans la *marcotte*, on courbe une branche dont on enfonce une partie en terre sans la détacher du pied. La partie enterrée donne naissance à des racines : quand elles sont assez développées pour nourrir la branche tout entière, on sépare celle-ci de la plante mère. On a alors un nouveau végétal analogue au premier.

Le marcottage s'emploie surtout pour les plantes qui ne sont pas assez robustes pour se bouturer facilement. La vigne se multiplie souvent de cette manière; cette opération porte alors le nom de *provignage*. Le fraisier subit un marcottage naturel : il émet des rameaux flexibles et rampants appelés *stolons* ou *coulants*. Ceux-ci s'enfoncent en terre de distance en distance; en chacun de ces points un nouveau pied prend naissance. Le stolon se flétrit ensuite, et toute communication avec le pied principal est supprimée.

108. Greffe. — La *greffe* consiste à transplanter une portion de végétal, rameau ou bourgeon, sur un autre végétal. Ce dernier lui fournit de la nourriture, et elle continue à s'accroître. Le pied sur

---

107. Comment fait-on une marcotte? Citez des exemples. Dans quel cas emploie-t-on le marcottage? — 108. En quoi consiste la greffe ?

lequel on greffe s'appelle le *sujet*; le rameau transplanté sur le sujet prend le nom de *greffon*.

109. Pratique du greffage. — Le greffon ne doit pas être placé au hasard sur le sujet. Pendant la belle saison, les arbres augmentent d'épaisseur. Cet accroissement se fait par la région située entre le bois et l'écorce et qu'on appelle *cambium* ou *assise génératrice*. C'est la partie la plus vivante de la tige ; avec la nourriture que lui apporte la sève elle fabrique du bois en dedans et de l'écorce en dehors. Son activité est surtout très grande au printemps ; à ce moment elle est molle, et

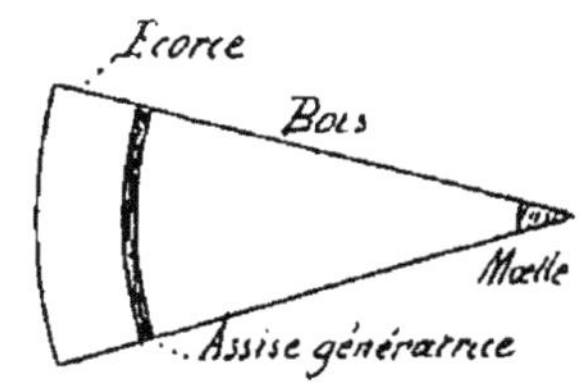

Fig. 39.
Structure d'une tige.
Au printemps, l'assise génératrice donne du bois en dedans et de l'écorce en dehors de la tige.

c'est pourquoi les jeunes rameaux s'écorcent si facilement. Pour que la greffe réussisse, il faut que le cambium du sujet soit en contact, au moins en quelque point, avec le cambium du sujet. Plus ce contact est grand, plus la reprise est assurée.

110. Différentes sortes de greffes. — Il y a un grand nombre de sortes de greffes ; les plus usitées sont la greffe en fente et la greffe en écusson. Dans la *greffe en fente* on coupe la tige du sujet, on y

---

Qu'appelle-t-on sujet? greffon? — 109. Qu'est-ce que la zone génératrice? Comment fonctionne-t-elle? Comment le greffon doit-il être placé par rapport au sujet pour que la greffe réussisse? — 110. Quelles sont les principales sortes de greffes? Parlez de la greffe en fente.

pratique une fente dans laquelle on introduit l'extrémité du greffon qu'on a d'abord taillée en lame de
couteau.

Une variété de greffe en fente est la *greffe
anglaise* qui se pratique surtout pour la vigne. Le
greffon et le sujet sont deux rameaux de même dia-

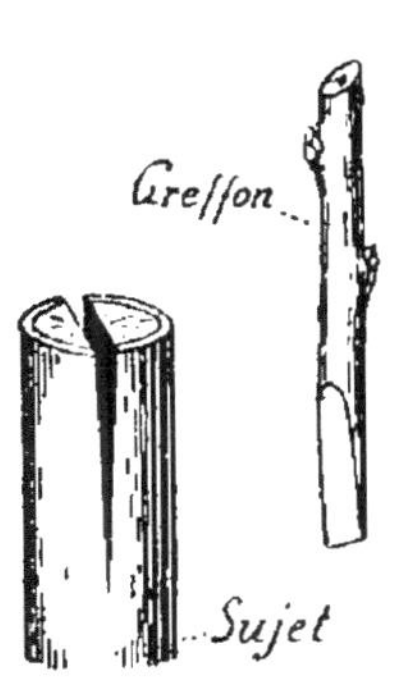

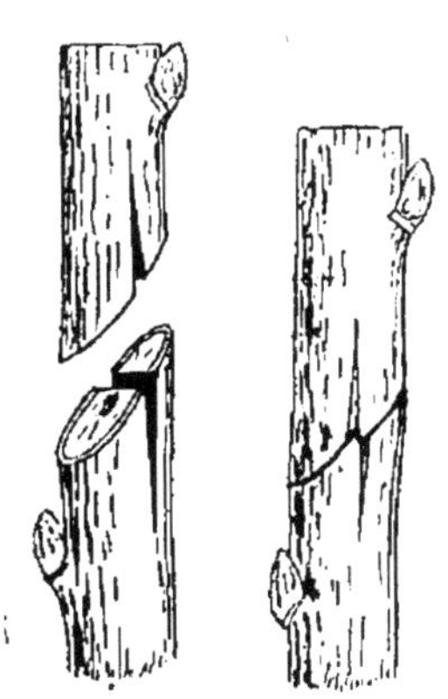

FIG. 40. — Greffe en fente.   FIG. 41. — Greffe anglaise.

mètre : on les taille en biseau de façon que les deux
surfaces obtenues puissent s'appliquer exactement
l'une sur l'autre. En les fendant légèrement on
forme ensuite deux onglets qui les empêchent
de glisser quand on rapproche les deux biseaux.

Dans la *greffe en écusson*, le greffon est un œil
accompagné seulement d'un morceau d'écorce. On
fend l'écorce du sujet, on la soulève légèrement et
on place l'écusson de manière que l'œil se trouve
entre les lèvres de la fente.

Qu'est-ce que la greffe anglaise? Comment pratique-t-on la
greffe en écusson?

111. Ligatures et engluments. — Pour que le greffon ne se sépare pas du sujet, on ligature les greffes. Dans la greffe en fente, on recouvre en outre les plaies par un mastic pour empêcher le bois de pourrir. On peut employer pour cela l'onguent de Saint-Fiacre, mélange d'argile et de bouse de vache. La cicatrisation se fait d'autant mieux que la plaie est plus nette, d'où la nécessité d'employer des instruments qui coupent bien.

112. Époque du greffage. — La greffe en fente se fait au printemps au moment où la sève circule activement. La greffe anglaise peut se faire en hiver ; on conserve alors les greffes dans du sable pour qu'elles ne se dessèchent pas et on les plante de mars en mai.

Fig. 42. — Greffe en écusson. Incision en T et écusson.

La greffe en écusson s'effectue au mois de mai ou au mois d'août. Dans le premier cas l'écusson se développe l'année même : c'est la greffe à *œil poussant*. Dans le second, il ne commence à végéter qu'au printemps suivant, et la greffe est dite à *œil dormant*.

113. Pourquoi multiplie-t-on les végétaux par bouture, marcotte ou greffe. — Par la bouture, la

---

marcotte et la greffe, on multiplie les arbres beaucoup plus rapidement que par semis. En outre, ces trois procédés, et surtout le dernier, permettent de propager les bonnes variétés d'arbres fruitiers. Si on semait les pépins d'une très bonne poire, par exemple, on obtiendrait un *sauvageon*, donnant de mauvais fruits.

Les végétaux obtenus au moyen de la bouture, de la marcotte et de la greffe présentent toutes les qualités, mais aussi tous les défauts de ceux qui leur ont donné naissance. La *sélection* est encore plus nécessaire ici que pour les semences. Il ne faut choisir, pour les multiplier ainsi, que des arbres *sains*, *vigoureux* et *fertiles*.

La sélection des boutures, des marcottes et des greffes est-elle nécessaire ?

V

ASSOLEMENTS

VINGTIÈME LEÇON

Résumé. — On appelle **assolement** l'ordre suivant lequel se succèdent les diverses productions végétales sur une exploitation. Il est nécessaire de varier les cultures sur un même sol pour assurer la meilleure utilisation possible des principes fertilisants qu'il contient, pour l'empêcher d'être envahi par les mauvaises herbes, pour arrêter le développement des parasites animaux ou végétaux.

Les *formules d'assolement* varient d'ailleurs suivant les pays et suivant les plantes cultivées. La **jachère** devrait en être proscrite; elle n'est utile que lorsqu'il s'agit de nettoyer un sol infesté de mauvaises herbes. Loin de *reposer* la terre, comme on le croit parfois, elle l'*appauvrit* par la perte de l'azote produit par la *nitrification*.

---

114. Nécessité des assolements. — L'ordre suivant lequel se succèdent les diverses productions végétales sur une exploitation constitue un *assolement*.

On ne peut pas cultiver constamment la même plante sur le même sol, ou tout au moins, si la chose est parfois possible, le plus souvent elle n'est pas *économique*. Nous allons le montrer.

Chaque plante a des exigences particulières relativement aux aliments qu'elle puise dans le sol. Le blé, par exemple, demande beaucoup d'azote et d'acide phosphorique ; un champ sur lequel on fait toujours du blé s'appauvrit donc constamment en azote et en acide phosphorique, tandis que la potasse qu'il contient est mal utilisée. On peut remédier à cet épuisement par l'emploi d'engrais chimiques, mais il n'y en a pas moins un élément dont le cultivateur ne tire pas tout le parti convenable. Si avec le blé il cultive une plante qui enlève au sol beaucoup de potasse, comme la betterave, tous les éléments du sol concourront dans une juste mesure à la production agricole. C'est là un avantage ; la fertilité naturelle du sol, représentée par l'azote, l'acide phosphorique et la potasse qu'il contient, constitue un capital pour le cultivateur ; si une partie de ce capital reste improductive, c'est comme si elle n'existait pas. Elle n'a pas plus de valeur qu'une somme d'argent qui resterait enfouie dans la terre.

---

114. Qu'est-ce qu'un assolement ? Montrer que les assolements assurent une meilleure utilisation de la fertilité du sol.

L'*alternance des cultures* assure donc une meilleure utilisation de la fertilité du sol.

Les assolements permettent de débarrasser plus facilement le sol des mauvaises herbes. Dans un champ de blé, malgré les sarclages du printemps, un certain nombre de plantes salissantes (coquelicots, ivraie, nielle, moutarde, etc.) se développent et mûrissent avant la céréale. Leurs graines se répandent sur le sol ; elles germent après la moisson ou au printemps suivant. Si l'on cultive plusieurs fois de suite du blé sur le même sol, le nombre de ces mauvaises plantes ira en augmentant chaque année, au point de compromettre la récolte. On les détruira au contraire très facilement en faisant suivre le blé d'une plante qui, comme la betterave, exige de nombreux binages.

Les plantes agricoles sont souvent attaquées par des parasites animaux ou végétaux (insectes, champignons microscopiques, etc.). Ces parasites se développent d'autant mieux qu'ils ont plus de nourriture à leur disposition. Quand on alterne les cultures, beaucoup d'entre eux périssent faute d'aliments convenables.

Enfin, il y a des plantes qu'on ne peut absolument pas, même en employant des engrais chimiques, cultiver plusieurs années de suite sur le même sol. Telles sont la plupart des Légumineuses fourragères.

Montrer que les assolements permettent de le débarrasser des mauvaises herbes. Comment l'alternance des cultures nuit-elle au développement des maladies des plantes? Quelles sont les plantes qu'on ne peut cultiver toujours sur le même sol ?

115. Formules d'assolements. — Les formules d'assolements sont nombreuses ; elles varient d'un pays à l'autre et suivant les plantes cultivées. L'assolement est dit *biennal, triennal, quadriennal,* suivant que les mêmes plantes reviennent sur le même sol tous les deux, trois ou quatre ans. Il y a d'ailleurs des assolements de plus longue durée.

116. La jachère. — Autrefois toutes les formules d'assolements comportaient la *jachère*. C'était une pratique consistant à laisser le sol improductif pendant un an, tout en lui appliquant des façons culturales pour l'ameublir et le débarrasser des mauvaises herbes. On pensait que pendant ce temps la terre *se reposait* et que, l'année suivante, elle était plus apte à donner de bonnes récoltes.

C'est là une idée fausse ; la terre n'a pas besoin de repos. Elle ne se fatigue pas à produire ; elle peut donner constamment d'abondantes récoltes si le cultivateur a soin de lui rendre, par des engrais appropriés, ce que les récoltes précédentes lui ont enlevé.

Non seulement la jachère ne repose pas la terre, mais elle l'épuise. Les façons culturales données au sol activent la nitrification ; les nitrates formés, n'étant pas utilisés par les racines des plantes, sont entraînés par les pluies et perdus pour le cultivateur.

---

115. Qu'appelle-t-on assolement biennal, triennal, quadriennal ? — 116. Qu'est-ce que la jachère ? La terre a-t-elle besoin de repos ? Montrer que la jachère épuise le sol.

La jachère n'est donc utile que pour nettoyer le sol quand il est tellement infesté de mauvaises herbes (chiendent, avoine à chapelet, etc.) que la réussite des récoltes serait compromise. A part ce cas extrême, il y a tout avantage à la remplacer par une culture sarclée ou un fourrage vert.

117. Exemples d'assolements. — Voici quelques assolements :

Assolement biennal . .	Blé, jachère. Blé, betterave à sucre.
Assolement triennal . .	Jachère, blé, avoine. Blé, avoine ou orge, trèfle. Blé, avoine, betterave. Sarrasin, blé, avoine.
Assolement quadriennal	Betterave, avoine, trèfle, blé. Chanvre, tabac, colza, froment.

Souvent, d'ailleurs, le cultivateur n'observe pas rigoureusement une formule d'assolement ; il fait dans chaque champ la culture qui lui paraît la plus avantageuse, en évitant seulement de ramener trop fréquemment les mêmes plantes sur les mêmes terres.

Dans quel cas la jachère est-elle utile? Par quoi peut-on la remplacer le plus souvent? — 117. Le cultivateur suit-il toujours un assolement rigoureux?

DEUXIÈME PARTIE

LES CULTURES

VINGT ET UNIÈME LEÇON

Les céréales.

Résumé. — Les **céréales** les plus cultivées dans le centre de la France sont : le *blé*, le *seigle*, l'*orge* et l'*avoine*.

Il est avantageux de les semer en lignes avec des *semoirs mécaniques* et de leur donner des *binages* et des *sarclages* pendant leur végétation. Aujourd'hui la *moissonneuse* tend de plus en plus à remplacer la faux pour leur récolte, de même que la *batteuse mécanique* a pris presque partout la place du fléau.

On conserve les grains en les plaçant dans des greniers secs et aérés.

Le blé sert à la fabrication du pain, l'orge à celle de la bière, l'avoine à la nourriture des animaux de travail. La paille des différentes céréales est employée comme litière et comme fourrage.

---

118. Principales céréales. — Le blé, le seigle, l'orge et l'avoine sont les céréales les plus cultivées dans le centre de la France.

Fig. 43
Blé de mars.
(*Richelle de Naples.*)

Fig. 44
Orge chevalier.

119. Semailles et soins culturaux. — Nous avons vu les avantages que présentent pour ces plantes les semis en ligne : économie de semence, levée plus régulière et en somme rendement plus élevé.

Peu de temps après être sorties de terre, ces céréales *tallent*, c'est-à-dire que chaque pied se divise et donne plusieurs tiges. On favorise le tallage par des hersages et des roulages. Les roulages, en outre, raffermis-

---

118. Quelles sont les principales céréales de nos pays ? — 119. Quel est l'effet des hersages et des roulages sur ces plantes ?

sent la terre au pied des céréales d'hiver que la gelée a pu déchausser.

Des binages et des sarclages augmentent le rendement. Ils sont surtout avantageux pour le *blé*. Le *seigle* en a moins besoin, car sa végétation est très rapide et il étouffe les mauvaises herbes. On peut les donner rapidement avec des bineuses mécaniques.

120. Récolte. — La récolte se fait quelquefois à la *faucille*, plus souvent

Fig. 45. — Moissonneuse javeleuse.

à la *faux* ou à la *moissonneuse*. Ce dernier instrument permet d'opérer très vite. On les lie ensuite en gerbes. Si la récolte n'est pas assez mûre ou si on ne peut la rentrer immédiatement, il y a avantage à réunir les gerbes en *moyettes**. Les moyettes bien faites peuvent résister longtemps à la pluie sans que le grain s'altère. Il y a exception pour l'orge, qui brunit et germe rapidement sous l'action de l'humidité : il faut la rentrer aussitôt qu'elle est sèche.

Quels sont les autres soins culturaux que réclament les céréales ? — **120.** Comment se fait la récolte ? L'orge se conserve-t-elle en **moyettes ?**

121. Battage des céréales. — Autrefois le battage des céréales s'effectuait presque exclusivement au fléau. Aujourd'hui on emploie de plus en plus les batteuses mécaniques, mues le plus souvent par la vapeur. Les modèles perfectionnés nettoient suffisamment le grain pour qu'on puisse le livrer au commerce sans autre préparation. Ces machines

Fig. 46. — Moissonneuse lieuse.

sont utilisées même dans la petite culture : des entrepreneurs les louent aux cultivateurs.

Au fléau, un homme bat environ 230 kilogrammes de blé par jour. Une batteuse avec nettoyage, nécessitant un personnel de 24 hommes, a un rendement de 1,600 kilogrammes à l'heure.

122. Nettoyage du grain. — Quand les grains sont battus au fléau, ils sont mélangés à des balles,

---

121. Parlez du battage des céréales. — 122. Comment nettoie-t-on les grains battus au fléau?

des débris de paille et des poussières. On les en débarrasse en les soumettant à un fort courant d'air au moyen d'un tarare.

Le blé de semence est en outre passé au trieur. Cet instrument enlève les mauvaises graines qui ont échappé au premier nettoyage de la machine à

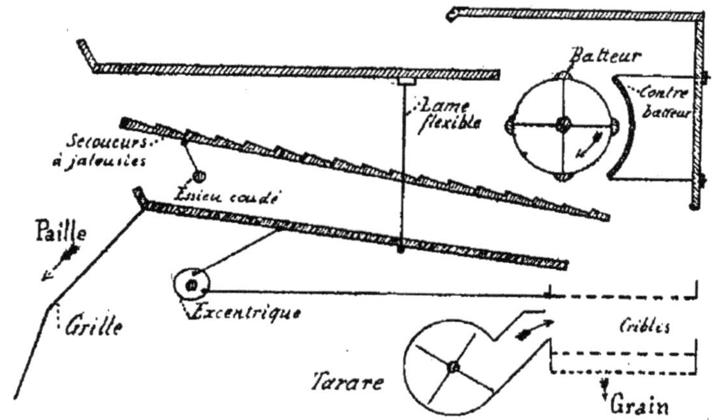

FIG. 47. — Batteuse mécanique.

Le blé est battu en passant entre le batteur et le contre-batteur. Le premier tourne avec une grande vitesse, le deuxième est fixe. Le grain tombe sur des cribles où il est soumis à l'action d'un tarare qui le nettoie. Souvent il est envoyé ensuite dans un trieur qui n'est pas figuré ici. La paille, bien séparée du grain par des secoueurs à jalousie, tombe sur une grille en bois où des ouvriers la reçoivent.

battre, les grains cassés, ceux qui sont trop petits. Il permet donc d'avoir une semence à peu près irréprochable.

123. Conservation des grains. — On conserve les grains en les mettant en tas dans des greniers bien aérés et bien secs. On a soin de remuer les tas de temps en temps pour éviter qu'ils ne s'échauffent sous l'influence de l'humidité de l'air.

124. Utilisation des produits. — Le blé, après avoir été réduit en farine, sert à faire le pain. On

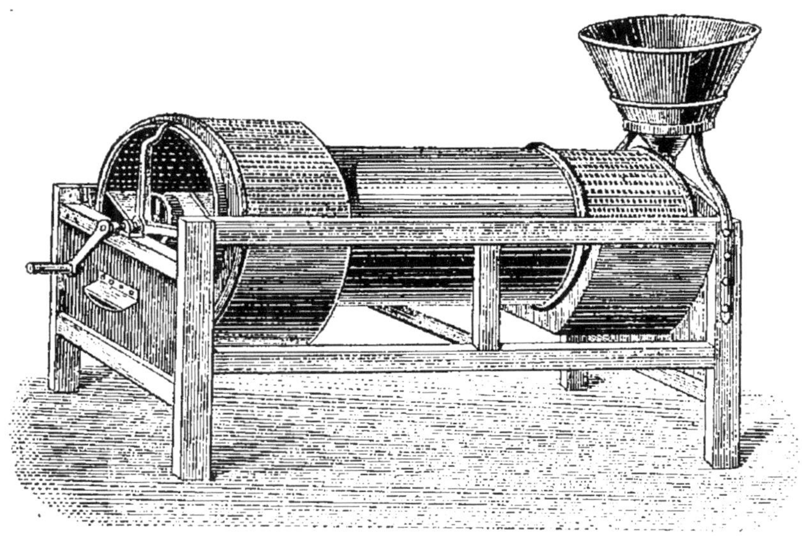

Fig. 48. — Trieur.

fait aussi du pain de seigle ou d'orge, mais sa qualité est bien inférieure à celle du pain de blé. Ces deux céréales, crues ou cuites, peuvent être données aux animaux, mais l'orge est surtout cultivée pour la fabrication de la bière. L'avoine est donnée aux animaux de travail.

Le son constitue un aliment excellent pour les

---

124. Comment utilise-t-on les grains des différentes céréales ? le son ?

vaches laitières ; il augmente la quantité et la qualité du lait.

La paille des céréales est employée comme litière et pour l'alimentation du bétail. Celle du blé est la plus riche, mais c'est aussi la plus dure. La paille de seigle, à cause de sa longueur et de sa rigidité, sert à faire des liens, des paillassons, des toits en chaume. Dans ce cas, au lieu de battre le seigle à la machine, il y a avantage à effectuer le battage au fléau pour que la paille soit moins froissée.

BLÉ. — On distingue les blés d'hiver et les blés de printemps. Les premiers se sèment en octobre et les seconds en février-mars. On emploie 220 à 250 litres par hectare quand la semaille a lieu à la volée ; 140 à 180 si on se sert d'un semoir mécanique. Le rendement moyen de toute la France est de 16 hectolitres, mais il atteint 30 hectolitres et plus dans les bonnes exploitations. Un hectolitre de blé pèse de 75 à 80 kilogrammes.

SEIGLE. — Le seigle peut réussir dans les terres trop pauvres pour porter le blé. On le sème en septembre à raison de 230 à 250 litres par hectare. Il talle avant l'hiver. Il mûrit généralement quinze jours avant le blé, son rendement est à peu près le même. 1 hectolitre de seigle pèse de 72 à 75 kilogrammes.

MÉTEIL. — On cultive quelquefois un mélange de blé et de seigle auquel on donne le nom de méteil. Dans les terres et les années défavorables, on a plus de chance d'obtenir une récolte passable que si ces deux céréales étaient cultivées seules.

ORGE.— Comme pour le blé, il y a une orge d'hiver et une orge de printemps. La première se sème en sep-

---

Comment utilise-t-on la paille ?

tembre et l'autre en février-mars à la dose de 250 à 300 litres par hectare. L'orge exige un terrain bien ameubli. Les variétés d'hiver sont plus productives que celles de printemps ; dans les terres bien cultivées on obtient en général 30 à 40 hectolitres à l'hectare. 1 hectolitre pèse de 60 à 72 kilogrammes.

AVOINE. — Quoiqu'il y ait aussi une avoine d'hiver, l'avoine de printemps est la plus cultivée. Elle se sème en mars à raison de 250 à 300 litres à l'hectare, comme l'orge. Son rendement est très variable : 20 à 50 hectolitres et plus, suivant la qualité du sol et les engrais employés ; 1 hectolitre pèse environ 48 à 50 kilogrammes ; ce poids est bien plus faible dans les sols maigres.

VINGT-DEUXIÈME LEÇON

Les céréales *(suite)* : Maladies.

Résumé. — Des *champignons microscopiques* causent souvent de grands ravages aux céréales : ce sont ceux qui produisent la **carie** et la **rouille** du blé, le **charbon** de l'avoine, l'**ergot** du seigle. Nous avons vu qu'on préserve le blé de la carie par le *sulfatage* des semences ; il n'y a guère de remède efficace contre les autres maladies.

Le **charançon** est un petit insecte dont la larve cause de grands dégâts dans les greniers en rongeant les grains de blé. On le tue en exposant les grains atteints à des vapeurs de *sulfure de carbone.*

---

125. Carie, rouille et charbon. — Les céréales sont attaquées par diverses maladies pendant le cours de leur végétation. Nous connaissons déjà la *carie* du blé et nous avons vu qu'on la prévient en sulfatant les semences. La *rouille*, le *charbon*, sont causés comme elle par des champignons microsco-

---

125. Quelles sont les principales maladies qui attaquent les céréales ? Comment traite-t-on la carie ?

piques. Le charbon attaque surtout l'avoine, la rouille cause plus de dégâts au blé, mais tous deux peuvent s'étendre aux autres céréales.

Certaines formes de la rouille se propagent sur un arbrisseau épineux appelé *épine-vinette*. On a

Fig. 49
Épi et fleur d'avoine charbonnée.

Fig. 50
Épi et grain carié.

Fig. 51
Seigle ergoté.

conseillé de détruire partout les épines-vinettes pour protéger les céréales, mais il n'est pas certain que ce mode de protection soit toujours efficace. On évite plus sûrement la maladie en n'employant pas comme semence des grains provenant de pieds rouillés.

126. Ergot. — Le seigle est sujet à une autre maladie, l'*ergot*, due également à un champignon.

Le grain malade ne se développe pas ; à sa place est un corps allongé brun violacé, dont la forme rappelle celle d'un ergot de coq. Il contient un poison très violent, l'*ergotine*, qui provoque la gangrène* sèche et la chute des articulations.

127. Charançon. — Dans les greniers, le seigle et surtout le blé sont souvent attaqués par les *charançons*. Ce sont des insectes de quelques millimètres de long dont la femelle pond un œuf à l'intérieur du grain de blé. De l'œuf sort bientôt un petit ver ou larve qui ronge la farine. Le grain est alors plus léger : en le jetant dans l'eau, il surnage. Comme il y a 4 ou 5 générations par an, les dégâts vont en augmentant ; il suffit de 100 femelles pour détruire 7 hectolitres de grain en une année. En hiver, les charançons se réfugient dans les fentes du plancher ou des murs.

On évite les ravages de ces insectes en tenant les greniers très proprement et en remuant fréquemment les tas de blé. Quand ils ont envahi un grenier, il est très difficile de s'en débarrasser. On peut tuer les larves qui sont dans les grains en plaçant ceux-ci une heure et demie environ dans un tonneau avec des tampons d'ouate imbibés de *sulfure de carbone**. On emploie 15 grammes de sulfure de carbone par hectolitre de grain. A cette dose il n'empêche pas le grain de germer ; ce dernier contracte d'abord une mauvaise odeur, mais il la perd bientôt.

Décrivez l'ergot du seigle. Quels sont les insectes qui attaquent le blé dans les greniers ? — 127. Que savez-vous des charançons ? Comment évite-t-on leurs ravages ? Comment les détruit-on ?

LECTURE

DES ACCIDENTS DU FROMENT

Quand le froment est encore vert, s'il survient tout à coup de grandes chaleurs, la tige, au lieu de grossir, se dessèche, les grains mûrissent trop promptement, ils n'ont pas le temps par conséquent de se remplir suffisamment de farine.

L'expérience ne prouve que trop souvent que la grêle peut occasionner des dommages au froment en hachant les épis et produisant dans la pièce où elle se répand un froid glacial qui suspend pendant un temps la végétation, pour laquelle il faut une chaleur douce et continue.

Les vents impétueux occasionnent aussi un tort considérable au froment en le faisant verser ; la tige plus ou moins ployée souffre une espèce d'étranglement ; la sève interrompue dans son cours ne monte plus jusqu'à l'épi, et le grain, s'il n'est pas encore bien avancé, prend peu de nourriture et est imparfait.

Tous ces grains ordinairement menus, chétifs et ridés, ont chacun des signes qui décèlent l'espèce d'accident arrivé à leur végétation ; ils portent différents noms dans le commerce ; on les appelle blés échaudés, blés retraits, blés maigres, blés stériles et blés versés. (ROZIER : *Traité complet d'agriculture*, t. V, p. 133.)

NOTE

Quand le blé, le seigle, l'orge et l'avoine sont développés, il est très facile de les distinguer l'un de l'autre. Il n'en est pas de même quand ils sont en herbe ; les cultivateurs font bien cette distinction pour les variétés qu'ils ont l'habitude de cultiver, mais ils risquent de se tromper grossièrement quand il s'agit de variétés qu'ils ne connaissent pas. Il y a pourtant des caractères botaniques qui permettent de savoir sûrement à laquelle de ces céréales on a affaire.

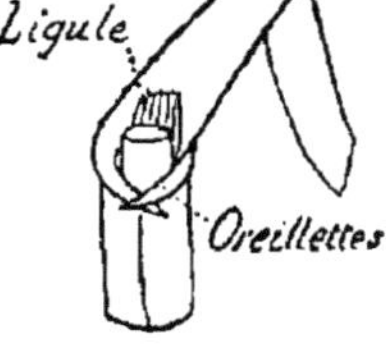

FIG. 52.

A l'endroit où les feuilles des gramiées se séparent de la tige, on voit souvent une petite languette membraneuse qu'on appelle la *ligule*. De plus, il arrive parfois que le limbe présente à sa base deux petites cornes ou *oreillettes*, entourant plus ou moins la tige. Ceci posé, on peut distinguer le blé, le seigle, l'orge et l'avoine au moyen du tableau suivant :

Ligule très développée.	Oreillettes garnies de poils .	Blé.
	Oreillettes sans poils	Seigle.
Ligule peu développée.	Grandes oreillettes sans poils.	Orge.
	Pas d'oreillettes.	Avoine.

VINGT-TROISIÈME LEÇON

Les céréales (suite) : Sarrasin, Maïs, Millet, Sorgho.

RÉSUMÉ. — Le **sarrasin** ou blé noir est cultivé dans l'ouest et le centre de la France sur des terres trop pauvres pour porter le blé. Sa farine sert à faire des galettes et des bouillies ; la paille est employée comme litière.

Le **maïs** ou blé de Turquie ne mûrit ses graines que dans le midi de la France. On emploie sa farine pour faire du pain et des bouillies *(gaudes)*. Le grain broyé, concassé ou cuit est excellent pour l'engraissement des animaux.

Le *millet* et le *sorgho* sont peu cultivés en France. Le *riz* est la céréale des pays chauds et marécageux.

Les autres céréales sont le *sarrasin*, le *maïs*, le *sorgho*, *le millet* et le *riz*. Cette dernière plante, qui sert à nourrir des millions d'hommes, en Chine, en Cochinchine et dans l'Inde, n'est d'ailleurs pas cultivée en France.

128. Sarrasin. — Le *sarrasin* ou *blé noir* est cultivé dans l'ouest et le centre de la France, dans la Bretagne, la Vendée, le Cotentin, l'Auvergne et le Limousin, sur des terres trop pauvres pour porter le blé.

C'est une plante délicate, redoutant le froid et la trop grande chaleur; aussi le climat de l'ouest qui est tempéré et humide lui convient bien.

La farine de sarrasin sert à faire des galettes et des bouillies. On n'en peut faire du pain car elle ne lève pas. Moulu ou en grain, on le donne aussi aux animaux.

La paille fraîche est mangée par les bêtes à cornes et les bêtes à laine; sèche, elle sert de litière. Sa conservation est d'ailleurs assez difficile.

Le sarrasin se sème en mai-juin en employant 70 à 80 litres de semence à l'hectare. En bonne année, on récolte 30 à 35 hectolitres à l'hectare; 1 hectolitre pèse de 60 à 65 kilogrammes. La récolte se fait en septembre-octobre.

129. Maïs. — Le *maïs* exige un climat chaud pour mûrir ses graines. Originaire du Nouveau-Monde, il a été introduit en Europe peu après la découverte de l'Amérique. C'est donc à tort qu'on l'appelle parfois *blé de Turquie*.

En France, il est cultivé au sud d'une ligne qui, partant du Poitou et contournant au sud le Massif

---

128. Où cultive-t-on le sarrasin en France? Sur quelles terres? Quelles sont ses exigences? A quoi l'emploie-t-on? — 129. De quel pays le maïs est-il originaire? Où le cultive-t-on en France?

Central, remonte ensuite la vallée du Rhône, traverse la Champagne et se dirige vers Nancy.

Des sarclages et des buttages lui sont nécessaires. Après la floraison, on coupe le sommet des tiges pour faire refluer la nourriture dans les épis.

Fig. 53. — Maïs.

Quand le maïs est mûr, on cueille les épis et on les suspend dans des hangars ou des greniers pour les faire sécher. On les égrène ensuite, soit à la main, soit avec des machines spéciales.

La farine de maïs sert à faire un pain agréable et nourrissant quand il est bien fabriqué, ce qui, malheureusement, n'arrive pas toujours. On en fait aussi des bouillies appelées gaudes en Franche-Comté et en Bourgogne.

Le grain, broyé ou concassé, est utilisé avec succès dans l'engraissement des bœufs, des porcs et des volailles. Depuis quelques années, on l'emploie aussi, mélangé à l'avoine, pour nourrir les chevaux.

Les tiges sèches privées de leurs feuilles servent au chauffage des fours. Celles qui ont encore leurs feuilles peuvent être coupées en fragments de 10 à 12 centimètres de long et données aux animaux.

Le maïs se sème vers la fin d'avril à la dose de 60 à 70 litres par hectare. On le récolte en octobre ; son rendement est de 35 à 40 hectolitres de grain. 1 hectolitre pèse 72 à 80 kilogrammes.

130. Sorgho et millet. — Le sorgho est cultivé dans la vallée du Rhône et celle de la Garonne, à peu près de la même façon que le maïs. Ses tiges servent à faire des balais blancs appelés à tort balais de paille de riz.

En France, le millet n'est guère cultivé que dans les Landes, la Gironde, le Morbihan, le Lot-et-Garonne et la Vendée. Son grain et celui du sorgho servent à la nourriture des volailles et des oiseaux d'agrément.

---

130. Où cultive-t-on en France le millet et le sorgho ? A quoi sert leur grain ? Que fait-on avec la paille de sorgho ?

VINGT-QUATRIÈME LEÇON

Haricot. Pois. Lentille. Fève.

Résumé. — **Les haricots, les pois, les lentilles, les fèves**, sont cultivés pour leurs graines qui servent à la nourriture de l'homme et se consomment soit à l'état sec, soit à l'état vert (sauf les lentilles). Les fèves servent aussi à l'alimentation du bétail.

Toutes ces plantes demandent un terrain assez fertile et bien préparé. Les fèves aiment une *terre fraîche*, les autres préfèrent les *terres légères*. Comme ce sont des *Légumineuses*, les *engrais azotés* leur sont peu nécessaires.

---

131. — Les *haricots*, les *pois*, les *lentilles* et les *fèves* sont des plantes annuelles. Elles fournissent des grains que l'on consomme principalement pendant l'hiver. Les haricots, les pois et les fèves se consomment aussi frais écossés pendant la belle saison. Les gousses d'un grand nombre de variétés de haricots sont mangées à l'état vert.

---

131. Sous quel forme consomme-t-on les haricots, les pois, les lentilles et les fèves?

Toutes ces plantes demandent un terrain assez fertile et bien préparé. Les fèves aiment les terres fraîches, argileuses ; les autres préfèrent des terres légères, meubles et profondes. Ce sont des Légumineuses : les engrais azotés leur sont peu nécessaires.

Fig. 54. — Haricot flageolet.

Fig. 55. — Pois.

Les haricots se sèment en avril-juin, en touffes ou poquets éloignés de 0^m,30 à 0^m,40 les uns des autres. On emploie 120 à 150 litres par hectare ; le rendement s'élève à 20 hectolitres environ. Pour les conserver on lie les tiges en petites bottes qu'on fait sécher parfaitement avant de les rentrer dans les greniers.

Les pois se sèment en rayons ou en poquets. On emploie 200 à 250 litres de semence par hectare ; le rendement varie énormément suivant les variétés. 1 hectolitre de pois pèse 70 à 80 kilogrammes. Les pois sont souvent attaqués par un charançon, la bruche. Cet insecte

---

Quelles sont les exigences de ces plantes? Quel est l'insecte qui s'attaque au pois?

pond ses œufs dans la fleur et la larve ronge la graine.

On sème les lentilles au mois de mars ou d'avril, en lignes ou à la volée, à raison de 150 à 200 litres par hectare. On récolte 16 à 18 hectolitres de grains à l'hectare ; 1 hectolitre pèse 80 kilogrammes.

. Il y a une variété de lentille qu'on peut semer à l'automne.

Quant aux fèves, on les sème de bonne heure au printemps, le plus souvent en lignes ou en poquets. On emploie 200 à 250 litres de semence par hectare et on récolte 20 à 30 hectolitres dans les terres de bonne qualité. 1 hectolitre de fèves pèse 75 à 80 kilogrammes.

FIG. 56. — Lentille.

Les *fèves* sont très nourrissantes mais de digestion difficile ; les grains verts sont consommés crus ou cuits. La farine de fève est souvent mélangée à celle de froment dans la fabrication du pain.

Comment consomme-t-on les fèves ?

Les *féverolles* sont des fèves à grains plus petits et arrondis. On les emploie à la nourriture des animaux après les avoir concassés ou broyés. C'est un excellent aliment qui convient très bien aux bêtes à l'engrais.

LECTURE

HISTORIQUE DES PRINCIPALES PLANTES CULTIVÉES

Nos principales céréales, le blé, le seigle, l'orge, l'avoine, sont cultivées en France depuis les temps les plus anciens. On ignore d'ailleurs quel est leur pays d'origine. Le sarrasin a été introduit en Europe comme plante alimentaire vers la fin du moyen âge ; on le trouve mentionné pour la première fois en 1460 dans une charte de la cure d'Avranches. Le maïs, malgré son

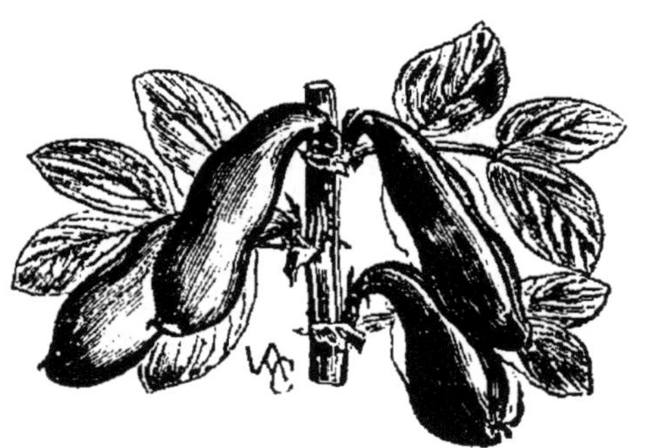

FIG. 57. — Fève.

nom de blé de Turquie, est originaire d'Amérique. On a commencé à le cultiver à la fin du xve siècle dans le midi de la France (Béarn, Gascogne). L'emploi de la fève, de la lentille et du pois dans l'alimentation de l'homme se perd dans la nuit des temps. L'usage du haricot semble plus récent, mais il était déjà introduit en France au temps de Charlemagne.

Parlez des féverolles.

Par contre, l'agriculture française, il y a deux siècles, possédait peu de plantes fourragères. Au temps de Henri IV on ne connaissait que la luzerne (originaire de Médie), la vesce, le pois gris et la jarosse. La Société d'Agriculture établie en 1759 par les États de Bretagne proposa aux agriculteurs de l'ouest le trèfle rouge, le ray-grass, le navet et le panais, cultivés déjà depuis quelque temps en Angleterre, et institua des primes pour leur propagation. Le sainfoin commença à se répandre vers 1762, grâce aux écrits de Despommier. L'introduction de la lupuline date seulement du commencement du siècle dernier.

Le topinambour est originaire du Brésil. En 1762, Duhamel du Monceau recommandait sa culture en même temps que celle de la spergule et de l'ajonc marin. Peu de temps après, en 1785, Parmentier, triomphant des préjugés de ses contemporains, parvint à propager la culture de la pomme de terre qui avait déjà été préconisée en 1606 par Olivier de Serres.

En 1775, Vilmorin introduisit d'Allemagne la betterave champêtre ou disette et en distribua la graine aux cultivateurs que la grêle avait ruinés. Vers la même époque, Daubenton préconise le chou à vaches. De Lasteyrie emprunte à la Suède le rutabaga en 1789 et à la Prusse la betterave de Silésie en 1809. En 1784, Cretté de Paluel propose la culture de la chicorée sauvage.

M. Vilmorin père introduit la culture de la carotte blanche à collet vert en 1825 ; en 1830, il préconise dans les sols pauvres l'anthyllide vulnéraire (trèfle jaune des sables).

Parmi les plantes de nos jardins, l'oignon, l'ail, l'échalote, le chou, l'asperge, ont été cultivés dès la plus haute antiquité. Le melon, originaire d'Asie, fut introduit en Italie peu de temps après Jules César, et de là passa en Gaule. Le cresson de fontaine fut cultivé pour la première fois en France au xivᵉ siècle. L'artichaut, originaire du nord de l'Afrique, fut introduit en France sous Louis XII. La tomate vient de l'Amérique centrale ; elle est connue en Europe depuis 1596. Vers la même époque, on commença à cultiver l'aubergine, qui a pour patrie la Malaisie.

VINGT-CINQUIÈME LEÇON

Pomme de terre. Topinambour.

Résumé. — La **pomme de terre** est originaire de l'*Amérique du Sud ;* sa culture se répandit en France vers 1785 grâce aux efforts de **Parmentier.**

Elle demande un sol profond, bien ameubli et peu humide. On la multiplie en plantant ses *tubercules*, qu'il faut choisir de *moyenne grosseur* et employer *entiers.* Pendant la végétation on donne des sarclages, des binages et un buttage.

Les pommes de terre cuites conviennent aux animaux à l'engrais ; les crues, aux vaches laitières.

Les feuilles de la pomme de terre sont souvent attaquées par un champignon qui les détruit. Dans ces conditions, les tubercules restent petits et ne se conservent pas. Un traitement **préventif** à la **bouillie bordelaise** empêche la maladie de se développer.

La culture du **topinambour** ressemble beaucoup à celle de la pomme de terre. Il donne des tubercules qu'on utilise crus ou cuits pour la nourriture des animaux. Comme ces tubercules se conservent mal hors de terre, on ne les arrache qu'au moment de la consommation.

---

132. Pomme de terre (Historique). — La *pomme de terre* est cultivée depuis une haute antiquité

Fig. 58. — Géante bleue.

Fig. 59. — Czarine.

dans l'Amérique du Sud, au Pérou et en Bolivie. Elle fut introduite en Hollande en 1553 et en France une cinquantaine d'années après. Toutefois son usage ne se répandit dans notre pays que vers 1785, grâce aux efforts de Parmentier. Avant cette époque, on croyait qu'elle était nuisible à la santé et pouvait engendrer la lèpre. Parmentier réussit à convaincre ses contemporains de la fausseté de cette accusation.

133. Choix et préparation du sol. — La pomme de terre réussit à peu près dans tous les terrains,

---

132. Faites l'historique de la pomme de terre. — 133. Quels sont les sols qui conviennent à la pomme de terre?

pourvu qu'ils soient profonds et peu humides. Ses racines sont très longues ; pour obtenir un bon rendement, il est nécessaire d'ameublir le sol par un labour profond exécuté pendant l'hiver. Il faut aussi lui donner d'abondantes fumures.

134. Plantation. — On la multiplie en plantant ses tubercules : c'est un véritable bouturage. Les

Fig. 60. — Richters Imperator.

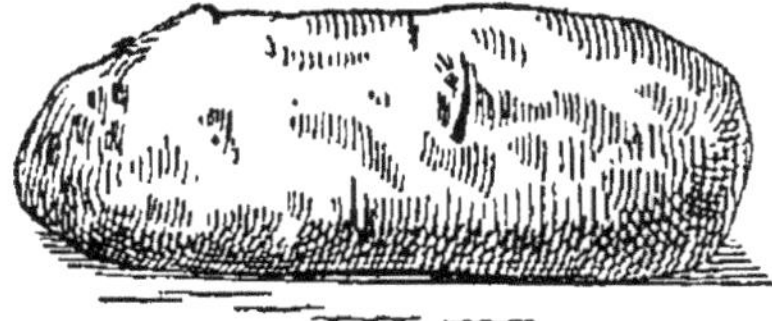

Fig. 61. — Early rose.

bourgeons placés sur le tubercule se développent et donnent chacun une tige.

Il vaut mieux employer pour cette plantation les tubercules entiers que ceux qui sont coupés : toute blessure du tubercule est une porte ouverte aux maladies cryptogamiques. Les tubercules de moyenne grosseur doivent être préférés à ceux qui sont trop petits ou trop gros : les premiers ne contiennent pas assez de réserve alimentaire pour la jeune plante, les seconds sont souvent mal conformés.

Quelle préparation leur fait-on subir ? — 134. Comment multiplie-t-on la pomme de terre? Faut-il couper les gros tubercules?

Il y a avantage à sélectionner les tubercules qui doivent servir à la plantation (Voir la lecture de la fin du chapitre).

135. Soins culturaux et récolte. — Pendant le cours de la végétation, on donne des sarclages, des binages et un buttage. La récolte se fait quand les

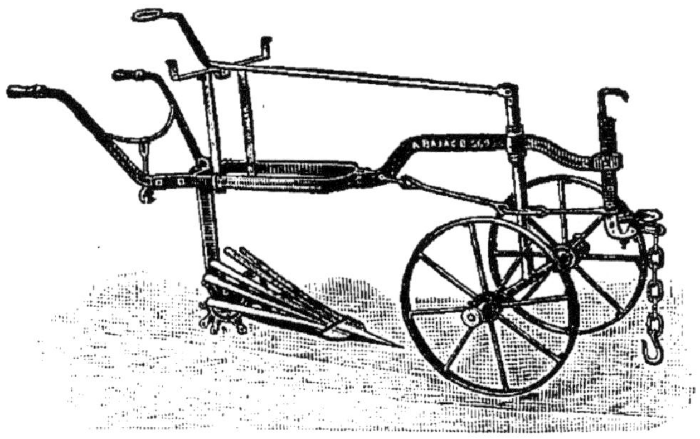

Fig. 62. — Arracheuse de pommes de terre.

fanes sont complètement sèches : à ce moment les tubercules sont mûrs et ont atteint toute leur richesse en fécule. Dans les terres sèches et meubles, on emploie parfois pour cela une charrue spéciale, dont le versoir est à claires-voies.

136. Utilisation. — Les pommes de terre servent à l'alimentation de l'homme et des animaux. On les

---

135. Quels soins culturaux exige la pomme de terre? A quel moment fait-on la récolte? Quel instrument emploie-t-on parfois pour l'arrachage? — 136. A quels usages emploie-t-on les pommes de terre?

donne cuites aux vaches que l'on engraisse et crues aux vaches laitières : elles augmentent beaucoup la production du lait. Dans ce cas, il faut avoir soin de les couper en morceaux pour éviter les accidents.

On cultive aussi la pomme de terre en vue d'en extraire de la fécule et de l'alcool.

On plante la pomme de terre de mars en mai. Le meilleur rendement est obtenu lorsque, la végétation étant bien développée, chaque plante rejoint sa voisine, sans laisser la plus petite place sur le sol. Pour cela on place 330 pieds par are pour les variétés à grand feuillage, 400 pour les variétés ordinaires.

Quand la terre a été profondément ameublie et bien fumée, on peut récolter 30 à 35,000 kilogrammes de tubercules par hectare. Les variétés tardives sont plus productives que les variétés précoces. 1 hectolitre pèse 65 kilogrammes environ.

137. Maladie de la pomme de terre. — Les feuilles de la pomme de terre sont souvent attaquées par un champignon *(Phytophtora infestans)* qui vit à leurs dépens. Elles noircissent alors et meurent. La plante, ne pouvant plus assimiler le carbone, cesse de croître, les tubercules restent petits. En outre, ceux qui proviennent des pieds malades ne se conservent pas ; ils pourrissent rapidement.

On empêche la maladie de se développer en aspergeant les feuilles avec de la *bouillie bordelaise.*

---

137. Par quelle maladie les feuilles des pommes de terre sont-elles attaquées ? Qu'en résulte-t-il pour les feuilles ? pour les tubercules ? Comment empêche-t-on la maladie de la pomme de terre de se développer ?

C'est un liquide contenant : pour 100 litres d'eau, 1 kilogramme de chaux vive et 1 kgr. 500 de vitriol bleu ou sulfate de cuivre. On le répand avec un pulvérisateur.

Pour fabriquer la bouillie bordelaise on fait dissoudre le sulfate de cuivre dans de l'eau chaude, tandis que dans un autre vase on fait un lait de chaux. Les deux liquides étant refroidis, on verse le lait de chaux sur le sulfate de cuivre et on ajoute ensuite l'eau nécessaire.

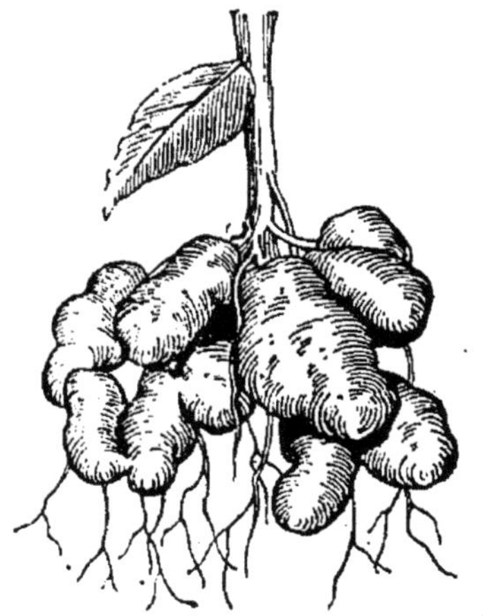

Fig. 63. — Topinambour.

Le traitement doit être appliqué avant que la maladie n'ait fait son apparition ; elle se propage en effet avec une telle rapidité qu'au moment où on s'aperçoit qu'elle est déclarée, il est trop tard pour y porter remède.

138. Topinambour. — Le *topinambour* a des tubercules de forme irrégulière, assez difficiles à nettoyer. On le cultive à peu près comme la pomme de terre. Pour la plantation il ne faut employer que des tubercules entiers, car ceux qui sont coupés pourrissent facilement.

Comment fabrique-t-on la bouillie bordelaise? A quelle époque faut-il appliquer le traitement? — 138. Comment le topinambour se cultive-t-il et se plante-t-il?

On les extrait du sol au fur et à mesure des besoins de la consommation, car ils se conservent mal après avoir été arrachés. Il en reste toujours en terre qui repoussent l'année suivante, on s'en débarrasse en les faisant suivre d'une plante qui exige des binages nombreux ou d'une plante étouffante comme les vesces.

Le topinambour, étant peu exigeant sur la nature du sol, rend de grands services dans les pays pauvres. Ses tubercules sont plus nourrissants que ceux de la pomme de terre. On les donne crus ou cuits aux animaux.

On plante le topinambour en février-mars pour le récolter du 15 novembre au 15 mars. Le rendement varie de 15 à 30,000 kilogrammes. 1 hectolitre pèse 65 kilogrammes.

LECTURE

DU CHOIX DU PLANT DANS LA CULTURE DE LA POMME DE TERRE

Quelque grande que soit l'influence exercée sur le rendement et la richesse des récoltes par les labours et par les engrais, bien plus grande encore est l'influence due au choix du plant ; celle-ci est absolument prépondérante.

On s'en doute bien peu, en France, aujourd'hui encore ; généralement, les plants sont mis en terre, comme ils viennent, et sans choix ; même c'est une coutume que

---

Parlez de la récolte du topinambour. Le topinambour est-il **exigeant** sur la nature du sol ? Emploi de ses tubercules.

de livrer à la vente tous les beaux produits et de réserver pour le plant tous les rebuts : on ne saurait agir avec plus de maladresse.

A chaque tubercule appartiennent des qualités de reproduction qui se retrouvent intactes dans sa descendance; tout tubercule provenant d'un sujet à grand rendement fournit, presque à coup sûr, une récolte abondante et riche, et, réciproquement, tout tubercule provenant d'un sujet à faible rendement ne produit, généralement, qu'une maigre récolte, d'où cette conclusion nécessaire : c'est aux touffes à grand rendement qu'il convient de demander les tubercules de plant.

Ces touffes à grand rendement, il est du reste aisé de les connaître à l'avance... Il existe toujours (pour une variété donnée, bien entendu) une relation presque proportionnelle entre la puissance de végétation aérienne qu'une touffe de pommes de terre développe et l'abondance de la récolte que cette touffe fournira. Si les tiges sont hautes, couvertes de belles feuilles d'un vert sombre, les tubercules, au pied, seront nombreux et lourds; si les tiges sont maigres, si le feuillage qu'elles portent est d'un vert jaunâtre, ils seront peu nombreux au contraire et de faible poids.

Pour opérer la sélection, le cultivateur possède donc un procédé très simple ; celui-ci consiste à marquer, dès le mois de juillet, les sujets à végétation vigoureuse, pour, avant l'arrachage général, faire de ces sujets marqués une récolte partielle à laquelle on demandera exclusivement les tubercules de plant. (Aimé GIRARD : *Amélioration de la culture de la pomme de terre*, p. 20, GAUTHIER-VILLARS, éditeur.)

VINGT-SIXIÈME LEÇON

Betterave. Carotte. Rave. Navet.

Résumé. — La **betterave**, la **carotte**, la **rave** et le **navet** sont des plantes bisannuelles *. La première exige une terre un peu forte ; les autres préfèrent un sol léger.

On sème la **betterave** en avril-mai et on lui fait subir un *éclaircissage* et plusieurs *binages* (trois au moins) Il ne faut pas enlever les feuilles avant la récolte, qui a lieu en octobre.

Les betteraves sont employées pour la nourriture du bétail et la fabrication du sucre.

La culture des *carottes*, des *raves* et des *navets* diffère peu de celle de la betterave.

On conserve ces racines dans des *caves* ou des *silos*. Un *silo* est un tas placé dans un endroit sec et recouvert de terre pour le préserver de la gelée.

Les betteraves, les carottes, les raves et les navets sont des plantes bisannuelles*. Pendant la première

---

Dans quelle catégorie de plantes range-t-on les betteraves, les carottes, les raves et les navets ?

année de leur développement, elles emmagasinent dans leurs racines des provisions qu'elles utiliseraient l'année suivante pour développer une tige et fructifier si on les laissait deux ans en terre.

139. Betterave, — Les *betteraves* demandent une terre un peu forte, fertile et profondément ameu-

FIG. 64.
Betterave globe.

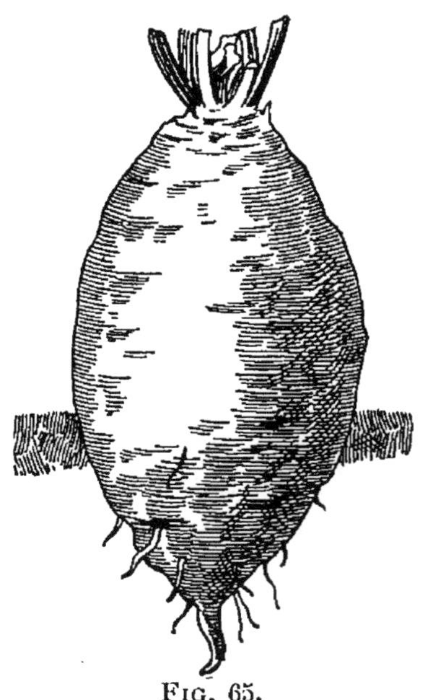

FIG. 65.
Betterave ovoïde des Barres.

blie. On les sème en lignes en avril-mai, à la main ou au semoir, après un labour profond et une bonne fumure. Aussitôt que les premières feuilles paraissent, on exécute un premier binage, suivi d'un deuxième 4 ou 5 semaines après. Vers la fin de mai, on

---

139. Parlez de la culture de la betterave.

pratique l'éclaircissage ou *démariage*, si les plants

FIG. 66. — Betterave Géante de Vauriac.

sont trop nombreux sur la ligne, ce qui arrive presque toujours. Un troisième binage se donne en juillet et août. Pour les deux derniers binages, il est avantageux d'employer une houe à cheval.

On enlève quelquefois les feuilles pendant la végétation pour les donner aux animaux : c'est un tort. La nourriture qu'on se procure ainsi est de qualité médiocre, et le rendement des racines est toujours diminué.

L'arrachage a lieu en octobre. Les betteraves servent en hiver à la nourriture des bœufs, des vaches et des moutons. Pour cela on les découpe en lanières ou *cossettes* avec un coupe-racines ; on les mélange ensuite avec des balles ou de la paille hachée.

5 à 6 kilogrammes de graine suffisent pour ensemencer 1 hectare. Le rendement ordinaire varie de 30 à 50.000 kilogrammes. Il peut être bien supérieur à ce dernier chiffre sur des terres profondément ameublies et fortement fumées.

Fig. 67.
Carotte blanche
à collet vert.

On extrait des betteraves à peu près tout le sucre que nous consommons. Les variétés cultivées pour cet usage ont été obtenues par sélection : elles sont plus riches en sucre que la betterave fourragère. Elles sont aussi plus petites que cette dernière. Leur culture est la même.

140. Carotte. — Les carottes, les raves, les

L'effeuillage de la betterave pendant sa végétation est-il à recommander ? Comment fait-on consommer la betterave ? Parlez de la betterave à sucre.

navets, demandent un sol léger. La carotte, comme la betterave, se sème en lignes sur un terrain bien ameubli et bien fumé et demande à peu près les mêmes soins culturaux.

On la sème en avril-mai, à raison de 3 à 4 kilogrammes de graine par hectare et on récolte 25 à 30.000 kilogrammes de racines. 1 hectolitre pèse 25 kilogrammes. Les feuilles, coupées après l'arrachage, constituent un bon fourrage.

Rave d'Auvergne hâtive
Fig. 68.

141. Raves et navets. — Les *raves et les navets* sont très souvent utilisés après les céréales en culture dérobée. On les sème alors à la volée après un labour léger. Plus tard on les éclaircit par de vigoureux hersages. On peut également les semer seuls en avril-mai.

On emploie 2 à 4 kilogrammes de graine et on récolte environ 20.000 kilogrammes de racines et 6 à 8.000 kilogrammes de feuilles par hectare.

142. Rutabaga. Chou-navet. Chou-rave. — Le *rutabaga*, le *chou-navet*, le *chou-rave*, ressemblent beaucoup aux raves et aux navets. Dans le chou-rave, toutefois, la partie comestible est due, non à un renflement de la racine, mais à un renflement *de la tige*. Ces plantes peuvent se semer en place, mais le plus souvent on les sème d'abord en pépinière et

---

on les repique ensuite. Elles supportent assez bien le froid, surtout le chou-navet, aussi dans les climats doux on ne les arrache souvent qu'au moment de les donner au bétail.

143. Ensilage des racines.

— Pour conserver les betteraves, les carottes, les raves et les navets, il est nécessaire de les préserver du froid et de l'humidité. On peut les placer dans des caves ou dans des *silos*.

Fig. 69.

Pour préparer un silo, on dépose les racines en un tas régulier qu'on recouvre de paille.

On creuse un fossé tout autour et on rejette la terre sur le tas de façon à recouvrir celui-ci d'une couche de 20 centimètres environ. Cette terre et la paille préservent la récolte du froid ; le fossé facilite l'écoulement des eaux et empêche l'humidité de pénétrer le silo. On a d'ailleurs soin d'établir ce dernier sur un sol sec.

L'air est nécessaire à la bonne conservation des racines ; pour qu'il se renouvelle, on dispose de distance en distance sur la crête du silo un fagot placé verticalement.

---

143. Comment conserve-t-on les plantes racines ? Comment prépare-t-on un silo ?

VINGT-SEPTIÈME LEÇON

Fourrages verts.

Résumé. — Un grand nombre de plantes peuvent être utilisées comme fourrage vert ; en échelonnant convenablement leur culture, on peut avoir des fourrages verts pendant toute la bonne saison.

Les **vesces** d'hiver ou de printemps sont fréquemment employées : on les sème avec une céréale qui leur sert de support.

Les **maïs** cultivés comme fourrages sont des variétés à grand rendement qui ne mûrissent pas leurs grains dans nos pays. On peut conserver le maïs vert par l'*ensilage*.

Les **choux** fourragers sont cultivés dans les climats doux et humides ; leur rendement est considérable. La **moutarde** est principalement employée dans le nord de la France.

---

144. Culture des fourrages verts. — Un grand nombre de plantes peuvent être cultivées

---

144. Citez quelques-unes des plantes utilisées comme fourrage vert ?

comme fourrage vert : les principales sont : les vesces, les gesses, les fèves, le seigle, les avoines d'hiver et de printemps, le maïs, le sorgho, le moha (plante voisine du millet), les choux fourragers, le colza, la moutarde, le sarrasin. Par un choix convenable des espèces on peut avoir des fourrages verts sans interruption, depuis la fin d'avril jusqu'en novembre. Il suffit de diriger sa culture de telle sorte que l'une soit bonne à couper au moment où la consommation de l'autre est terminée.

Nous étudierons seulement quelques-unes de ces plantes.

Fig. 70.

145. Vesces. — Les *vesces* sont des Légumineuses qui conviennent aux terres argileuses, fraîches sans être humides. On distingue la *vesce d'hiver* ou *jarosse* et la *vesce de printemps*. La première se sème en automne et se récolte en mai-juin. Quant à la vesce de printemps, elle met environ quatre mois pour se développer complètement; en échelonnant les semis à partir du commencement de mars, on récolte du fourrage vert pendant tout l'été.

Les tiges des vesces sont molles et se couchent facilement; pour les soutenir, on sème avec elles

---

une céréale, seigle, orge ou avoine, qui leur sert en quelque sorte de tuteur.

146. Maïs. — On cultive comme fourrage des variétés de maïs à grand rendement qui généralement ne mûriraient pas leurs grains dans nos pays. En espaçant les semis comme pour les vesces, on peut obtenir du fourrage vert depuis le commencement de juillet jusque dans le courant de septembre ou octobre.

Fig. 71. — Chou cavalier.

147. Ensilage du maïs. — On peut conserver le maïs vert pendant tout l'hiver par l'*ensilage*. Les silos employés le plus souvent ont leurs parois maçonnées ; on y entasse les tiges de maïs préalablement divisées en fragments de 3 à 5 centimètres de longueur. Quand le silo est rempli, on place sur le fourrage une légère couche de paille et on le recouvre de madriers qu'on charge de pierres ou de terre de manière à comprimer très fortement toute la masse. Sans cette compression l'air pourrait pénétrer dans le silo et le fourrage moisirait.

---

146. Parlez du maïs fourrage. — 147. Comment pratique-t-on l'ensilage des fourrages verts ?

148. Choux fourragers. — Les *choux fourragers*, dont les feuilles et les tiges sont employées à l'alimentation du bétail, sont cultivés surtout dans les climats doux et humides. Ils demandent un sol consistant, profond et bien fumé, mais ils peuvent donner un rendement considérable : 100,000 kilogrammes et plus à l'hectare.

On les sème en pépinière soit en mars-avril, soit vers les premiers jours d'août. On les repique ensuite en lignes espacées de 0^m,65 à 0^m,85 en conservant la même distance entre les pieds. La récolte se fait en enlevant à chaque fois 2 ou 3 feuilles sur chaque pied, en ayant soin de ne détacher que celles qui sont placées le plus bas et arrivées à leur complet développement.

149. Moutarde. — La *moutarde* est surtout cultivée dans le nord de la France. On la sème souvent en culture dérobée, après une céréale. Elle se développe très rapidement : 40 à 50 jours après la germination de ses graines elle fleurit et il faut la faucher. Elle passe pour augmenter le rendement en beurre des vaches laitières.

---

148. Que savez-vous des choux fourragers ? — **149.** Parlez de la culture de la moutarde.

VINGT-HUITIÈME LEÇON

Prairies artificielles.

Résumé. — On emploie le plus souvent, pour créer des prairies temporaires, la **luzerne**, le **trèfle** et le **sainfoin.** Ce sont des *Légumineuses,* elles enrichissent le sol en *azote* mais l'épuisent en *acide phosphorique et en potasse.* On ne peut les cultiver qu'à des intervalles assez longs sur une même terre.

La **luzerne** dure 6 ou 7 ans. Elle est souvent attaquée par la *cuscute.* On se débarrasse de celle-ci en brûlant les endroits atteints ou en les arrosant avec une dissolution de sulfate de fer.

Le **sainfoin** convient aux terrains calcaires, il ne donne généralement qu'une seule coupe. Le **trèfle commun** réussit surtout dans les terres fortes et fraîches.

Le *fanage* de ces plantes doit être effectué avec précaution pour éviter de détacher les feuilles.

La luzerne et le trèfle peuvent amener la *météorisation* du bétail, accident que l'on combat en faisant avaler à l'animal malade de *l'eau ammoniacale,* ou en opérant la *ponction** de la panse.

------

150. Prairies artificielles. —Les prairies *artifi-cielles* ou *temporaires*, comme leur nom l'indique, occupent le sol peu de temps. Pour créer ces sortes de prairies, on emploie surtout la luzerne, le trèfle et le sainfoin.

Ces plantes appartiennent à la famille des *Légu-mineuses;* elles enrichissent le sol en azote, c'est pourquoi on les appelle des plantes améliorantes.

Il ne faut pas oublier pourtant qu'elles l'épuisent en acide phosphorique et en potasse : il faut lui restituer ces éléments.

Comme leurs racines sont très longues, elles prennent la plus grande partie de leur nourriture dans le sous-sol; si le terrain qu'on leur destine

Fig. 72. — Luzerne.

n'est pas perméable, il faut l'ameublir par des labours profonds. Après leur mort, leurs débris restent surtout dans le sol qui se trouve ainsi enrichi aux dépens du sous-sol. Mais cet appauvrissement du sous-sol fait qu'on ne peut les cultiver qu'à de longs intervalles sur la même terre.

151. Luzerne. — La *luzerne* vient bien sur les

---

sols de consistance moyenne ; elle redoute ceux qui
sont compacts et humides. On la sème le plus souvent avec une céréale de printemps ; celle-ci l'abrite
du hâle ou des rayons du soleil sans d'ailleurs être
gênée par elle. Après la moisson, la luzerne est assez forte pour végéter vigoureusement.

Fig. 73. — Cuscute sur une
tige de luzerne.

Fig. 74. — Orobanche sur
une racine de trèfle.

La durée d'une luzernière est plus ou moins longue suivant la fertilité du sol ; en général, après 6
ou 7 ans elle ne donne plus de produits satisfaisants,
et il faut la défricher. Des hersages en février et en
mars, l'application d'engrais minéraux (plâtre, phosphates, sels de potasse) prolongent sa durée et augmentent son rendement annuel.

Pendant sa végétation, la luzerne est souvent
attaquée par une plante parasite, la *cuscute.* Les

rameaux de celle-ci sont munis de suçoirs au moyen desquels elle puise la sève de la luzerne. Celle-ci s'affaiblit et finit par périr. Pour se débarrasser de cette mauvaise plante, on conseille de faucher les parties envahies et de les couvrir de paille à laquelle on met le feu. On détruit ainsi les tiges et les fruits de la plante parasite. On peut également arroser les endroits attaqués avec une solution de sulfate de fer à 25 o/o.

La meilleure précaution à prendre est de semer des graines de luzerne bien pures, exemptes de cuscute.

La *lupuline* ou *minette* est une luzerne de très petite taille. On ne peut la faucher, mais comme elle vient sur des terres très pauvres et qu'elle donne un fourrage de très bonne qualité, on en fait souvent des pâturages.

Fig. 75. — Trèfle violet.

152. Sainfoin. — Le *sainfoin* est cultivé dans les terrains secs, calcaires, trop pauvres pour porter la luzerne. Comme elle, il est vivace et donne un excellent fourrage, mais son rendement est moins élevé. Le sainfoin ordinaire ne donne qu'une seule coupe ; il y a une variété à tiges plus vigoureuses qui donne deux coupes dans les terres de bonne qualité.

Comment détruit-on la cuscute ? Parlez de la lupuline. — 152. du sainfoin.

153. Trèfle. — Le *trèfle commun*, à fleurs rouges ou violettes, est également vivace, mais le plus souvent on le défriche au bout de dix-huit mois. Il réussit surtout dans les terres fortes et fraîches. On le sème souvent dans une céréale.

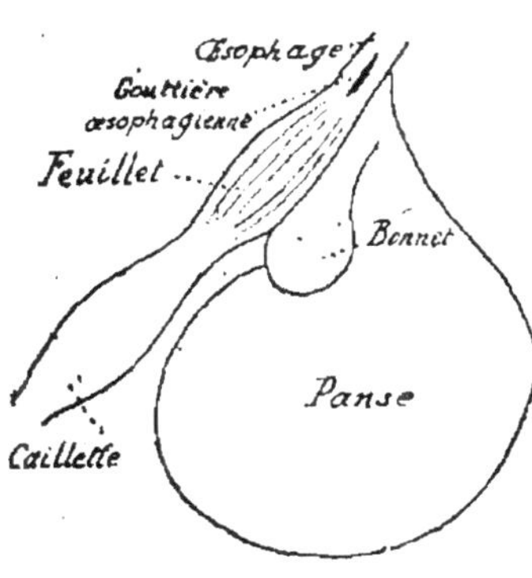

Fig. 76.
Estomac des ruminants.

Les aliments qui sont avalés par les *ruminants* passent par la *gouttière œsophagienne* et tombent dans la *panse*. Quand l'animal est tranquille, il les rassemble en pelote dans le *bonnet* et les fait remonter pour les mâcher à nouveau. Les aliments passent ensuite dans le *feuillet* puis dans la *caillette* qui est le véritable estomac. Il arrive que les aliments accumulés dans la panse fermentent et dégagent des gaz qui la distendent et risquent d'étouffer l'animal. On dit que celui-ci est météorisé.

Il est parfois attaqué par la cuscute comme la luzerne, et par une autre plante parasite : l'*orobanche*.

On cultive aussi une autre espèce de trèfle, le *trèfle incarnat ;* ce dernier est annuel. Sa végétation est très rapide : semé en septembre, il peut être coupé en mai. On le fait consommer à l'état vert, car il donnerait un foin grossier.

154. Fauchaison et fanage des légumineuses. — La luzerne, le sainfoin et le trèfle sont fauchés au moment où ils fleurissent, car c'est à cette époque qu'ils fournissent le fourrage le plus riche. La seconde coupe est également meilleure si la première a été faite de bonne heure. Leur fanage de-

---

153. Parlez du trèfle commun, du trèfle incarnat. — 154. A quel moment convient-il de faucher ces plantes? Pourquoi?

mande certaines précautions. Quand on les retourne pour les faire sécher, il faut éviter de détacher les feuilles, car elles constituent la partie la plus riche de la plante.

Si la pluie survient pendant le fanage, le foin obtenu a moins de valeur.

155. Météorisation. — La luzerne et le trèfle consommés en vert peuvent amener la *météorisation* des bœufs, des vaches et des moutons. C'est une indigestion gazeuse, caractérisée par le développement d'une grande quantité de gaz dans la panse; celle-ci se gonfle beaucoup et comprime les organes de la respiration. L'animal court le risque de mourir asphyxié. Pour le guérir on lui fait absorber de l'*eau ammoniacale* (une cuillerée à bouche d'ammoniaque dans un litre d'eau), dans les cas graves on pratique la *ponction** de la panse avec un trocart.

LECTURE

AVANTAGES ET INCONVÉNIENTS DES PRAIRIES TEMPORAIRES

Ces avantages sont de pouvoir rentrer chaque année dans l'avance de fumier que l'on leur a faite, de percevoir chaque année, au moyen d'autres récoltes intercalaires, l'excédent d'engrais prélevé par les fourrages sur

---

Quelles précautions faut-il prendre pour leur fanage? Quelle est l'influence de la pluie sur la qualité du foin ? — **155.** Qu'est-ce que la météorisation ? Comment la guérit-on ?

l'atmosphère, sans être obligé de laisser improductive une accumulation considérable d'éléments fertilisants sous le gazon de la prairie, d'obtenir en peu de temps le maximum de produit de fourrage, que l'on attend plusieurs années comme dans les prairies permanentes, de choisir la plante dont on veut composer la nourriture des animaux et de ne pas se remettre au hasard des circonstances qui président à la formation des gazons, et enfin d'avoir la facilité de choisir des plantes précoces qui permettent de donner du vert aux animaux avant l'époque où la prairie permanente commence à en fournir. C'est un point fort important dans l'économie du bétail.

Mais jamais dans de telles circonstances (quand le climat ou le sol s'opposent à la réussite des prairies permanentes) on ne pourra donner à la production des bestiaux ce développement et cette stabilité qui permettent de la proportionner constamment à l'étendue du terrain. La culture y sera toujours incertaine et variable comme les saisons qui influent sur la production des fourrages, et par conséquent sur celle des engrais dont on pourra disposer. (GASPARIN : *Cours d'agriculture*. Tome IV, p. 421.)

VINGT-NEUVIÈME LEÇON

Prairies naturelles.

RÉSUMÉ. — Les meilleures plantes des **prairies** permanentes sont des **Graminées** et des

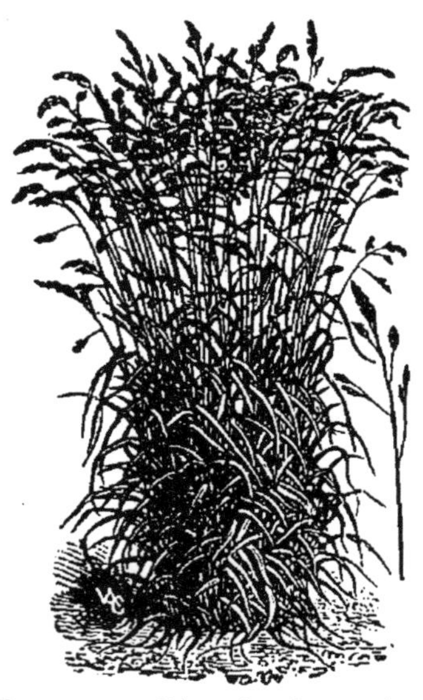

FIG. 77. — Pâturin des prés.

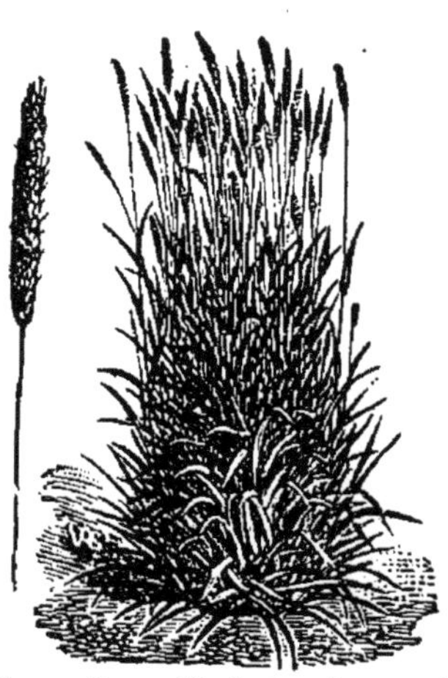

FIG. 78. — Vulpin des prés.

Légumineuses. Les premières forment la masse du foin et les secondes constituent le fonds de la prairie. Les *engrais phosphatés* favorisent le développement des *légumineuses ;* les *engrais azotés* profitent surtout aux *graminées.*

Les *irrigations* augmentent beaucoup le rendement des prairies permanentes.

Ces prairies sont parfois envahies par la *mousse ;* on s'en débarrasse par des *hersages.*

La récolte du foin se fait souvent avec des instruments attelés : *faucheuse, faneuse, râteau à cheval.*

---

156. Définition. — Les prairies *naturelles* ou *permanentes* sont celles qui produisent du fourrage

Fig. 79. — Fléole des prés.

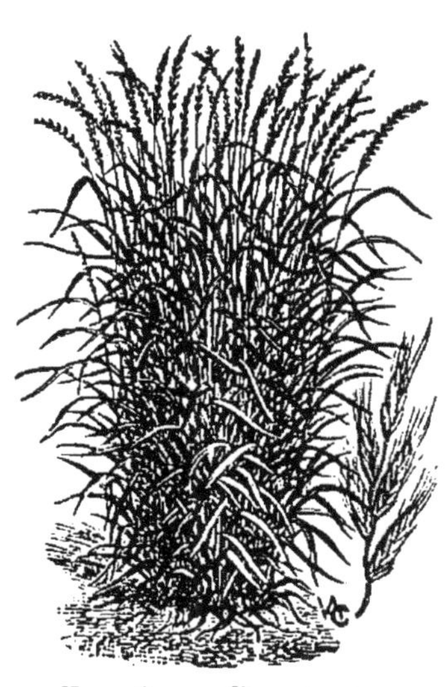

Fig. 80. — Ray-grass.

sans l'intervention continue de l'homme. Ces prairies s'établissent d'elles-mêmes dans certaines terres fertiles et humides, au bord des ruisseaux princi-

---

156. Qu'appelle-t-on prairies naturelles ? Où s'établissent-elles ?

palement. On peut aussi les créer en semant les principales plantes qui les constituent d'ordinaire.

157. Bonnes plantes des prairies. — Ces plantes sont assez nombreuses, mais toutes ne sont pas

FIG. 81. — Fromental.

de bonne qualité. Les meilleures sont des *Graminées* ou des *Légumineuses*. Les premières s'élèvent et forment la masse du foin ; les autres, plus petites, constituent le fonds de la prairie.

---

157. A quelles familles appartiennent les principales plantes de ces prairies ?

Les meilleures *Graminées* des prairies sont : le pâturin commun, le pâturin des prés, le vulpin des prés, la fléole, le ray-grass, le fromental, l'avoine jaunâtre, le dactyle et la fétuque des prés. Dans les

FIG. 82. — Dactyle.

FIG. 83. — Fétuque des prés.

meilleures *Légumineuses* on range : le trèfle blanc, le trèfle ordinaire, la luzerne, le sainfoin, la minette et l'anthyllide.

Ce sont là les seules plantes qu'il convient de semer quand on veut constituer une prairie. On ne les emploie pas d'ailleurs toutes à la fois, mais on

---

choisit celles qui conviennent le mieux au climat et au sol dont on dispose.

Voici une formule d'ensemencement pour une prairie à faucher établie sur les alluvions fraîches et fertiles des vallées. (D'après M. Boitel.)

Pâturin commun .	10 kg.	Fétuque des prés .	5 kg.
Fléole	5 kg.	Trèfle blanc. . .	2 kg.
Ray-grass vivace .	10 kg.	» ordinaire .	4 kg.
Fromental . . .	5 kg.	» hybride. .	3 kg.
Dactyle	5 kg.	Minette	2 kg.

158. Mauvaises plantes des prairies. — Quant aux autres plantes, il est d'autant plus inutile de les semer qu'elles se propagent d'elles-mêmes assez vite. Elles tiennent une place qui serait occupée bien plus utilement par de bonnes espèces ; elles fournissent un foin grossier, souvent même elles sont nuisibles au bétail. Il y a avantage à détruire les plus mauvaises par des sarclages exécutés au printemps.

Parmi ces mauvaises plantes on peut citer les agrostis, les canches, jonc, carex, rumex, roseaux, le plantain, la reine-des-prés, la berce, la matricaire. La renoncule, le colchique

Fig. 84.   Fig. 85.

d'automne, sont vénéneux. L'ail donne un mauvais goût au lait.

La *mousse* se développe parfois en abondance sur les prairies fatiguées. On s'en débarrasse par des hersages énergiques exécutés en hiver.

159. Fumure des prairies. — La prairie s'enrichit constamment en azote grâce à la présence des

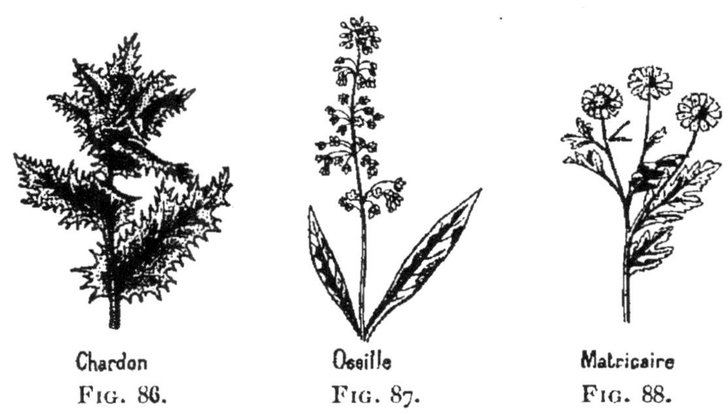

Chardon   Oseille   Matricaire
Fig. 86.   Fig. 87.   Fig. 88.

Légumineuses, mais elle s'appauvrit en acide phosphorique et en potasse. Il faut lui rendre ces éléments en y apportant des engrais chimiques. Des arrosages au purin produisent également d'excellents résultats.

Rappelons aussi que de toutes les cultures c'est celle qui profite le mieux des *irrigations*.

Les engrais phosphatés favorisent le développe-

---

ment des Légumineuses, les engrais azotés et les arrosages copieux amènent une plus grande quantité de Graminées.

FIG. 89. — Faneuse.

160. Récolte du foin. — Pour les prairies naturelles comme pour les prairies artificielles, il y a avantage à effectuer la récolte de bonne heure, avant que les plantes soient complètement fleuries. On obtient moins de foin que si on attendait plus tard, mais sa qualité est bien supérieure. On opère souvent cette récolte à l'aide d'instruments attelés :

---

160. Quel avantage y a-t-il à récolter le foin de bonne heure ?

une *faucheuse* pour couper l'herbe, une *faneuse* pour l'éparpiller sur le sol, un *râteau à cheval* pour rassembler le foin en andains.

LECTURE

ENSEMENCEMENT DES PRAIRIES

La méthode d'ensemencement des prés par l'emploi des semences achetées à l'état de pureté, bien qu'elle soit

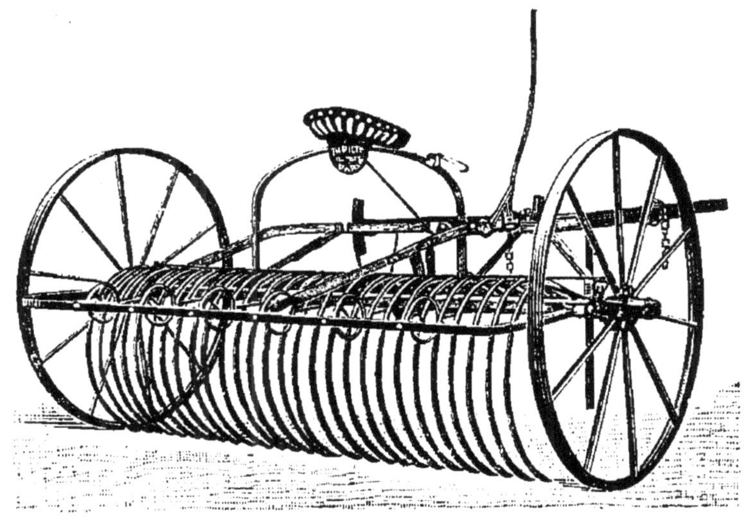

FIG. 90. — Râteau à cheval.

la meilleure, n'est pas généralement employée par un motif mal entendu d'économie. On trouve plus simple et plus économique de faire les nouveaux prés avec les graines des fonds de grenier, graines qui tombent du foin récolté dans le pays. Dans ce cas, il est impossible

---

Quels instruments peut-on employer pour cette récolte ?

de savoir ce que l'on sème ; si le foin a été fauché de bonne heure, ces fonds de greniers ne renferment que les graines des espèces précoces. Il ne renferme au contraire que les semences des plantes tardives si la prairie a été récoltée à un degré très avancé de maturité.

Si les fonds de greniers proviennent de foins d'une origine inconnue, c'est le hasard seul qui décide de la nature des graines dont ils sont composés. Il arrive souvent que cette fenasse achetée dans le commerce ne comprend que des feuilles et des débris de tige associés à de mauvaises graines provenant d'espèces qui ne sont ni des graminées, ni des légumineuses. Il m'est arrivé souvent d'examiner les plantes provenant d'un ensemencement de cette nature, généralement je n'y trouvais que les espèces propres au terrain, la fenasse n'ayant absolument rien produit. Aucune méthode ne vaut celle de l'emploi de semences pures sévèrement analysées et contrôlées au point de vue de leur pureté et de leur faculté germinative. (Amédée BOITEL : *Herbages et prairies naturelles*, p. 62. DIDOT, éditeur.)

TRENTIÈME LEÇON

Colza. Chanvre et lin.

Résumé. — Le **colza** demande un sol compact et fertile. On le récolte avant qu'il soit complètement mûr pour ne pas perdre la graine et on procède au battage sur le champ même. On extrait des graines une huile utilisée pour l'éclairage.

Le **chanvre** ne prospère que sur les terres très fertiles ; on distingue le *chanvre mâle et le chanvre femelle ;* ils se récoltent successivement. L'écorce du chanvre produit une *filasse* qui sert à faire des cordages et des tissus. La graine ou *chènevis* sert à faire de l'huile.

Le **lin** donne une filasse plus fine que celle du chanvre. L'huile de lin est employée pour la fabrication des peintures.

---

161. Le colza. — Le colza demande un sol assez compact sans être humide, profond et fertile. On le sème soit en pépinière pour le repiquer ensuite, soit

---

161. Parlez de la culture du colza.

directement sur place. Dans ce dernier cas, il est plus avantageux de semer en lignes ; les binages et les sarclages sont plus faciles. Il y a une variété d'automne et une variété de printemps.

Les fruits ou *siliques* du colza s'égrènent très facilement, aussi ne doit-on pas attendre, pour la récolte, que la maturité soit trop avancée. Le battage se fait souvent sur le champ même.

Des graines de colza on extrait une huile qui est employée surtout pour l'éclairage. Le tourteau qui reste après l'extraction de l'huile peut être consommé par le bétail.

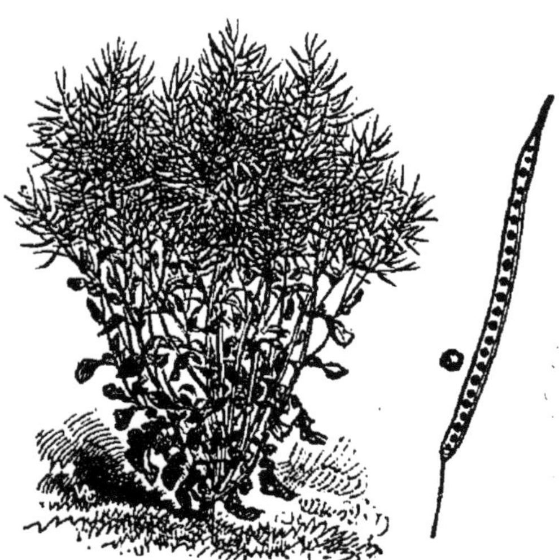

Fig. 91. — Colza de printemps.

162. Navette. — La navette ressemble beaucoup au colza ; elle vient mieux que ce dernier sur les sols légers et ne se repique jamais.

163. Chanvre. — Le chanvre ne prospère que sur des terres très fertiles (chènevières). On le sème toujours à la volée ; sa végétation étant très vigou-

---

Quelle précaution faut-il prendre à la récolte ? Où opère-t-on le battage ? A quoi sert la graine de colza ? — 162. Parlez de la navette ? — 163. Que savez-vous de la culture du chanvre ?

reuse, il étouffe les mauvaises herbes, ce qui fait qu'on n'a pas besoin de le sarcler.

Dans un champ de chanvre, il y a deux sortes de pieds : les *pieds mâles* qui ne portent pas de graines et qui mûrissent les premiers ; les *pieds femelles*, qui portent les graines, ont la tige plus grosse et mûrissent ensuite. (Dans les campagnes, les pieds mâles sont souvent appelés pieds femelles, et réciproquement.) La récolte se fait en deux fois, à quinze jours ou un mois d'intervalle : on arrache à la main d'abord les pieds mâles, puis les pieds femelles.

L'écorce du chanvre constitue la *filasse* qui sert à faire des toiles, des cordages. Pour qu'elle se détache aisément on place les tiges pendant huit jours dans l'eau. C'est le *rouissage*.

Les graines de chanvre ou *chènevis* servent à la nourriture des oiseaux. On en tire aussi une huile employée pour l'éclairage.

164. Lin. — Le lin donne une filasse plus belle que celle du chanvre et servant à faire les toiles fines, les dentelles. L'huile de lin est siccative*; elle est employée dans la fabrication des peintures. La farine de lin est d'un grand emploi comme médicament. Le tourteau peut être donné aux animaux.

Il existe une variété d'hiver et une de printemps. Comme le chanvre, le lin doit être roui pour que la filasse se détache.

Qu'appelle-t-on chanvre mâle et chanvre femelle? Que fait-on de l'écorce du chanvre? Quelle opération lui fait-on subir pour qu'elle se détache aisément? Qu'est-ce que le chènevis? A quoi sert-il? — 164. A quoi sert la filasse de lin? l'huile de lin? la farine de lin?

TRENTE ET UNIÈME LEÇON

La vigne.

Résumé. — La **vigne** s'accommode de tous les sols pourvu qu'ils soient *perméables* et bien *exposés*. On la multiplie aujourd'hui presque exclusivement par des *boutures* d'espèces américaines sur lesquelles on a greffé des plants français.

On *taille* la vigne tous les ans à la sortie de l'hiver. La taille doit être *courte* ou *longue* suivant que les rameaux à fruit naissent à la base du sarment principal ou plus près de l'extrémité.

Pendant le cours de la végétation on pratique l'*ébourgeonnage* pour supprimer les rameaux inutiles et on donne des *sarclages* et des *binages*.

Les *fumures* sont nécessaires pour obtenir d'abondantes récoltes.

---

165. Plantation de la vigne. — La *vigne* réussit dans tous les sols pourvu qu'ils soient suffisamment perméables ; toutefois la plupart des grands crus

---

165. Quels sont les sols qui conviennent à la vigne?

se trouvent sur des sols argilo-calcaires et caillouteux. Les coteaux exposés à l'est, au sud et au sud-est sont les expositions qui lui conviennent le mieux.

Le sol que l'on veut planter doit être préalablement défoncé à une profondeur de 5o à 6o centimètres. Le plus généralement on multiplie la vigne par *boutures*. Depuis l'invasion du vignoble français par le phylloxera, ces boutures sont des rameaux de vignes américaines, ou des hybrides de vignes américaines et de vignes françaises sur lesquels on a greffé une variété française. La greffe employée est la *greffe anglaise*.

Avant l'invasion du phylloxera, on multipliait souvent la vigne par *marcottage* ou *provignage*. On creusait au pied du cep un fossé ou provins, et dans ce fossé on couchait une branche qu'on recouvrait de terre. Cette branche devenait un nouveau pied qu'on séparait plus tard de la souche.

On n'emploie les semis que pour obtenir des variétés nouvelles.

166. Conduite de la vigne, — La conduite de la vigne diffère beaucoup suivant les pays. Dans la Savoie, les Pyrénées, on laisse la tige s'élever à 2 ou 3 mètres ; ailleurs on préfère les souches basses. Tantôt on laisse les rameaux s'étaler dans tous les sens, tantôt on les maintient avec des échalas.

A quelle exposition doit-on placer la vigne ? Comment la multiplie-t-on ? Quelle opération fait-on subir aux boutures avant de les planter ? En quoi consiste le provignage de la vigne ? — **166.** Quelles sont les principales manières de conduire la vigne ?

167. Soins culturaux. Taille. — On *taille* la vigne tous les ans à la sortie de l'hiver. Suivant qu'on laisse deux ou trois yeux seulement par sarment, ou bien un plus grand nombre, on dit que la taille est *courte* ou qu'elle est *longue*. Les rameaux qui restent après la taille courte s'appellent des *coursons*.

La taille doit être courte ou longue suivant la nature du cépage auquel elle s'applique. Le Gamay, le Carignan, l'Aramon, donnent des fruits sur les rameaux qui poussent à la base du sarment principal : avec eux on emploiera la taille courte. Au contraire on taillera long le Cabernet (ou Veron), le Côt (Plant du Roi), le Pinot, la Mondeuse dont les fruits viennent sur les rameaux qui poussent plus près de l'extrémité de ce sarment.

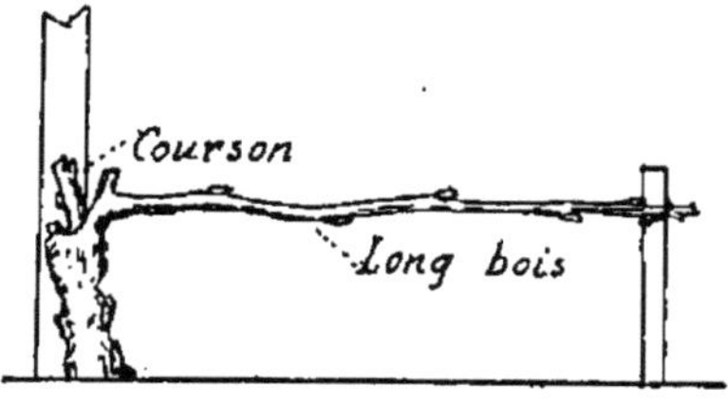

Fig. 92. — Taille Guyot.

La *taille Guyot* est intermédiaire entre la taille courte et la taille longue. Sur chaque souche on conserve deux tiges : un courson taillé à 2 yeux et un long bois laissé de toute sa longueur et attaché horizontalement. Ce dernier est la branche à fruit ; on le supprime chaque année et on le remplace par un rameau issu des bourgeons du courson.

---

167. Quand taille-t-on la vigne ? — Qu'appelle-t-on taille courte ? Qu'appelle-t-on taille longue ? Dans quel cas emploie-t-on la taille courte ? et la taille longue ? Décrivez la taille Guyot ?

Dans le système *Cazenave*, le cep est conduit en un cordon horizontal portant une série de coursons et de longs bois rassemblés deux à deux et régulièrement espacés. Les rameaux sont attachés sur des fils de fer horizontaux.

168. Ébourgeonnage. — Pendant la première quinzaine de la végétation on pratique l'*ébourgeonnage*. On enlève tous les rameaux qui naissent sur le vieux bois et qui ne portent pas de fruit afin que la sève ne se perde pas en pousses inutiles.

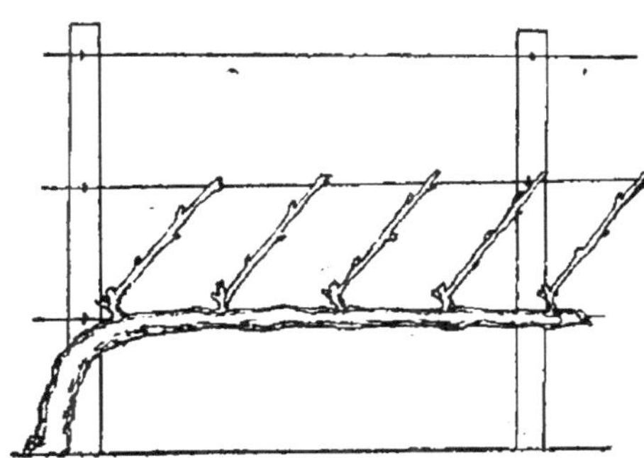

Fig. 93. — Taille Cazenave.

169. Sarclages et binages. — Pendant le cours de l'année on donne à la vigne des sarclages et des binages de façon à bien enlever les mauvaises herbes. Ces opérations se font soit à la houe, soit à la charrue. Généralement on exécute un premier labour quelque temps après la taille, un autre quand les gelées printanières ne sont plus à craindre, puis un peu après la floraison, et un autre encore quand les grains sont bien formés.

Après la chute des feuilles on donne un dernier

labour qui les enterre et détruit les mauvaises herbes. Quelquefois on profite de ce labour pour butter les ceps.

170. Fumure de la vigne. — A cause de ses profondes racines qui puisent au loin leur nourriture, la vigne épuise peu le sol. Néanmoins, pour obtenir des récoltes abondantes il est nécessaire de lui donner des engrais. Le meilleur est le fumier de ferme, mais on peut aussi employer des engrais chimiques en rapport avec la nature du sol.

LECTURE

FUMURE DE LA VIGNE

Il faut fumer les vignes directement avec le fumier en nature pour assurer aux vins leur quantité et leur qualité normales ; la seule précaution à prendre (et encore n'est-elle pas de rigueur dans les vignes bien alignées et bien aérées) est de porter le fumier et de l'enfouir après la vendange et avant la végétation suivante.

L'expérience prouve surabondamment que, pour tous les fruits à jus ou à pulpe sucrée, le développement normal et complet de la végétation est une cause essentielle de perfectionnement, et que la langueur du végétal, conséquence de la pauvreté et de la maigreur du terrain, engendre constamment des fruits acerbes, sans arome et sans qualité ; la première condition pour obtenir de bons jus de raisin est donc d'assurer à la

---

170. La vigne est-elle une culture épuisante ? Faut-il lui donner des engrais ? Quel est le meilleur engrais pour la vigne ?

vigne sa végétation normale et complète, et le moyen
le plus sûr et le plus économique est l'emploi direct du
fumier dans une proportion sagement calculée. Thome-
ry, qui produit pour nos tables les plus recherchées les
grappes les plus riches en sucre, les plus délicates en
parfum, fume abondamment et directement tous les
trois ans ses espaliers, contre-espaliers et souches. (Jules
GUYOT : *Culture de la vigne et vinification,* p. 5o, Librairie agricole de la Maison rustique.)

TRENTE-DEUXIÈME LEÇON

La vigne *(suite)*. Maladies et parasites.

RÉSUMÉ. — La **chlorose** atteint souvent les vignes greffées qui sont plantées dans un sol calcaire. On la guérit parfois en badigeonnant les ceps avec une dissolution de *sulfate de fer*.

Le **mildiou**, le **black-rot**, l'**oïdium**, l'**anthracnose**, sont produits par des champignons microscopiques. On emploie contre les deux premières maladies un traitement préventif à la *bouillie bordelaise*. L'*oïdium* se traite par le *soufre en poudre* et l'*anthracnose* par le *sulfate de fer*.

Le **phylloxera** est un puceron originaire d'Amérique qui vit sur les racines de la vigne et la fait périr. On arrive à le tuer en injectant dans le sol du *sulfure de carbone* ou en *submergeant* le vignoble pendant quarante jours au moins. Comme ces procédés sont compliqués, coûteux, et ne sont pas applicables partout, on préfère généralement *greffer* les vignes françaises sur des vignes américaines, qui, elles, résistent au phylloxera.

La **pyrale** et la **cochylis** sont des papillons ; leur chenille ronge les bourgeons. On les tue en arrosant les ceps pendant l'hiver avec de *l'eau bouillante*.

La vigne est sujette à de nombreuses maladies dont les causes sont très diverses : accidents culturaux, champignons microscopiques, insectes, etc.

171. Chlorose. — Toutes les fois que la vigne se nourrit mal, quelle qu'en soit d'ailleurs la cause : trop grande humidité, sécheresse excessive, mauvaise adaptation du plant au sol, etc., ses feuilles et ses tiges jaunissent : elle a *la chlorose*.

Cette maladie atteint fréquemment les vignes greffées sur des plants américains quand elles sont plantées dans des sols calcaires. On la prévient parfois en badigeonnant les ceps, en octobre, après une taille provisoire, avec une solution concentrée de sulfate de fer (45 kilogrammes pour 100 litres d'eau).

Tous les cépages ne sont pas également atteints par la chlorose ; on choisira naturellement comme porte-greffes les variétés les plus résistantes. Le tableau suivant peut donner quelques indications à cet égard :

---

171. En quoi consiste la chlorose ? Quelle est la cause de cette maladie ? Comment la traite-t-on ? Quelle précaution y a-t-il à prendre dans le choix des porte-greffes ?

RICHESSE en CALCAIRE	SOLS FERTILES	SOLS PAUVRES
0 à 15 pour 100	Riparia Gloire de Montpellier. Riparia grand glabre. Riparia tomenteux géant.	Rupestris Martin. Rupestris du Lot.
15 à 30 pour 100	Riparia Rupestris 3309. Aramon Rupestris Ganzin n° 1. Solonis Riparia 1615.	Rupestris du Lot. Riparia Rupestris 3309.
30 à 60 pour 100	Mourvèdre Rupestris 1202. Riparia Berlandieri 420ᵃ.	Riparia Berlandieri 420ᵃ.
Plus de 60 pour 100	Chasselas Berlandieri 41ᵇ. Berlandieris glabres.	Chasselas Berlandieri 41ᵇ. Berlandieris glabres.

172. Maladies cryptogamiques. — Le *mildiou*, le *black-rot*, l'*oïdium*, l'*anthracnose*, sont des *maladies cryptogamiques*, c'est-à-dire causées par des champignons microscopiques qui attaquent la vigne.

Ces champignons se développent à l'intérieur des tissus soit des raisins, soit des feuilles ou des jeunes rameaux, vivent à leurs dépens et les font périr. Ils produisent des sortes de graines appelées *spores* que le vent emporte et qui propagent la maladie au loin.

Il est à peu près impossible de guérir les parties qui sont atteintes ; mais, en opérant à temps, on peut tuer les spores et empêcher ainsi la maladie de

---

172. Quelles sont les principales maladies cryptogamiques ? Par quoi sont-elles causées ? Comment ces champignons se propagent-ils ? Comment lutte-t-on contre ces maladies ? A quel moment faut-il appliquer le remède ?

s'étendre davantage. Le traitement varie suivant le champignon auquel on a affaire, mais il doit toujours être effectué aussitôt que possible. Souvent même il doit être *préventif*, car la maladie se développe avec une telle rapidité qu'il est trop tard pour y porter remède quand on s'aperçoit de sa présence.

Un temps chaud et humide favorise le développement des maladies cryptogamiques.

173. Mildiou et black-rot. — Le *mildiou et le black-rot* sont d'origine américaine. Le premier est apparu en 1878 dans le Midi, et depuis il s'est répandu dans tout le vignoble français. Il attaque les feuilles, les jeunes rameaux et les raisins. La partie supérieure des feuilles présente des taches brunes, tandis que la partie inférieure se couvre de taches blanchâtres. Ces dernières sont dues aux *spores*.

Le champignon du mildiou ressemble beaucoup à celui qui occasionne la maladie de la pomme de terre.

Le black-rot, comme le mildiou, atteint les feuilles, les tiges et les racines. Sur les feuilles, il forme des taches brunes entourées d'un liseré brun plus prononcé.

Le mildiou et le black-rot se traitent par la *bouillie bordelaise* (voir n° 137). Les spores de ces deux

---

173. D'où viennent le mildiou et le black-rot? Parlez du mildiou. Parlez du black-rot. Comment traite-t-on le black-rot et le mildiou? Pourquoi le traitement doit-il être préventif?

maladies naissent et germent en quelques heures, aussi le traitement doit-il être *préventif*. Les spores du black-rot se développent d'abord sur les jeunes feuilles, celles qui sont à l'extrémité des rameaux : ce sont celles-là qu'il faut sulfater les premières.

174. Oïdium. — L'*oïdium* attaque toutes les parties vertes de la plante. Les régions atteintes sont blanchâtres ; elles deviennent brunes à la fin de l'été. En outre, elles sont grasses au toucher et répandent une odeur de moisi. On combat cette maladie en répandant, dès son apparition, du *soufre en poudre* sur toutes les parties vertes.

175. Anthracnose. — L'*anthracnose* produit des plaies noirâtres sur les rameaux, les feuilles et les racines. On ne connaît pas de remède certain ; le seul procédé qui ait donné de bons résultats est un badigeonnage des souches avec une solution de *sulfate de fer* à laquelle on ajoute un peu d'*acide sulfurique**.

Fig. 94.
Raisin attaqué par l'anthracnose.

176. Insectes nuisibles. Phylloxera. — Parmi les insectes qui attaquent la vigne, le plus dangereux est le *phylloxera*. C'est un puceron qui vit surtout sur les jeunes racines. Sa tête

---

174. Parlez de l'oïdium. Quel est son traitement ? — **175.** Parlez de l'anthracnose. Quel est le traitement de cette maladie ? — **176.** Qu'est-ce que le phylloxera ?

présente une sorte de bec ou *rostre* qu'il enfonce dans l'écorce et au moyen duquel il suce la sève. Les

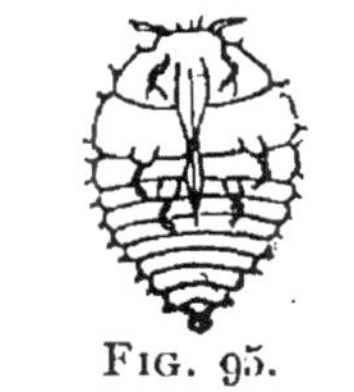

Fig. 95.
Phylloxera sans
ailes.

radicelles attaquées par lui se boursoufflent et meurent. Comme ce sont seulement les jeunes racines qui puisent dans le sol la nourriture de la plante, celle-ci ne tarde pas longtemps à périr à son tour. Quand un cep est épuisé, les insectes qui l'occupaient passent sur les ceps voisins.

Le phylloxera nous vient d'Amérique. Les vignes américaines sont d'une espèce différente des nôtres ;

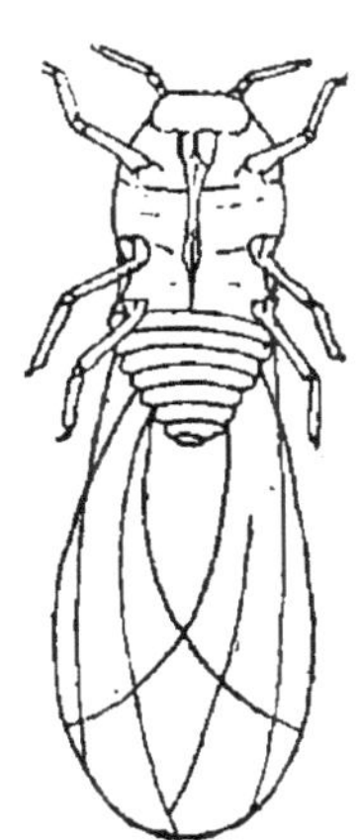

Fig. 96.
Phylloxera ailé.

le parasite peut vivre sur leurs racines sans trop les incommoder, en tout cas sans les faire périr, aussi, en Amérique, on ne s'en préoccupait pas. En voulant acclimater en France des vignes américaines, on a introduit chez nous le terrible fléau. Il a été constaté pour la première fois en 1863, au plateau Pujaut, près de Roquemaure, dans le Gard, et s'est propagé avec une telle rapidité qu'aujourd'hui il est répandu dans tout le vignoble français.

On a expérimenté contre lui une foule de moyens de destruction. Le seul qui soit vraiment efficace est la *submersion* du vignoble pendant l'hiver ; le phylloxera ne peut vivre sous

---

Quelle est l'origine du phylloxera ? Comment a-t-il été introduit en France ? Quels moyens emploie-t-on pour s'en débarrasser ? Quel est l'inconvénient de la submersion du vignoble ?

l'eau plus de quarante à quarante-cinq jours. Malheureusement ce procédé est loin d'être applicable partout.

On a essayé aussi d'empoisonner l'insecte avec des insecticides, comme le *sulfure de carbone*, qu'on introduit dans le sol avec un instrument appelé pal injecteur. Les vapeurs qu'il émet tuent bien le phylloxera, mais elles gênent la vigne.

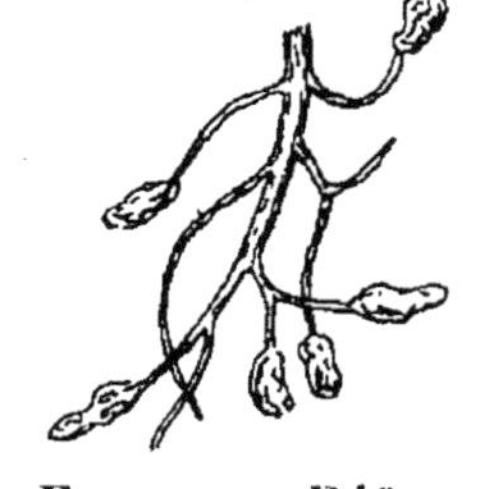

FIG. 97. — Déformations produites sur les radicelles de la vigne par les piqûres du phylloxera.

Aujourd'hui on a à peu près re-noncé à détruire le phylloxera car on a trouvé un moyen de tourner la difficulté. Nous avons vu que les vignes américaines ne sont pas tuées par le parasite ; malheureu-sement elles donnent un vin de mauvaise qualité. On les emploie comme *sujets* sur lesquels on *greffe* les variétés françaises. On a pu ainsi reconstituer les vignobles qui avaient été détruits.

177. Pyrale. — La *pyrale* est un papillon qui apparaît en juillet. Sa chenille passe l'hiver engourdie dans les fentes de l'écorce et se réveille au printemps. Elle enferme les bourgeons d'une bourse soyeuse qui peut arriver à envelopper tout un cep et en arrête le développement. Elle ronge tout ce qui pousse : la récolte peut disparaître entièrement.

FIG. 98. — Papillon de la pyrale.

Et de l'emploi du sulfure de carbone ? Comment lutte-t-on aujourd'hui contre le phylloxera ? — **177.** Qu'est-ce que la pyrale ? Quels dégâts cause-t-elle ?

Pour détruire la pyrale, on arrose les ceps et les échalas avec de *l'eau bouillante* pendant l'hiver. La chenille est tuée.

178. Cochylis. — La *cochylis* est également un papillon, mais il donne deux générations dans

Fig. 99. — Papillon de la cochylis.

l'année. La première, qui apparaît au printemps, ronge les bourgeons et les entoure d'une bourse de soie comme le fait la pyrale. La deuxième se montre à l'automne. Les chenilles s'attaquent alors au grain; elles en percent l'enveloppe et rongent la pulpe.

On se débarrasse de la cochylis comme de la pyrale, en *échaudant* les ceps : on les asperge en hiver avec de l'eau bouillante.

LECTURE

NUAGES ARTIFICIELS

On emploie avec succès, dans le but de se préserver des gelées blanches, les nuages artificiels, que l'on obtient en brûlant dans les vignes des matières donnant une fumée abondante. Les Indiens du Pérou faisaient déjà usage de ce moyen pour protéger leurs récoltes, avant la conquête des Espagnols; Pline et Olivier de Serres l'ont également recommandé pour sauvegarder celle de la vigne. Enfin M. Boussingault, il y a quelques années, a de nouveau attiré l'attention sur ce procédé à peu près abandonné à cette époque; c'est depuis lors que

Comment la détruit-on ? — **178.** Parlez de la cochylis.

les applications en sont devenues presque générales dans les vignobles de France.

Les combustibles les plus fréquemment usités pour les nuages artificiels sont : le fumier, les mauvaises herbes, les feuilles mortes, que l'on brûle sur des fagots de broussailles ; l'addition d'une certaine quantité de coaltar ou d'huiles lourdes du gaz, qui donnent par leur combustion une flamme fuligineuse, augmente l'épaisseur de la fumée. On peut encore enflammer des huiles lourdes seules, placées dans des petits godets en tôle, répartis régulièrement dans les champs. Lorsque l'air est calme, ce qui est une condition nécessaire à la production de la gelée blanche, la fumée se répand en une couche horizontale et épaisse, qui arrête les effets du rayonnement et ralentit le dégel, s'il y a déjà eu un peu de gelée, en arrêtant les premiers rayons du soleil. (G. FOEX : *Cours complet de viticulture*, p. 385, COULET, éditeur.)

TRENTE-TROISIÈME LEÇON

Le vin.

Résumé. — Après la vendange, le raisin est *écrasé,* soit avec les pieds, soit avec des machines. On fait ensuite *fermenter* le jus avec ou sans la pulpe du fruit, suivant qu'on veut obtenir du *vin rouge* ou du *vin blanc*.

Pendant la fermentation, des *microbes* transforment le *sucre* du raisin en *alcool* et en *acide carbonique*. On prévient l'acidification du moût par le *foulage,* ou encore en opérant dans des *cuves fermées,* ou en maintenant la pulpe à l'intérieur du liquide *(cuves à chapeau submergé)*. Quand la fermentation est assez avancée, on procède au *soutirage* et au *pressurage*.

Divers microbes peuvent se développer dans le vin et l'altérer; on les tue en chauffant le liquide à 60°.

Le vin doit se conserver à l'abri de l'air, dans des fûts bien remplis.

---

179. Vendange. — On cueille le raisin quand il est suffisamment mûr. Il importe de choisir le mo-

---

ment convenable pour vendanger : trop tôt, on aurait un vin acide ; trop tard, une partie des raisins seraient pourris.

180. Foulage.

— La vendange une fois faite, on procède au *foulage* ou écrasement du raisin. Souvent ce travail est exécuté par des hommes qui piétinent les raisins avec les pieds nus ; on emploie aussi des fouloirs mécaniques qui opèrent plus rapidement, mais qui ont l'inconvénient d'écraser parfois les pépins, ce qui donne un mauvais goût au vin.

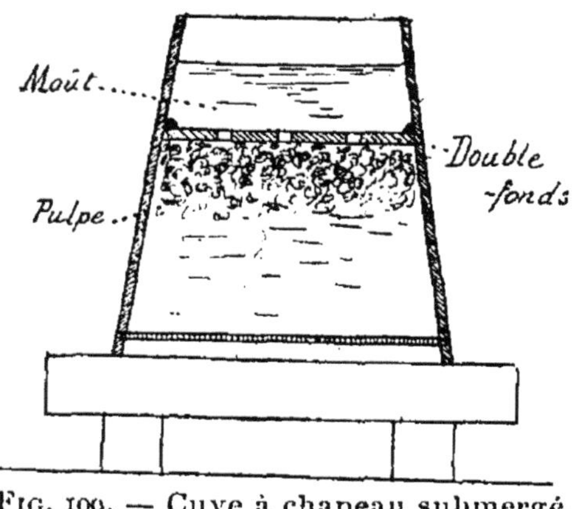

Fig. 100. — Cuve à chapeau submergé.

Les opérations diffèrent ensuite suivant qu'on veut obtenir du vin blanc ou du vin rouge. La matière colorante du raisin n'est cédée au vin que pendant la fermentation ; si on presse la vendange immédiatement après le foulage, on aura du vin blanc, que le raisin avec lequel on opère soit blanc ou rouge.

181. Fabrication des vins rouges. Fermentation.

— Pour la fabrication du vin rouge, on fait fermenter ensemble dans une grande cuve le jus des raisins et leurs enveloppes. La fermentation du

---

180. Comment s'effectue le foulage du raisin ? — 181. Qu'est-ce qui produit la fermentation du vin ?

vin est due à *des microbes* qui se trouvaient avant la vendange sur la surface extérieure du grain. Dans la cuve, ils décomposent le sucre du raisin et le transforment en *alcool* et en *acide carbonique*.

Pendant la fermentation, les enveloppes du grain se réunissent et forment une masse pâteuse qu'on appelle le chapeau et qui, plus légère, monte à la surface du liquide. Quand le chapeau reste exposé à l'air, d'autres microbes peuvent se développer à sa surface et transformer l'alcool en vinaigre. Pour éviter cette altération, on procède de temps en temps au *foulage* de la vendange. Il faut opérer avec précaution, à cause de l'acide carbonique qui se dégage de la cuve et pourrait asphyxier les travailleurs.

Fig. 101. — Microbes transformant le sucre en alcool.

On empêche également les microbes du vinaigre de se développer en emprisonnant le chapeau sous une claie qui le maintient constamment à l'intérieur du liquide, ou en opérant la fermentation dans des cuves complètement fermées.

182. Décuvage. — Quand la fermentation est assez avancée, c'est-à-dire quand la plus grande

---

partie du sucre est transformée en alcool, on *soutire* le vin et on le met dans des tonneaux. On a ainsi le vin de *première goutte*. Le marc est conduit au pressoir et donne du vin de *pressurage*.

183. Soutirages. Collages. Ouillage. — La fermentation se continue encore dans les tonneaux,

Fig. 102. — Pressoir.

mais plus lentement. Le vin s'éclaircit, laisse déposer des lies. On favorise cette épuration par des *soutirages* et des *collages*. On a soin aussi de maintenir les tonneaux constamment pleins (ouillage).

184. Fabrication des vins blancs. — Quant aux

---

183. Comment favorise-t-on l'épuration du vin dans les tonneaux ? Qu'appelle-t-on ouillage ? — 184. Où s'opère la fermentation des vins blancs ?

vins blancs, leur fermentation s'effectue en entier dans les tonneaux ; elle est d'ailleurs analogue à celle des vins rouges.

185. **Composition du vin.** — Le vin ne contient pas seulement de l'alcool et de l'eau ; il renferme encore de la glycérine, du tannin, et une foule d'autres corps qui sont en petite quantité, il est vrai, mais dont l'importance est pourtant considérable, car ce sont eux qui lui donnent son *bouquet*.

186. **Altérations du vin.** — Il peut aussi renfermer d'autres microbes que ceux que nous avons cités ; quand ces microbes se développent trop, ils provoquent diverses maladies : la *tourne*, la *casse*, l'*amertume*, la *graisse*. On prévient ces altérations en chauffant le vin, à l'abri de l'air, à une température de 60° environ. Ce procédé, dû à Pasteur, ne donne aucun mauvais goût au liquide, mais tue les microbes qu'il contient.

LECTURE

POTASSE ENLEVÉE AU SOL PAR LA CULTURE DE LA VIGNE

La présence constante de la crème de tartre dans le vin, les quantités considérables de cette substance produites dans les pays vignobles, ont fait penser que la

---

185. Quelle est la composition du vin ? — 186. Quel est le rôle des microbes que le vin renferme accidentellement ? Comment prévient-on son altération ?

vigne enlève au sol une très forte proportion de potasse. C'est là, au reste, une simple présomption ; et quand on considère qu'on ne donne pas à la vigne plus de fumier que n'en reçoivent les cultures de racines ou de céréales, il est permis de douter qu'une récolte de vin, si abondante qu'on la suppose, exige plus d'alcali que telle ou telle sorte de nos rotations.

Pour me former une opinion sur cette question, trop abandonnée jusqu'ici aux spéculations théoriques, j'ai déterminé la quantité et la nature des substances minérales enlevées en 1848 dans notre vigne du Smalzberg, près de Lampertsloch, en dosant et en soumettant à l'analyse les cendres des matières exportées, à savoir : 1° des sarments ; 2° du marc de raisin ; 3° du vin. Les feuilles restant sur le terrain, il n'est pas nécessaire de tenir compte des matières minérales qu'elles renferment.

Contrairement à l'opinion admise, ces recherches établissent que la culture de la vigne n'exige pas plus de potasse que les autres cultures. (BOUSSINGAULT : *Agronomie, chimie agricole et physiologie*, t. V, p. 421.)

TRENTE-QUATRIÈME LEÇON

Le pommier à cidre. — Fabrication du cidre.

RÉSUMÉ. — Le pommier se propage le plus souvent au moyen de **semis** effectués dans des *pépinières*. Les jeunes arbres sont *greffés* quand ils ont atteint une grosseur convenable, puis on les plante à demeure. Il faut éviter de meurtrir les racines lors de l'arrachage et de la replantation.

Pour fabriquer le cidre, on broie les pommes et on presse la pulpe après l'avoir laissé macérer douze ou quinze heures. Le liquide qui s'écoule est le **pur jus**. Le marc est remis à macérer avec de l'eau, puis soumis à un deuxième et à un troisième pressurages. On obtient ainsi du cidre doux qu'on met *fermenter* dans des cuves ou dans des tonneaux.

On peut aussi fabriquer le cidre par *diffusion*.

L'eau employée en cidrerie doit être *aussi pure que possible*.

LE POMMIER A CIDRE

Le pommier à cidre est surtout cultivé en Normandie, en Bretagne et dans les départements voisins. On le propage le plus souvent au moyen de semis effectués dans des pépinières.

187. Choix des pépins. — Il importe d'employer pour ces semis des pépins bien conformés, provenant de fruits de la dernière récolte et n'ayant pas séjourné trop longtemps au contact du marc qui, en fermentant, pourrait altérer leur faculté germinative. Il faut aussi qu'ils soient extraits de fruits bien mûrs, ce qu'on reconnaît à leur couleur d'un noir franc; une couleur rousse indique une maturité insuffisante.

188. Semis et repiquage. — La pépinière s'établit sur un sol fertile, bien fumé et complètement débarrassé des mauvaises herbes. Le semis s'effectue généralement à la fin de l'hiver, vers le mois de février. Au bout de la première année, on enlève les plants les plus forts pour les repiquer dans une autre pépinière où ils continuent à se développer. Les arbres ainsi repiqués sont plus vigoureux que ceux qui sont restés en place.

189. Greffage. — Quand les jeunes pommiers

Comment propage-t-on le pommier ? — 187. Comment doit-on choisir les pépins destinés à être semés ? — 188. Où établit-on la pépinière ? Quand s'opère le repiquage des jeunes plants ? —

ont deux ou trois ans, on les greffe. Cette opération est nécessaire pour obtenir de bonnes variétés, les arbres provenant des semis ne ressemblant presque jamais à ceux qui ont fourni les pépins. Les modes de greffage les plus employés sont la greffe en fente et la greffe en écusson. Il importe de choisir les greffons sur des arbres sains, vigoureux et fertiles. On évitera aussi de greffer une variété hâtive sur une variété tardive, et réciproquement.

190. Transplantation. — Quand les arbres sont suffisamment développés dans les pépinières, on les plante à demeure dans les vergers. Il faut éviter, au moment de l'arrachage, de meurtrir les racines et surtout de supprimer le *chevelu*, ces fines radicelles grâce auxquelles le végétal puise sa nourriture dans le sol. Si des racines ont été brisées, on les coupe avec un instrument tranchant pour éviter qu'elles ne pourrissent ; on retranche aussi les branches meurtries, ainsi que l'extrémité des rameaux qui forment la tête de l'arbre. Cette opération s'appelle l'*habillage*.

Le jeune arbre est placé dans une jauge dont la profondeur est telle que le collet reste au-dessus du sol. On recouvre légèrement les racines avec de la bonne terre et on achève de combler le trou avec la terre du sous-sol.

---

189. Que savez-vous sur le greffage des pommiers ? — 190. Quelles précautions faut-il prendre lors de l'arrachage des pommiers ? En quoi consiste l'habillage des jeunes arbres ? Exposez comment on opère la replantation,

191. Engrais. — Les engrais sont aussi nécessaires aux arbres fruitiers qu'aux autres végétaux : il faut donc fumer les pommiers pour obtenir de bonnes récoltes. On emploie généralement le fumier de ferme, mais on peut aussi faire usage d'engrais chimiques. Comme les végétaux prennent leur nourriture seulement par l'extrémité de leurs racines, il ne faut pas enfouir la fumure immédiatement au pied de l'arbre. L'extrémité des racines correspond à peu près à l'extrémité des branches pour les arbres en plein vent ; c'est donc à la périphérie de l'arbre qu'on mettra les engrais pour qu'ils soient bien utilisés.

LE CIDRE

La récolte des pommes s'effectue de fin septembre à novembre. On ne procède à la fabrication du cidre que lorsque les fruits sont bien mûrs ; en attendant ils sont mis en tas.

192. Fabrication du cidre par broyage et pressurage. — Pour fabriquer le cidre, les pommes sont broyées sous des meules ou entre des cylindres. On les laisse ensuite macérer pendant douze ou quinze heures ; ce cuvage ramollit la pulpe et facilite l'extraction du jus, puis on les conduit au pressoir. On obtient alors le *pur jus.* Quand les pom-

---

191. Les engrais sont-ils nécessaires aux pommiers ? Où faut-il enfouir la fumure ? Pourquoi ? — 192. Que savez-vous sur la fabrication du cidre ?

mes ont été pressées, le marc est arrosé avec de l'eau ; on le laisse ainsi pendant vingt-quatre heures environ, puis on le presse à nouveau. Le liquide que l'on obtient est naturellement moins riche que le pur jus ; il constitue le cidre de consommation courante. Un dernier *trempage* suivi d'un troisième pressurage donne un cidre qui contient trop peu d'alcool pour pouvoir se conserver et qu'on mélange généralement avec le pur jus.

193. Fabrication du cidre par diffusion. — Depuis quelques années, on fabrique aussi le cidre par *diffusion*. Les pommes sont découpées par un appareil spécial en petits fragments ou *cossettes* que l'on met dans des cuves disposées en série. On verse ensuite de l'eau dans la première cuve : elle se charge d'une partie des principes solubles contenus dans les pommes. Cette eau ainsi enrichie passe ensuite dans la deuxième cuve où elle s'enrichit encore, puis dans la troisième, et ainsi de suite jusqu'à la dernière. On remplace par des cossettes fraîches celles qui sont suffisamment épuisées.

194. Fermentation. — Le liquide que l'on obtient soit par broyage et pressurage, soit par diffusion, est du *cidre doux*. On le met dans des cuves et des tonneaux pour le faire fermenter ; des microbes transforment en alcool une partie du sucre qu'il contenait. Quand la fermentation est achevée,

---

193. Que savez-vous sur la fabrication du cidre par diffusion ?

on le soutire et on peut alors le livrer à la consommation.

195. Choix de l'eau.

— On ne doit employer, pour la fabrication du cidre, que de l'eau la plus pure. L'eau des mares, qui est malheureusement préférée trop souvent par les cultivateurs, peut introduire dans la boisson le germe de dangereuses maladies : la fièvre typhoïde entre autres.

196. Lavage des pommes.

— Il serait désirable également que les fruits soient lavés avant d'être écrasés, on les débarrasserait ainsi des débris de terre, de feuilles, des déjections animales qui les souillent trop souvent, et passent ensuite dans le cidre, au grand détriment de sa conservation et de la santé du consommateur. On a reproché au lavage des fruits de nuire à la qualité du cidre : c'est un préjugé que rien ne justifie. D'ailleurs, la pratique du lavage est courante en Allemagne et en Suisse.

---

195. Quelle eau faut-il employer pour la fabrication du cidre ? — 196. Quels sont les avantages du lavage des pommes ? Cette pratique peut-elle nuire à la qualité de la boisson ?

TROISIÈME PARTIE

LES ANIMAUX DOMESTIQUES

TRENTE-CINQUIÈME LEÇON

Conditions générales d'élevage.

RÉSUMÉ. — *L'élevage du bétail* est de la plus haute importance pour le cultivateur; car, d'une part, la consommation de la viande augmente sans cesse et, d'autre part, les animaux sont plus nécessaires que jamais pour exécuter les travaux des champs. La concurrence étrangère n'est guère à craindre sur ce point à cause des difficultés de transport.

L'éleveur doit choisir avec grand soin les animaux qu'il veut conserver. Le plus souvent il lui est possible, par une **sélection** bien comprise, d'améliorer considérablement les races du pays.

Le cultivateur doit être *producteur* et non *consommateur* de bétail. Il a tout avantage à n'avoir dans son exploitation que des animaux

en voie de croissance, car ceux-ci augmentent
de valeur en travaillant. Toutefois il ne doit pas
leur imposer un travail exagéré.

---

197. **Importance de l'élevage du bétail.** — On a
longtemps considéré le bétail comme un *mal nécessaire* — nécessaire pour avoir du fumier et exécuter
les travaux agricoles. C'est qu'alors la production
des céréales dominait toutes les autres, car elle était
la plus avantageuse. Aujourd'hui les conditions économiques sont changées ; certains pays étrangers
(États-Unis, Russie, etc.) produisent le blé à meilleur compte que nous et viennent nous faire concurrence sur nos propres marchés ; le cultivateur
français arrive à peine à vendre sa récolte à un prix
rémunérateur.

Il n'en est pas de même pour le bétail. La consommation de la viande a augmenté considérablement et elle s'accroîtra encore ; une baisse générale
et durable n'est donc pas à craindre sur le prix des
animaux de boucherie. La concurrence étrangère
n'est pas à redouter non plus jusqu'à présent à cause
des difficultés de transport, les animaux gras ne
résistant pas aux fatigues d'un long voyage.

D'ailleurs, aujourd'hui comme autrefois, les ani-

---

197. Comment considérait-on autrefois le bétail ? Pourquoi ?
En est-il de même aujourd'hui? Une baisse générale et durable
du prix du bétail est-elle à craindre ? Pourquoi?

maux sont indispensables pour les travaux agricoles. Ils sont même plus utiles qu'autrefois ; la main-d'œuvre étant de plus en plus rare par suite de l'émigration des ouvriers vers les villes, beaucoup de travaux qui se faisaient exclusivement à bras s'exécutent maintenant avec des machines (sarclages, buttages, coupe des fourrages et des céréales, etc.).

L'élevage du bétail est donc de la plus haute importance pour le cultivateur.

198. Choix des animaux d'élevage. — Celui-ci doit apporter le plus grand soin dans le choix des animaux qu'il élève. S'agit-il, par exemple, des vaches laitières ? Il choisira seulement les veaux provenant des vaches qui sont elles-mêmes bonnes laitières et bonnes beurrières ; parmi ceux-là, il donnera encore la préférence à ceux qui sont vigoureux et bien conformés. Cette *sélection* est très importante : c'est elle qui, bien conduite, a permis de créer toutes les races perfectionnées (bœufs Durham, chevaux de course, moutons mérinos, etc.). Comme la sélection des semences, elle repose sur le principe bien connu : « Les enfants ressemblent toujours plus ou moins à leurs parents ; ils héritent en grande partie de leurs qualités et de leurs défauts. » Cette loi est aussi vraie pour les animaux que pour l'homme, pour les plantes que pour les animaux. Malheureusement, c'est trop souvent une

---

Montrez la nécessité des animaux pour les travaux agricoles. — 198. Comment le cultivateur peut-il améliorer ses races d'animaux ? Sur quel principe la sélection repose-t-elle ?

sélection inverse qui a lieu ; le cultivateur n'élève
que les animaux de rebut, ceux dont il n'a pas pu
se débarrasser.

**199. Variation de la valeur des animaux avec leur
âge.** — A mesure que les animaux grandissent, leur
valeur augmente. Un cheval de trois ans se paie
plus cher qu'un de deux ans ; il représente un capital plus considérable, car il a nécessité plus de soins
et de nourriture ; il peut travailler davantage car
il est plus fort. Il vient un moment où l'animal cesse
de grandir : il est *adulte*. A ce moment sa valeur
reste stationnaire, car, d'une part, il dépense à peu
près toujours la même somme en soins et en nourriture et, d'autre part, ses forces n'augmentent plus,
il peut fournir toujours la même quantité de travail.
Puis l'animal vieillit, ses forces diminuent, sa
valeur baisse.

**200. Le cultivateur doit être producteur de
bétail.** — Le cultivateur doit être producteur et non
consommateur de bétail. Il doit vendre ses animaux
aussitôt qu'ils ont atteint leur maximum de valeur,
c'est-à-dire aussitôt qu'ils sont adultes. Dans une
exploitation bien tenue, il ne doit donc avoir, pour
exécuter les travaux, que des animaux en voie de
croissance. Comme ils augmentent sans cesse de

---

199. Montrez comment varie la valeur des animaux avec leur
âge. — 200. A quel moment le cultivateur doit-il vendre ses animaux? Quelle genre d'animaux doit-il y avoir dans une exploitation bien tenue?

valeur, ils ont l'avantage de donner leur travail à bien meilleur marché, souvent pour rien.

201. Précautions à prendre dans l'emploi des jeunes animaux. — Mais il ne faut pas oublier que ces animaux sont moins vigoureux que des animaux adultes ; leurs muscles sont moins solides, leurs os ne sont pas complètement formés. Il faut les traiter avec ménagement, éviter de leur demander des travaux trop pénibles. Sans cette précaution, les articulations se déforment, des tumeurs dures (suros) ou molles (molettes) naissent sur les membres, et l'animal perd sa valeur.

LECTURE

HISTORIQUE DE LA RACE DURHAM

Parmi toutes les races de bovidés, une des plus célèbres est la race Durham. Les animaux qui la constituent se distinguent par une très grande précocité et une aptitude remarquable à l'engraissement. Elle tire son nom du comté de Durham, en Angleterre, où elle a pris naissance.

Son histoire est intéressante parce qu'elle montre comment un éleveur peut, par un choix judicieux des reproducteurs, améliorer considérablement une race commune, et cela en un temps relativement court.

Le créateur de la race Durham s'appelait Charles Colling. En 1785, il remarqua un veau que ses proprié-

---

201. Quelles précautions faut-il prendre avec des animaux en voie de croissance ? Pourquoi ?

taires, de pauvres gens, envoyaient pâturer le long des routes ; il fut frappé de sa bonne conformation et l'acheta. Cet animal devait acquérir une véritable célébrité : il est le père de tous les vrais Durham. Hubback (c'était le nom du veau) était, paraît-il, un modèle accompli de l'animal de boucherie. Épais de corps, bas sur jambes, il avait la peau remarquablement tendre, souple, le poil doux, les cornes petites, lisses, et le tempérament d'une tranquillité parfaite. Quand Colling dut le réformer, il eut soin de choisir pour le remplacer ceux de ses descendants qui avaient les mêmes qualités : ce furent successivement Bolingbroke, Favourite, Comet : fils, petit-fils et arrière-petit-fils d'Hubback.

En 1796, la race Durham était déjà tellement perfectionnée qu'un descendant de Favourite, un arrière-petit-fils d'Hubback, par conséquent, né à cette époque, pesait 1.370 kilogrammes en 1801, à l'âge de cinq ans.

Charles Colling mit fin à ses opérations en 1810, par la vente de son troupeau, vente qui lui rapporta 177.896 fr. 25. A ce moment la race Durham était constituée. Il faut dire d'ailleurs que ses caractères lui ont été conservés avec soin par les éleveurs qui ont continué l'œuvre de Colling.

TRENTE-SIXIÈME LEÇON

Alimentation des animaux.

Résumé. — Le bétail n'est avantageux qu'à la condition d'être **bien nourri**. Un animal qui reçoit une alimentation convenable fournit *plus de travail* que celui qui est mal nourri, et ce travail revient *à meilleur marché*. L'animal lui-même est *moins exposé aux maladies*, il est *plus facile à vendre* si on doit s'en débarrasser promptement.

Toutes les fois qu'on est obligé de changer d'aliments (passage de la nourriture d'hiver à celle du printemps, sevrage des jeunes animaux, etc.), il faut opérer par **transitions lentes.** Les variations brusques dans l'alimentation nuisent à la santé des animaux.

La nature des aliments doit varier suivant le rôle que les aliments ont à remplir ; la nourriture des *bêtes à l'engrais* n'est pas la même que celle des *animaux de travail* ou des *vaches laitières*. Ces dernières doivent recevoir une ration *riche en eau*.

Les *jeunes animaux* ont besoin d'une *alimentation de choix*.

202. **Ration d'entretien et ration de production.**
— Le bétail n'est avantageux qu'à la condition
d'être bien nourri. Les aliments consommés par un
animal servent à deux choses ; une partie est employée à le maintenir vivant, à l'empêcher de mourir de faim : c'est la *ration d'entretien ;* le reste est
transformé en lait chez les vaches laitières, en chair
chez les bêtes à l'engrais, en travail chez les animaux d'attelage : c'est la *ration de production.* On
peut comparer la ration de production à la houille
que l'on brûle dans le foyer d'une machine : plus la
quantité de houille brûlée est grande, plus le travail de la machine est élevé ; de même, plus la
ration de production est forte, plus les animaux
donnent de produits. Or, la ration d'entretien est
fixe pour un animal donné; en augmentant sa ration
journalière, c'est donc seulement sa ration de production qui s'accroît. On comprend alors qu'un animal bien nourri produise davantage qu'un animal
mal nourri. De plus, il donne ses produits à meilleur marché.

Soit un cheval de 600 kilogrammes, recevant par
jour 10 kilogrammes de foin (ou leur équivalent en
autre nourriture). Ces 10 kilogrammes peuvent se décomposer ainsi :

Ration d'entretien . . . . 6 kgr.
Ration de production . . . . 4 kgr.

---

202. Qu'est-ce que la ration d'entretien ? Qu'est-ce que la ration
de production ? Montrez qu'il y a un avantage à bien nourrir les
animaux.

Si on double la ration, on a :

Ration d'entretien, toujours. . . . . . .   6 kgr.
Ration de production : 20 kgr. — 6 kgr. =   14 kgr.

La quantité de nourriture a seulement doublé tandis que la ration de production, et par suite la production de travail elle-même, a plus que triplé (14 kgr. : 4 = 3,5).

Le travail obtenu avec la seconde ration coûterait donc moins cher que le travail obtenu avec la première.

Évidemment, on ne peut pas augmenter indéfiniment la ration des animaux, mais on peut toujours les nourrir *au maximum*, et on doit le faire.

203. Avantages d'avoir des animaux en bon état. — Le cultivateur a d'ailleurs avantage à n'avoir dans son étable que des animaux, sinon gras, du moins *en bon état*, qu'il s'agisse d'animaux de travail ou de vaches laitières. S'il leur arrive un accident, il peut les vendre à la boucherie et ne subit aucune perte, ou une perte insignifiante. Il peut, en outre, profiter immédiatement d'une hausse fortuite survenant sur le bétail. Les animaux maigres ne peuvent être vendus qu'après un engraissement préalable, et un animal qui a toujours été maigre engraisse difficilement.

Enfin, les animaux bien nourris sont plus vigoureux, moins sujets aux maladies que ceux qui sont mal nourris.

On peut donc dire, avec Mathieu de Dombasle :

---

203. Quels avantages y a-t-il à n'avoir que des animaux en bon état?

« Si bien nourrir coûte cher, mal nourrir coûte plus cher encore. »

204. Changement d'alimentation. — L'alimentation des animaux ne doit pas présenter d'à-coups; toutes les fois qu'on est obligé de changer d'aliments, il faut procéder par *transitions lentes*. En hiver, par exemple, les animaux reçoivent une nourriture sèche (foin, tourteaux, etc.). Au printemps, on leur distribue des fourrages verts qui contiennent beaucoup d'eau. Si l'on passe brusquement d'un régime à un autre, les animaux souffrent, maigrissent, la quantité de lait des vaches laitières diminue. Pour éviter ces fâcheux résultats, il faut commencer par mélanger un peu de fourrage vert au fourrage sec, puis augmenter progressivement la quantité des premiers jusqu'à substitution complète.

205. Sevrage des jeunes animaux. — Des précautions analogues doivent être prises pour le sevrage des jeunes animaux. On supprime d'abord une tétée qu'on remplace par des aliments de digestion très facile, des fourrages verts, par exemple. Quand l'animal a bien commencé à manger, mais seulement alors, on supprime le deuxième repas de lait, puis plus tard, et dans les mêmes conditions, le troisième.

206. Alimentation des bêtes à l'engrais, des

---

204. Quelle précaution faut-il prendre quand on change d'alimentation ? Citez un exemple. — 205. Comment le sevrage des jeunes animaux doit-il se pratiquer ?

vaches laitières. — L'alimentation varie naturellement suivant les espèces, mais aussi suivant le rôle que les animaux ont à remplir. Aux bêtes à l'engrais on donnera des aliments très nourrissants, riches en matière grasse. On variera ces aliments de manière à exciter constamment l'appétit de l'animal, surtout vers la fin de l'engraissement où cet appétit a toujours une tendance à faiblir. Les vaches laitières recevront, pour augmenter la production du lait, des aliments riches en eau, des boissons tièdes.

207. Importance d'une bonne alimentation pour les jeunes animaux. — Plus que tous les autres, les jeunes animaux doivent recevoir des aliments de choix. Trop souvent ils sont complètement négligés, au point que des veaux de quatre à six mois valent moins cher qu'au moment du sevrage. Parfois même ils sont tellement amaigris que leur poids a diminué, et pourtant ils ont grandi ! Quels que soient les soins qu'on leur donne plus tard, ils se ressentiront toujours de cette mauvaise période. Jamais ils n'auront la régularité de forme qu'ils auraient pu obtenir s'ils avaient été convenablement soignés.

---

206. Comment doit-on nourrir les bêtes à l'engrais ? Les vaches laitières ? — **207.** Quelle alimentation doivent recevoir les jeunes animaux ? Qu'arrive-t-il quand on les nourrit mal ?

TRENTE-SEPTIÈME LEÇON

Alimentation *(suite)*.

Résumé. — On fait souvent subir une préparation spéciale aux aliments avant de les donner aux animaux. Les **pommes de terre** sont généralement *cuites,* les **grains** sont *aplatis, concassés* ou *cuits,* les **betteraves,** taillées en *cossettes.* Il y a avantage à *hacher* **la paille** avec un hache-paille. Toutes ces manipulations ont pour but d'assurer une meilleure utilisation des aliments.

Le **sel** est indispensable aux animaux, il excite leur appétit et les maintient en bonne santé. Il faut en mélanger à leur ration.

Les aliments doivent souvent subir une préparation spéciale avant d'être donnés aux animaux.

208. Pommes de terre. — Pour certains d'entre eux, il y a avantage à les faire cuire. Ce sont surtout ceux qui sont durs, qui contiennent de l'amidon ou de la fécule, ou qui sont destinés aux bêtes à

---

208. Quels sont les aliments qu'il convient de faire cuire ?

l'engrais. La pomme de terre cuite devient nourrissante ; elle convient alors à l'engraissement du bétail. (Crue, elle favorise la production du lait.)

209. Grains. — Les grains entiers sont mal utilisés par les animaux qui ont de mauvaises dents. Une partie arrive dans l'estomac sans être mâchée,

Fig. 103. — Concasseur.

l'écorce dure qui les entoure les empêche d'être attaqués par les liquides de l'estomac et de l'intestin, ils ne sont pas digérés. On peut les faire cuire ou simplement les laisser tremper assez longtemps dans l'eau. On peut aussi les moudre grossièrement, ou les aplatir, avec un *concasseur* ou un *aplatisseur*. Le concasseur réduit les grains en une farine grossière ; l'aplatisseur les déforme simplement. Les grains très durs, comme ceux de maïs, de seigle. doivent toujours être concassés, aplatis ou broyés, quels que soient les animaux auxquels on les destine.

210. Paille. — La paille est souvent hachée avec un *hache-paille*. Elle est alors mieux consommée

---

209. Pourquoi les grains sont-ils parfois mal utilisés ? Quelle préparation fait-on subir aux grains ? — **210.** A la paille ?

par le bétail. En outre, il est plus facile de la mélanger avec des aliments de meilleure qualité.

211. Betteraves, carottes. — Les betteraves, carottes, sont divisées en menus fragments ou cossettes au moyen d'un *coupe-racines*. Il faut également couper les pommes de terre crues avant de les faire consommer, afin d'éviter les accidents.

On mélange souvent les cossettes de betterave avec des balles, de la paille hachée, et on les laisse en tas pendant une journée avant de les faire consommer. Elles subissent un commencement de fermentation, et les animaux les mangent avec plus d'appétit. Toutefois il ne faut pas que cette fermentation soit trop avancée, car les aliments prendraient un mauvais goût.

Fig. 104. — Coupe-racines.

212. Le sel. — Le sel est aussi nécessaire aux animaux qu'à l'homme, et ils le recherchent avec avidité. On peut le mélanger à la ration, ou simplement placer dans les étables de gros blocs de sel gemme que les bestiaux vont lécher en entrant et en sortant.

---

211. Aux betteraves et aux carottes? 212. Comment distribue-t-on le sel aux animaux? Quels sont les avantages de son emploi?

Le sel excite l'appétit des animaux, donne aux bêtes à l'engrais une chair plus ferme et amène un engraissement plus rapide. On a remarqué, de plus, que les animaux qui en consomment journellement sont moins exposés que les autres à contracter diverses maladies.

TRENTE-HUITIÈME LEÇON

Logement et hygiène.

Résumé. — Les logements des animaux doivent être suffisamment **vastes** et **bien aérés.** Chaque tête de gros bétail doit avoir environ 25 à 3o mètres cubes d'air à sa disposition. L'aération a lieu par les portes et les fenêtres ; il faut disposer ces ouvertures de telle sorte que les animaux ne soient pas placés dans un courant d'air. Le sol doit être *pavé* pour faciliter l'écoulement des urines.

Râteliers et mangeoires seront *nettoyés souvent*. Il sera bon de *désinfecter* tous les ans les locaux. Les animaux seront *pansés et nettoyés fréquemment :* un coup d'étrille vaut un picotin d'avoine.

Il ne suffit pas de bien nourrir les animaux pour les maintenir en bonne santé, il faut encore les loger convenablement et leur donner les soins que l'hygiène* réclame. Le cultivateur a rarement besoin de construire complètement une habitation pour son bétail, mais il peut toujours améliorer les locaux qui sont à sa disposition au moyen d'aménagements simples et peu coûteux.

213. Dimensions des locaux. — L'air des étables, écuries ou bergeries, est sans cesse vicié par la respiration des animaux domestiques et par les dégagements ammoniacaux du fumier. Ces locaux doivent être suffisamment vastes et bien aérés. D'après un savant français, Chevreul, chaque tête de gros bétail doit avoir à sa disposition 25 à 30 mètres cubes d'air environ.

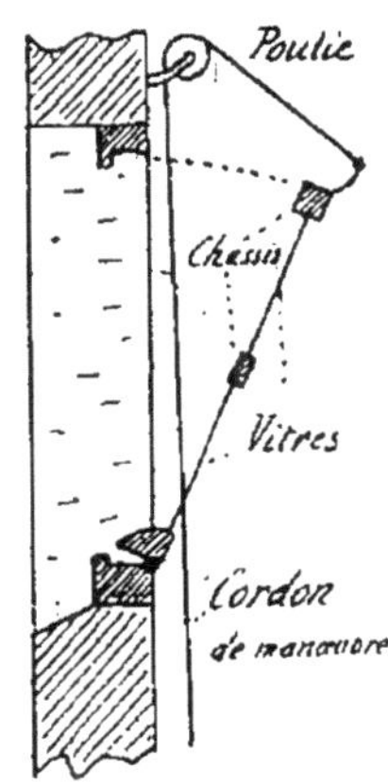

Fig. 105.
Fenêtre à bascule.

La fenêtre se manœuvre au moyen d'un cordon attaché à sa partie supérieure et passant sur une poulie.

214. Aération. — *L'aération* est produite par la porte et les fenêtres. On installe ces dernières le plus haut possible pour que les animaux ne soient pas dans un courant d'air et pour que l'air chaud, plus léger que l'air froid, sorte facilement. Ces fenêtres sont fermées par un vasistas à bascule qu'il est facile de manœuvrer avec une corde et qui donne au courant d'air une bonne direction. Un bon éclairage rend les animaux moins peureux et permet de surveiller la propreté du local.

215. Écoulement des urines. — Le sol doit être

---

213. Quel est le volume d'air nécessaire par tête de bétail ? — 214. Comment est produite l'aération ? Parlez de l'installation des fenêtres. Quels sont les avantages d'un bon éclairage ? — 215. Comment évacue-t-on les urines ?

imperméable pour éviter les infiltrations du purin ; un pavage est ce qu'il y a de mieux. On ménage une pente légère et on place derrière les animaux une rigole qui conduit le purin dans la fosse.

216. Mangeoires et râteliers. — Pour le gros bétail, chaque animal doit avoir sa mangeoire séparée, de manière que si l'un d'eux est atteint d'une maladie contagieuse, il ne la communique pas à son voisin. Ceci est surtout important pour les bœufs et les vaches, qui sont sujets à contracter la *tuberculose**. Souvent la maladie passe de l'un à l'autre parce que les animaux sains mangent des aliments souillés par les animaux malades.

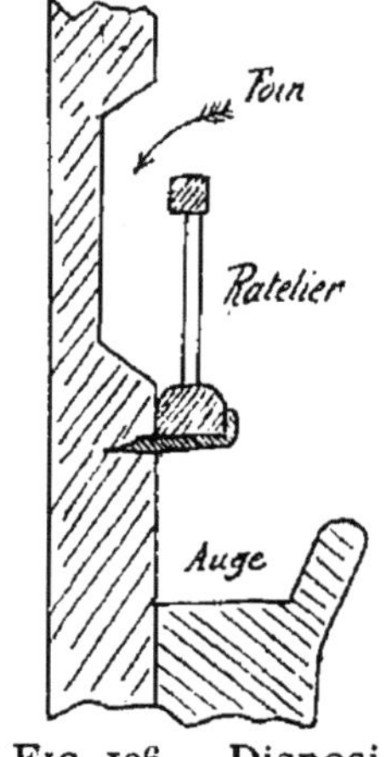

Fig. 106. — Disposition de l'auge et du râtelier dans une écurie.

Dans les écuries, les râteliers seront placés horizontalement afin que les poussières du foin ne tombent pas dans les yeux des chevaux. Râteliers et mangeoires doivent être nettoyés souvent. On évitera de laisser dans celles-ci des aliments d'un repas précédent : ces aliments pourraient fermenter et donner un mauvais goût à toute la ration.

Tous les logements des animaux doivent être tenus aussi proprement que possible. Tous les ans il est bon de les désinfecter et de les blanchir à la chaux.

---

216. Parlez de la disposition des mangeoires. Comment installe-t-on les râteliers dans les écuries ?

217. Greniers à fourrage. — Souvent on installe au dessus un grenier à fourrage. Dans ce cas il faut que le plafond soit imperméable, car les gaz de l'étable imprègnent le foin et le détériorent.

218. Hygiène des animaux. — Les soins de propreté sont indispensables aux animaux comme à l'homme. Des pansages, des lavages nettoient la peau et permettent à la sueur de sortir. Or, la sueur est un véritable poison pour l'organisme. « Un coup d'étrille vaut un picotin d'avoine », dit un vieux proverbe, et en effet les animaux tenus proprement sont en meilleur état que ceux qui sont laissés dans la malpropreté. Les engraisseurs de profession tondent leurs animaux et les lavent pour que la peau soit très propre ; ils ont remarqué depuis longtemps que dans ces conditions l'animal engraisse beaucoup plus vite.

---

217. Quand peut-on installer un grenier à fourrage au-dessus de l'étable ? — 218. Parlez des soins de propreté qu'exigent le animaux.

TRENTE-NEUVIÈME LEÇON

Les équidés.

Résumé. — Avant d'acheter un **cheval,** il faut l'examiner attentivement pour voir s'il n'est atteint d'aucune *maladie* et s'il ne présente aucune *déformation.* Cet examen porte surtout sur la *tête* et les *membres.* Un bon cheval doit avoir une bonne vue ; il doit avoir aussi des membres sains et des aplombs bien réguliers. Quand les animaux ont trop travaillé étant jeunes, ils ont souvent aux articulations des *tares* qui les déprécient. Ce sont des *tumeurs osseuses* (suros, courbe, éparvin, jarde) ou des *tumeurs molles* (molette, vessigon).

Parmi les maladies du cheval, l'immobilité, l'emphysème pulmonaire, le cornage chronique, le tic, avec ou sans usure des dents, la fluxion périodique, sont des *vices rédhibitoires.* La morve et le farcin sont des *maladies contagieuses,* et il est interdit de mettre en vente les animaux qui en sont atteints.

On détermine l'âge du cheval en examinant *ses dents.*

L'**âne** et le **mulet** sont plus sobres et plus résistants à la fatigue que le cheval. Ils rendent de grands services dans les pays difficiles.

219. Le cheval. — Le *cheval* est avant tout un animal de travail. Pourtant sa chair est bonne à manger, et quand il s'agit d'animaux jeunes et en bon état, un préjugé que rien ne justifie empêche seul d'en faire usage. Elle est même plus saine que celle du bœuf, car le cheval n'est pas, comme lui, sujet à la tuberculose* (voir n° 232).

220. Examen extérieur du cheval. — Le cheval est employé pour porter des cavaliers (cheval de selle) ou pour traîner des fardeaux (cheval de trait). Quel que soit l'usage auquel on le destine, il doit être bien conformé, exempt de tares ou de maladies. Avant d'acheter un cheval, il faut donc l'examiner soigneusement et voir s'il est propre à fournir un bon service.

221. La tête. — Cet examen porte principalement sur la *tête* et sur les *membres*. Un *front large* indique un animal intelligent, plus facile à conduire. Il faut se méfier d'un cheval qui couche ses oreilles sur l'encolure ou qui les remue constamment : le premier est méchant, cherche à mordre ; le second a une mauvaise vue, peut-être est-il aveugle.

L'examen de l'*œil* doit être particulièrement attentif, car un cheval qui a une mauvaise vue est presque toujours peureux. On examine les yeux dans un endroit sombre pour voir s'ils n'ont aucune tache.

— **219.** La chair du cheval est-elle bonne à manger ? — **220.** Sur quels points porte spécialement l'examen d'un cheval ? — **221.** Qu'indique un front large ? des oreilles couchées sur l'encolure ? des oreilles très mobiles ? Parlez de l'examen des yeux.

222. Les membres. — Les *membres* de l'animal doivent être sains, aux aplombs bien réguliers, c'est-à-dire qu'ils doivent reposer perpendiculairement sur le sol.

Les principales tares se montrent aux articulations (genou, jarret, paturon), car ce sont les points de plus grande fatigue. Elles sont fréquentes chez les animaux qui ont trop travaillé avant d'être adultes.

Tant qu'un animal grandit, ses os sont élastiques, mais peu résistants. Ils sont en partie cartilagineux. Plus tard, le cartilage est peu à peu remplacé par la matière osseuse proprement dite, qui est dure, semblable à la pierre. Quand l'ossification est complète, l'animal cesse de grandir, il est adulte. Le cartilage se déforme assez facilement sous l'influence d'un effort trop énergique, c'est pourquoi les jeunes animaux sont souvent tarés.

Souvent les os au lieu de rester lisses présentent des rugosités, des excroissances : ce sont des *tumeurs osseuses*. Tels sont les suros qui apparaissent sur le canon ; la courbe, l'éparvin, la jarde au jarret.

Quand il y a des frottements entre les pièces dures de l'organisme, ils sont adoucis par un liquide appelé *synovie* qui joue le même rôle que l'huile dans les engrenages d'une machine. Une fatigue excessive peut amener une trop grande production de ce liquide, il se forme alors une *tumeur molle*, molette sur le boulet, vessigon au jarret ou au genou.

---

222. Où se montrent les principales tares des membres ? Pourquoi ? Parlez des tumeurs osseuses. Parlez des tumeurs molles.

223. Les maladies du cheval. — Le cheval est
sujet à un grand nombre de maladies. Les plus graves, celles qui compromettent sa vie, ou tout au
moins le rendent impropre à tout bon service, sont :
la fluxion périodique, le cornage, la pousse ou emphysème pulmonaire, la gourme, la morve, le farcin, l'immobilité, le tic.

La *fluxion périodique* est une maladie des yeux ; elle
est inguérissable et finit toujours par rendre l'animal
aveugle.

Le *cornage* et la *pousse* sont des maladies de l'appareil respiratoire. Le cornage est amené par un rétrécis-
sement des naseaux, l'air produit en passant un siffle-
ment particulier. La pousse atteint les poumons ; la
respiration devient saccadée. Les animaux atteints de
cornage ou de pousse se fatiguent vite.

La *gourme*, la *morve*, le *farcin*, sont des maladies contagieuses. La morve est transmissible à l'homme et jusqu'à présent elle est incurable. Elle est caractérisée par
un jetage abondant qui s'écoule des naseaux ; ceux-ci
se recouvrent intérieurement de chancres qui les rongent. Le farcin consiste dans des boutons de grosseur
variable, disséminés sur tout le corps, qui suppurent
et sont remplacés par des ulcères.

L'*immobilité* et le *tic* sont des maladies nerveuses. Le
cheval atteint de la première reste constamment as-
soupi et comme hébété. L'animal tiqueur se frotte constamment les dents contre les corps durs qui sont à sa
portée, le bord des mangeoires par exemple. Les
dents s'usent, et l'animal se nourrit mal.

L'immobilité, l'emphysème pulmonaire, le cor-

---

223. Quelles sont les principales maladies du cheval ?

nage chronique, le tic avec ou sans usure des dents, les boiteries intermittentes, la fluxion périodique des yeux, sont *des vices rédhibitoires* (voir n° 250).

Les animaux atteints de *morve* ou de *farcin* doivent être immédiatement abattus. (Loi du 21 juin, 1898, art. 36.) *Il est interdit de les vendre* (art. 41).

224. Détermination de l'âge du cheval. — Il est important de connaître l'âge d'un animal que l'on achète; on y arrive par l'examen des dents, surtout des incisives de la mâchoire inférieure.

A chaque mâchoire, le cheval a 6 incisives et 12 molaires ; les mâles ont en outre 2 petites canines. Entre les molaires et les incisives se trouve un espace vide appelé *barre;* c'est là qu'on place le mors.

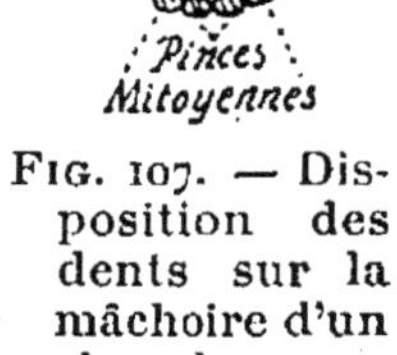

Fig. 107. — Disposition des dents sur la mâchoire d'un cheval.

Les incisives sont disposées en demi-cercle ; elles ont des noms particuliers. On appelle *pinces* les dents du milieu, *mitoyennes* celles qui touchent aux pinces, *coins* celles qui terminent l'arc de cercle. Il y a donc 2 mitoyennes, 2 pinces et 2 coins.

Les premières dents qui apparaissent sont les dents de lait ; elles sont remplacées ensuite par les dents permanentes. Celles-ci s'usent par le frottement mutuel des

---

dents l'une contre l'autre ou sur les aliments ; leur extrémité était d'abord taillée en biseau ; au bout d'un certain temps, par suite de cette usure, les deux bords sont au même niveau. On dit alors que la dent est *rasée*.

Le poulain naît généralement sans dents. Les pinces apparaissent du sixième au douzième jour ; les mitoyennes du trentième au quarantième : et les coins de six à dix mois.

Les pinces et les mitoyennes de lait sont rasées à dix mois, les coins à dix-huit mois. Les pinces de lait tombent à deux ans et demi, à trois ans elles sont remplacées par les pinces permanentes. On a ensuite pour les mitoyennes : chute à trois ans et demi, remplacement à quatre ans ; et pour les coins : chute à quatre ans et demi, remplacement à cinq ans.

Le rasement des incisives permanentes a lieu à six ans pour les pinces, sept ans pour les mitoyennes, huit ans pour les coins.

Plus tard les dents changent de forme ; elles s'arrondissent d'abord, puis deviennent triangulaires. Les pinces prennent une forme arrondie de neuf à dix ans, les mitoyennes de dix à onze ans, et les coins de onze à douze ans.

La forme triangulaire apparaît vers quatorze à quinze ans pour les pinces, quinze à seize ans pour les mitoyennes, seize à dix-sept ans pour les coins.

225. L'âne et le mulet. — L'*âne*, plus petit que le cheval, est proportionnellement plus robuste. Il est aussi plus sobre et se contente d'une nourriture grossière. Il n'est difficile que sur le choix de sa

---

225, Parlez de l'âne.

boisson : il ne veut boire que de l'eau bien claire. L'âne est également moins exposé aux maladies que le cheval.

Le *mulet* résulte de l'accouplement de l'âne et de la jument. De plus grande taille que l'âne, il est aussi plus robuste. Comme lui il est sobre, résistant à la fatigue et à la maladie. La sûreté de son pas le rend précieux dans les pays de montagne pour porter les fardeaux par les sentiers escarpés.

L'âne et le mulet ont la réputation d'être têtus : c'est un défaut qui provient le plus souvent d'un dressage défectueux.

Parlez du mulet. D'où provient souvent leur entêtement ?

QUARANTIÈME LEÇON

Les bovidés.

RÉSUMÉ. — Les **bovidés** (bœufs et vaches) sont exploités en vue d'obtenir de la *viande*, du *travail* ou du *lait*. Comme tous ces animaux sont destinés à la boucherie, ils doivent avoir une conformation telle qu'ils fournissent le *maximum de produits* et *le minimum de déchets*. Si le cultivateur a soin de les maintenir toujours en bon état, il les engraissera rapidement et à peu de frais.

Les bœufs de travail sont attelés au *joug* ou au *collier*. Le premier est plus économique que le second.

Une *bonne laitière* doit avoir le pis bien conformé, des veines mammaires volumineuses, l'écusson très développé, la peau souple et fine. Une nourriture aqueuse augmente la production du lait.

Les bovidés sont souvent atteints de **tuberculose.** Cette maladie est *contagieuse,* non seulement d'un animal à l'autre, mais pour l'homme lui-même. On la décèle en injectant aux animaux 1 ou 2 centimètres cubes de **tuberculine.**

Les bovidés (bœufs et vaches) sont exploités en vue d'obtenir de la viande, du travail ou du lait.

226. Engraissement des bovidés. — On les engraisse avant de les conduire à la boucherie. Nous avons vu que pour cela il faut leur donner des aliments très nourrissants; exciter leur appétit par une bonne préparation de ces aliments et par l'emploi de condiments*, comme le sel; les placer dans un local calme et dans une demi-obscurité pour qu'ils jouissent d'une tranquillité parfaite, enfin, ne pas négliger les soins hygiéniques.

Autrefois on poussait l'engraissement jusqu'à ses dernières limites pour obtenir du suif qui se vendait très cher; aujourd'hui la valeur du suif a baissé, il est devenu un déchet, aussi on a intérêt à vendre les animaux avant qu'ils soient trop gras.

Si le cultivateur a eu soin de maintenir ses animaux en bon état, il les engraisse rapidement et à peu de frais.

227. Conformation des animaux de boucherie. — Toutes les parties d'un animal ne fournissent pas de la viande de même qualité; la viande de choix se trouve surtout dans la région postérieure du corps; la poitrine, les jambes, le cou, donnent de la viande de qualité inférieure. Il est clair que le meilleur ani-

---

226. Dans quel but exploite-t-on les bovidés? Comment doit se conduire l'engraissement des animaux? Y a-t-il avantage à le pousser jusqu'à ses dernières limites? — 227. Quelle doit être la conformation d'un animal de boucherie?

mal de boucherie est celui qui fournira le plus de viande de première catégorie : il devra avoir les cuisses larges, la croupe longue et arrondie, les hanches écartées, la ligne du dessus (colonne vertébrale) rectiligne ; par contre, le cou et les membres courts, le squelette peu volumineux.

Il y a lieu de rechercher cette conformation même pour les *bœufs de travail* et les *vaches laitières*. Ces animaux, en effet, sont destinés à finir à la boucherie. Leur valeur actuelle dépend des services qu'ils rendent, mais elle dépend aussi de leur prix de vente futur ; or, ce prix de vente sera sûrement plus élevé avec des animaux bien conformés qu'avec des animaux mal conformés, puisque les premiers fourniront plus de viande que les seconds.

228. Mode d'utilisation des bœufs de travail. — Les bœufs de travail sont attelés au *joug* ou au *collier*. Il ne paraît pas y avoir beaucoup de différence entre ces deux modes d'utilisation au point de vue du travail exécuté : des animaux habitués au joug font à peu près autant d'ouvrage que des animaux de même force habitués au collier. Le joug a l'avantage de coûter beaucoup moins cher que le collier qui, en outre, blesse parfois les animaux au poitrail.

229. Caractères d'une bonne laitière. — Une bonne vache laitière se reconnaît à un certain nombre de caractères extérieurs. Elle doit avoir le pis

Y a-t-il lieu de rechercher cette conformation pour les autres animaux ? — 228. Vaut-il mieux utiliser les animaux de travail au joug qu'au collier ? — 229. Comment doit être conformé le pis des vaches laitières ?

volumineux, sans être charnu, s'étendant sous le ventre et non tronqué brusquement, des trayons d'égale grosseur, régulièrement disposés. Le lait étant extrait du sang, sa production sera d'autant plus considérable que le pis reçoit plus de sang. Ce sang est emmené par les *veines mammaires* que l'on voit serpenter sous le ventre de l'animal ; chez une

Fig. 108. — Mamelle bien faite.

Fig. 109. — Mamelle mal faite.

bonne laitière ces veines sont volumineuses et si-nueuses.

Les vaches présentent, à la partie postérieure du corps, une sorte de figure géométrique formée par des poils fins et remontants, c'est *l'écusson*. Plus l'écusson est étendu, quelle que soit sa forme, plus ses bords sont nets, plus la vache donne de lait. (C'est un cultivateur de Libourne, nommé Guénon, qui a signalé pour la première fois l'importance de l'écusson dans la production laitière.)

230. Caractères des bonnes beurrières. — Quand leur lait est riche en beurre, les vaches ont une peau

---

Comment sont les veines mammaires d'une bonne laitière ? Qu'appelle-t-on écusson ? A qui est due la découverte de l'importance de l'écusson ? — 230. Quels sont les caractères d'une bonne beurrière ?

grasse, jaunâtre (la couleur de leur poil est indifférente); un dépôt abondant de *cerumen* se forme dans leurs oreilles.

231. Nourriture des vaches laitières. — Rappelons que les vaches laitières doivent recevoir une nourriture contenant beaucoup d'eau, et qu'il faut éviter toute irrégularité dans leur régime sous peine de voir diminuer la quantité de lait.

232. Maladies des bovidés : la tuberculose. — La plus dangereuse des maladies qui atteignent les bovidés est *la tuberculose*. Elle est due à des microbes qui se développent surtout dans les poumons. Elle est contagieuse ; il suffit d'un animal atteint pour infecter une étable. Le lait des vaches tuberculeuses peut, dans certains cas, transmettre la maladie à l'homme : il ne faut le consommer qu'après l'avoir fait bouillir.

On possède heureusement un procédé infaillible pour déceler la tuberculose chez les animaux, même quand la maladie ne fait que débuter. On leur injecte au niveau du cou 1 ou 2 centimètres cubes d'un liquide appelé *tuberculine* et, avec un thermomètre, on prend leur température avant et après l'opération. Si dans les vingt-quatre heures qui suivent l'injection cette température ne varie pas, l'animal est sain. Si la température s'élève d'au moins 1°,5, il est tuberculeux.

---

232. A quoi est due la tuberculose ? La tuberculose des animaux est-elle transmissible à l'homme? Comment peut-on reconnaître si une vache est tuberculeuse? — Que faut-il faire quand on a constaté la maladie?

Quand des animaux sont atteints de tuberculose, il faut *les isoler* pour préserver les autres et *désinfecter* l'étable. *Il est interdit de les vendre*, sauf au boucher. Si la maladie n'est pas très avancée, leur chair peut être consommée sans danger, à la condition d'enlever les parties atteintes. Dans le cas de tuberculose avancée, la viande peut être saisie en totalité à l'abattoir ; si le vendeur a déclaré la maladie, l'État lui paie une indemnité. (Voir n° 254.)

Les animaux tuberculeux peuvent-ils être mis en vente ? Peut-on consommer leur chair ?

QUARANTE ET UNIÈME LEÇON

Lait, beurre, fromage.

Résumé. — Le **lait** est constitué par un liquide dans lequel flottent de fins globules de graisse. Par le repos ces globules se réunissent à la surface et constituent la **crème.** On accélère la montée de la crème en refroidissant le lait.

Au lieu de laisser la crème monter seule par repos, on peut l'extraire immédiatement après la traite au moyen d'une *écrémeuse centrifuge.* La crème obtenue ainsi est de meilleure qualité.

Par le *barattage* de la crème on obtient le **beurre.** On le *malaxe* avec soin pour faire sortir tout le lait de beurre qu'il contient et qui l'empêcherait de se conserver.

La *coagulation* du lait donne le **fromage.** On peut faire cailler le lait artificiellement, en y ajoutant de la *présure.*

Le lait, la crème et le beurre s'altèrent très facilement, la plus grande propreté est nécessaire dans les manipulations qu'on leur fait subir.

233. Composition du lait. — Quand on examine une goutte de lait au microscope*, on voit qu'elle est formée de fins globules de graisse qui flottent dans un liquide. Ces globules sont tellement petits qu'il faudrait en placer environ 200 côte à côte pour faire une longueur d'un millimètre. Ils sont un peu plus légers que le liquide qui les contient, aussi lorsqu'on abandonne du lait à lui-même dans un vase, ils montent à la partie supérieure où leur réunion constitue *la crème*.

234. La crème. — La crème monte plus vite dans des vases larges et de peu de hauteur que dans des vases étroits et profonds ; par contre, dans ces derniers, elle est plus facile à séparer du reste du liquide. On accélère la montée de la crème en refroidissant le lait : il suffit pour cela de placer dans de l'eau froide les vases qui le contiennent.

Il faut trente-six heures pour que la crème soit toute montée si la température est de 15°, vingt-quatre heures si elle est de 6°, et douze heures seulement à 2°.

235. Écrémeuses centrifuges. — Au lieu de laisser la crème monter seule, par repos, on peut l'extraire immédiatement après la traite au moyen d'une *écrémeuse centrifuge*.

On place le lait dans un bol en acier qui tourne sur

---

233. Comment est constituée une goutte de lait? — 234. Parlez de l'influence du vase sur la moitié de la crème. Comment peut-on l'accélérer? — 235. Comment peut-on extraire immédiatement la crème du lait?

lui-même avec une vitesse considérable (jusqu'à 6 et 7,000 tours à la minute). Sous l'influence de cette grande vitesse de rotation, la crème se sépare du petit-lait ; celui-ci, plus lourd, se rapproche des parois du vase tandis que la crème reste au centre. Des tuyaux convena-

FIG. 110. — Écrémeuse centrifuge.

blement disposés permettent de les recueillir séparément.

Par ce procédé on obtient plus de crème que lorsqu'on la laisse monter naturellement ; dans ce dernier cas, en effet, il en reste toujours une cer-

---

Quels sont les avantages de l'écrémage centrifuge?

taine quantité dans le petit-lait. En outre, le petit-lait qui s'écoule des écrémeuses est doux et peut être employé aux usages domestiques.

236. Fabrication du beurre. — La crème est barattée pour avoir le *beurre*. Quand on l'a obtenue

FIG. 111. — Baratte.

avec une écrémeuse, on la laisse « *mûrir* » préalablement un jour ou deux ; si on la barattait immédiatement, le beurre n'aurait pas de saveur.

Dans la crème les globules graisseux étaient encore séparés : les chocs auxquels ils sont soumis dans la baratte les réunissent. Quand ils sont soudés

---

236. Pourquoi ne baratte-t-on pas immédiatement la crème obtenue par une écrémeuse? Parlez de la fabrication du beurre.

les uns aux autres, le beurre est fait. On le *malaxe*
alors pour le séparer du liquide ou *lait de beurre* qui
l'accompagne et qui l'empêcherait de se conserver.
Dans les laiteries importantes ce *délaitage* est fait
par un instrument spécial appelé *malaxeur*.

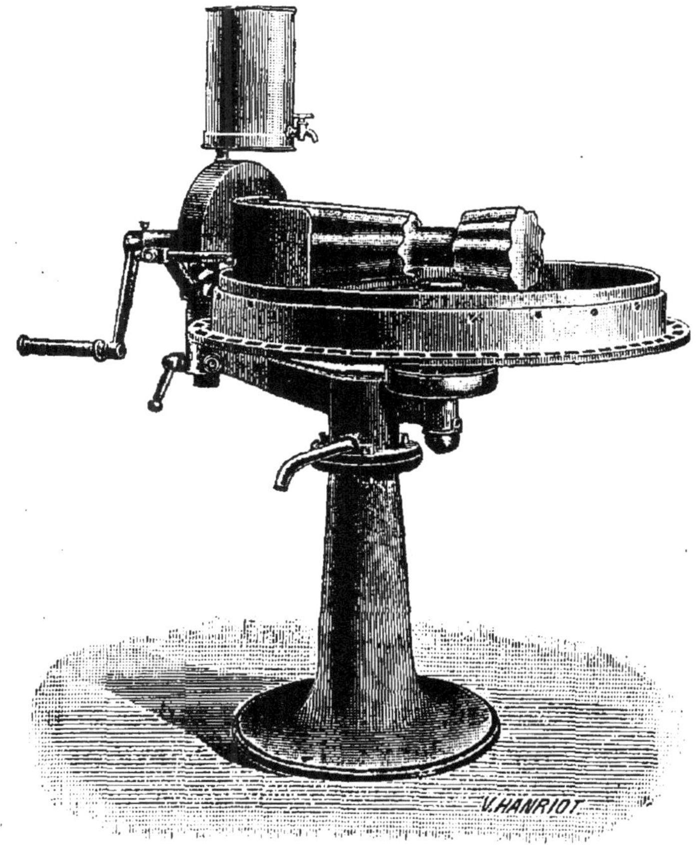

Fig. 112. — Malaxeur.

237. Fabrication du fromage. — La coagulation
du lait donne le *caillé*, avec lequel on fait le *fromage*. Le lait caille naturellement, en même temps

que la crème monte, mais on peut aussi le faire cailler en y mélangeant une petite quantité de *présure*. La présure se retire du quatrième estomac ou *caillette* des jeunes veaux.

Suivant qu'on opère avec du lait écrémé ou du lait non écrémé, on a des fromages maigres ou des fromages gras. Si on fait bouillir le lait, on a des fromages cuits. Il y a d'ailleurs une grande quantité d'espèces de fromages qui diffèrent les uns des autres par une fabrication particulière.

Le fromage blanc, appelé encore fromage à la pie, est un fromage maigre ; le Camembert, le Brie, sont des fromages gras ; le Gruyère est un fromage cuit.

238. Soins de propreté. — La plus grande propreté est nécessaire dans les manipulations que doivent subir le lait, la crème et le beurre, car ils s'altèrent très vite. Ils prennent, en particulier, très rapidement les mauvaises odeurs ; il faut donc éviter de les placer dans un local où ils seraient exposés à en contracter, au voisinage des aliments, par exemple.

Avant la traite il faut laver le pis des vaches avec de l'eau tiède. Les vases qui servent à recevoir ou à transporter le lait devront être parfaitement nettoyés. La laiterie sera fréquemment lavée à grande eau.

---

237. Comment peut-on faire cailler le lait immédiatement ? D'où la présure se retire-t-elle ? Qu'appelle-t-on fromages maigres, fromages gras, fromages cuits ? Citez des exemples. — 238. Parlez des soins de propreté qu'on doit prendre dans les manipulations du lait et du beurre.

Il arrive souvent, dans les laiteries mal tenues, que le lait se colore en jaune, en bleu ou en rouge. Cette coloration est produite par des microbes ; on s'en débarrasse en lavant les locaux et les vases à l'eau bouillante.

Le beurre mal préparé se conserve mal et rancit très rapidement.

239. Influence de la nourriture des animaux sur la qualité du lait et du beurre. — La nourriture des animaux influe sur la qualité du lait et du beurre. Certains aliments, comme les navets, les choux, leur donnent un mauvais goût. Des aliments moisis ou trop fermentés produiraient le même effet.

A quoi est due la coloration que prennent parfois certains laits ? Comment s'en débarrasse-t-on ? — 239. Quelle est l'influence de la nourriture des animaux sur la qualité du lait et du beurre ?

QUARANTE-DEUXIÈME LEÇON

Le mouton.

Résumé. — Les **moutons** sont exploités pour leur *laine* et pour leur *chair*. On les tond chaque année vers le mois de juin. Par *sélection*, on a créé des races qui ont une laine très fine, comme les *Mérinos*, et d'autres dont les animaux sont très bien conformés et fournissent une chair excellente, comme les *Southdown*. On cherche aujourd'hui à réunir les deux caractères.

Le mouton dépérit dans les pays humides ; il est exposé à y contracter *la cachexie aqueuse*.

La **chèvre** rend de grands services aux ménages pauvres à cause de son lait. Elle est rustique et coûte peu à nourrir.

---

240. Le mouton. — Les moutons sont exploités pour leur laine et pour leur chair.

241. Production de la laine. — Chaque année

---

240. Dans quel but exploite-t-on les moutons ? — 241. A quelle époque a lieu la tonte ?

on les tond vers le mois de juin. Autrefois il était d'usage courant de laver la toison sur le dos même de l'animal, avant la tonte. Cette pratique tend à diminuer, car les industriels préfèrent souvent aujourd'hui les laines *en suint* (non lavées). Ils les nettoient eux-mêmes; les eaux de lavage contiennent *de la potasse* qu'ils extraient ensuite.

Un mouton fournit 4 à 5 kilogrammes de laine en suint; le lavage fait perdre à la toison 40 à 45 pour 100 de son poids.

Indépendamment de la laine, le mouton possède sur la tête et les pattes de véritables poils ou *jarres*. Quand des jarres se rencontrent aussi dans la toison, elles la déprécient. Dans les pays très chauds, au Soudan, par exemple, la laine disparaît presque complètement, et le corps de l'animal se recouvre de jarres.

242. Production de la viande. — Les parties du corps du mouton qui fournissent la meilleure viande sont le gigot, le filet et l'épaule. Les moutons que l'on élève doivent avoir ces régions bien développées, et de plus la tête petite, les jambes fines, ce qui indique un squelette peu volumineux.

243. Amélioration des races de moutons. — Certaines races ont été sélectionnées en vue de la

---

Que retire-t-on des eaux de lavage des toisons? Qu'appelle-t-on jarres ? — 242. Quelles sont les parties du corps du mouton qui fournissent la meilleure viande ? — 243. Parlez des principales races de moutons.

production de la laine, comme les *Mérinos* ; d'autres pour la production de la viande, comme les *Southdown*. Malheureusement, les premières sont tardives et donnent une chair de médiocre qualité ; les autres fournissent une laine peu estimée. Dans ces derniers temps, des éleveurs sont parvenus à obtenir des Mérinos précoces, de formes plus régulières et à squelette réduit, fournissant une viande meilleure et une laine aussi fine que les anciens Mérinos.

244. Nourriture du mouton. — Pendant la belle saison, les moutons sont conduits au pâturage. Ils utilisent des herbes que le gros bétail ne pourrait consommer, soit parce qu'elles sont trop courtes, soit parce qu'elles sont trop clairsemées.

Fig. 113.
Mouton mérinos.

Si le troupeau ne trouve pas assez de nourriture dans les champs, il faut lui donner, dans la bergerie, un supplément de ration. Pendant la mauvaise saison, d'ailleurs, il est nourri exclusivement à la ferme. On lui donne alors du foin, de la paille, des tourteaux, auxquels on ajoute des racines et des tubercules coupés en tranche mince et mélangés avec des balles, de la paille hachée, etc.

---

244. Comment nourrit-on le mouton pendant la belle saison ? Et en hiver ? Quelle précaution faut-il prendre quand on change l'alimentation ?

Les mères ont surtout besoin d'une bonne nourriture : mieux elles sont soignées, plus elles ont de lait, et mieux les agneaux se développent.

On évitera, comme toujours, d'opérer aucun changement brusque dans l'alimentation.

245. Influence du climat. — Le mouton est un animal des pays secs. Il dépérit dans les endroits marécageux ou seulement humides; il est exposé à y contracter la *cachexie aqueuse*. C'est une maladie causée par la présence d'un ver qui se fixe dans le foie de l'animal.

Fig. 114.
Mouton berrichon.

Les moutons de *prés salés*, élevés dans des pâturages des bords de la mer, ont une chair très estimée.

246. La chèvre. — La chèvre est précieuse pour les ménages pauvres à cause de son lait. Elle est rustique et coûte peu à nourrir; malheureusement elle cause souvent d'assez grands dommages aux plantations en broutant les jeunes rameaux.

Les jeunes chevreaux ont une chair assez estimée.

Le lait de chèvre, mélangé à du lait de brebis, sert à fabriquer le fromage de Roquefort.

---

245. A quelle maladie le mouton est-il exposé dans les pays humides? — 246. Parlez de la chèvre.

QUARANTE-TROISIÈME LEÇON

Le porc.

Résumé. — Le **porc** est exploité uniquement pour sa chair. Il ne rend aucun service pendant sa vie, mais, après sa mort, toutes les parties de son corps sont utilisées.

On commence à l'engraisser vers huit à dix mois. Une nourriture abondante dès son jeune âge le rend plus précoce.

Contrairement à un préjugé trop répandu, les soins de propreté lui sont très profitables.

Le porc est atteint par deux maladies, la *ladrerie* et la *trichinose*, qui sont transmissibles à l'homme. On s'en préserve en faisant bien cuire la viande.

---

247. Élevage et engraissement. — Le *porc* rend les plus grands services aux habitants des campagnes. Sa voracité proverbiale le rend propre à utiliser une foule de déchets qui, sans lui, n'auraient aucune valeur : résidus de cuisine, eaux de vaisselle, petit-lait, etc. Sa croissance est rapide, et après sa mort aucune partie de son corps ne reste sans emploi.

La truie peut donner deux portées par an. Les jeunes porcelets sont sevrés au bout de six semaines ou deux mois, en prenant les mêmes précautions que pour les autres espèces animales. L'engraissement proprement dit commence vers huit à dix mois pour les variétés précoces, quatorze à quinze mois pour les autres.

Comme l'animal n'est utilisé qu'après sa mort, on a tout intérêt à ce que sa vie soit aussi courte que possible. Une alimentation abondante mène à ce résultat en déterminant un développement précoce. Généralement, les pommes de terre et le petit-lait forment la base de sa nourriture ; toutefois, pendant la période d'engraissement, il est nécessaire d'y joindre des aliments plus nourrissants, des grains concassés, par exemple. Très souvent on lui donne du son : c'est un tort. Le son est très peu nourrissant ; il serait préférable de le donner, délayé dans de l'eau, aux vaches laitières, dont il augmente notablement la production du lait.

Quand les aliments ont subi une légère fermentation qui leur communique une saveur aigrelette, le porc les mange avec beaucoup plus d'appétit.

Il n'est pas toujours avantageux de pousser l'engraissement du porc jusqu'à ses dernières limites. Quand sa viande doit être conservée par salaison ou lorsqu'elle doit servir à la fabrication des jam-

---

247. A quel âge commence-t-on l'engraissement du porc ? Comment développe-t-on sa précocité ? Parlez de la nourriture du porc. Le son lui convient-il ? Pourquoi ? Comment rend-on les aliments plus appétissants ? Faut-il pousser l'engraissement du porc jusqu'à ses dernières limites ?

bons, elle ne doit pas être trop grasse. L'excès de graisse l'empêcherait de s'imprégner de sel et de se conserver convenablement.

248. Soins de propreté. — Un préjugé très répandu veut que le porc se plaise dans la malpropreté : c'est le contraire qui est la vérité. Aucun animal n'évite avec plus de soin de salir sa litière. Il ne se roule dans la boue que parce qu'il recherche la fraîcheur; les bains, les pansages lui sont très utiles. La porcherie, comme

Fig. 115. — Auge à porcelets.

les autres logements des animaux, doit être tenue très proprement.

249. Maladies. — Les principales maladies qui atteignent le porc sont la *ladrerie* et la *trichinose*. Elles sont dues à des vers parasites qui vivent dans la chair du porc. Ce qui les rend particulièrement dangereuses, c'est qu'elles se communiquent à l'homme. On s'en préserve en soumettant la viande de porc à une cuisson très complète.

La trichinose est assez commune en Allemagne et en Amérique où l'on mange souvent la viande

---

248. Parlez des soins de propreté qu'il est bon de donner au porc. — 249. Quelles sont les principales maladies qui atteignent le porc?

de porc insuffisamment cuite, mais elle n'a pas encore été observée en France. Il n'en est pas de même de la ladrerie ; elle est causée par de petits vers qui, introduits dans l'intestin de l'homme, s'y développent, changent de forme et deviennent le *ver solitaire* ou *ténia*.

Comment les évite-t-on ? Sont-elles répandues en France ?

QUARANTE-QUATRIÈME LEÇON

Vices rédhibitoires et maladies contagieuses.

RÉSUMÉ. — Les **vices rédhibitoires** sont, *pour le cheval, l'âne et le mulet :* l'immobilité, l'emphysème pulmonaire, le cornage chronique, le tic proprement dit, avec ou sans usure des dents, les boiteries intermittentes, la fluxion périodique des yeux ; pour l'*espèce porcine :* la ladrerie. Quand un animal est atteint d'une de ces maladies, l'acheteur peut, dans un certain délai, forcer le vendeur à le reprendre ou à lui payer une indemnité.

Quand un animal est atteint d'une **maladie contagieuse**, il ne peut être vendu. Si la vente a eu lieu, elle est nulle de plein droit. Le propriétaire d'un tel animal doit en faire la déclaration au maire qui, dans certains cas spécifiés par la loi, peut ordonner l'abattage de la bête. Une indemnité peut alors être allouée au propriétaire.

---

250. Vices rédhibitoires. — Certaines maladies ne sont pas toujours faciles à apercevoir au moment

---

250. Énumérez les vices rédhibitoires.

où on achète un animal, soit que leurs accès soient intermittents, soit que le vendeur arrive à les dissimuler. La loi, pour protéger l'acheteur, reconnaît des *vices rédhibitoires.*

Ce sont, pour *le cheval, l'âne et le mulet :* l'immobilité, l'emphysème pulmonaire, le cornage chronique, le tic proprement dit, avec ou sans usure des dents, les boiteries intermittentes, la fluxion périodique des yeux ; pour *l'espèce porcine :* la ladrerie.

Celui qui a acheté un animal atteint d'une de ces maladies peut forcer le marchand à le reprendre et à rembourser le prix d'achat ou à diminuer ce prix. Il a un délai de neuf jours pour faire sa réclamation, excepté pour la fluxion périodique, pour laquelle ce délai est de trente jours. Cette réclamation doit être adressée au juge de paix du lieu où se trouve l'animal. Aucune action en garantie n'est admise pour les animaux dont le prix est inférieur à 100 francs. (Loi du 2 août 1884, modifiée par la loi du 31 juillet 1895, art. 2, 4 et 5.)

251. Maladies contagieuses. — Les *maladies contagieuses* sont celles qui peuvent se transmettre d'un animal à l'autre. Elles sont causées par des microbes. Celles qui, d'après la loi, sont réputées contagieuses, sont : la rage, dans toutes les espèces ; la peste bovine, dans toutes les espèces de rumi-

---

Dans quel délai peut-on adresser une réclamation dans le cas de vice rédhibitoire ? A qui doit-elle être adressée ? — **251.** Citez quelques maladies contagieuses ?

nants; la péripneumonie contagieuse, le charbon emphysémateux ou symptomatique et la tuberculose, dans l'espèce bovine; la clavelée et la gale, pour les espèces bovine et caprine; la fièvre aphteuse, dans les espèces bovine, ovine, caprine et porcine; la morve et le farcin, la dourine, dans les espèces chevaline, asine et leurs croisements; la fièvre charbonneuse ou sang de rate, dans les espèces chevaline, bovine, ovine et caprine; le rouget, la pneumo-entérite infectieuse, dans l'espèce porcine. (Loi du 21 juin 1898, art. 29.)

252. Déclaration de la maladie. — Tout pro_priétaire d'un animal atteint ou simplement soupçonné d'être atteint d'une maladie contagieuse doit en faire immédiatement la déclaration au maire de sa commune, et en même temps il doit *isoler* l'animal de tous les autres animaux qui pourraient contracter la maladie (art. 31). Dans le cas de rage, de morve, de farcin, de tuberculose, de péripneumonie contagieuse, les animaux doivent être abattus sur l'ordre du maire ou du préfet. Toutefois, pour ces deux dernières maladies, la chair peut être livrée à la consommation en vertu d'une autorisation spéciale du maire, délivrée sur l'avis conforme d'un vétérinaire sanitaire; les parties atteintes devront être détruites.

253. Vente des animaux malades. — L'exposi-

---

252. Que doit faire le propriétaire d'un animal qui en est atteint? Que peuvent ordonner le maire ou le préfet? — 253. Peut-on mettre en vente des animaux atteints de maladie contagieuse?

tion, la vente ou la mise en vente des animaux atteints ou soupçonnés d'être atteints de maladie contagieuse sont interdites. Si la vente a eu lieu, elle est nulle de plein droit, même si le vendeur a ignoré la maladie.

254. Indemnité allouée au propriétaire. — Quand les animaux ont été abattus pour cause de *peste bovine*, de *péripneumonie contagieuse* ou de *tuberculose*, mais seulement dans ce cas, une indemnité peut être allouée au propriétaire. Cette indemnité varie du *tiers* à la *totalité* de la valeur de l'animal.

Dans le cas de saisie de viande et d'abattage d'animaux pour cause de tuberculose, des indemnités sont accordées aux propriétaires qui se sont conformés aux lois et règlements sur la police sanitaire. Ces indemnités seront réglées ainsi qu'il suit : 1° au tiers de la valeur qu'avait l'animal au moment de l'abattage lorsque la tuberculose est généralisée ; 2° aux trois quarts de cette valeur lorsque la maladie est localisée ; 3° à la totalité de la valeur de l'animal abattu par mesure administrative, s'il résulte de l'abattage que cet animal n'était pas atteint de tuberculose. Dans tous les cas, la valeur de la viande et des dépouilles vendues par les soins du propriétaire, sous le contrôle du maire, sera déduite de l'indemnité prévue. Cette indemnité ne pourra être supérieure à 200 francs pour le tiers de la valeur, à 450 francs pour les trois quarts. (Loi des finances du 30 mai 1899, art. 41.)

---

254. Dans quel cas une indemnité est-elle accordée au propriétaire de l'animal abattu ?

255. Pénalités. — La non-déclaration d'une maladie contagieuse est punie d'un emprisonnement de six jours à deux mois et d'une amende de 16 à 400 francs; la mise en vente d'animaux qui en sont atteints, d'un emprisonnement de six mois à trois ans et d'une amende de 100 à 2,000 francs. (Loi du 21 juillet 1881, art. 3o et 32.)

---

255. A quelle peine s'exposent ceux qui ne font pas la déclaration d'une maladie contagieuse? Ceux qui vendent des animaux qui en sont atteints?

QUARANTE-CINQUIÈME LEÇON

Les animaux de basse-cour.

Résumé. — Les **poules** sont élevées pour leurs *œufs* et leur *chair*. Au lieu de les laisser courir en liberté, il est préférable de les renfermer dans un enclos spécial où on leur distribue leur nourriture.

Une poule pond 100 à 150 œufs par an ; l'*incubation* dure vingt et un jours. On peut employer pour cette incubation une *couveuse artificielle*. L'*engraissement* ne doit se pratiquer que sur des *sujets adultes ;* il dure plus ou moins longtemps suivant les soins qu'on y apporte.

Les **canards** et les **oies** fournissent aussi leurs *plumes*. La plume d'oie est plus estimée que la plume de canard.

Il est bon de distribuer la nourriture aux **lapins** dans de petits râteliers pour éviter tout gaspillage.

Poulaillers et *clapiers* doivent être tenus très proprement.

256. Importance de la basse-cour. — Une *basse-cour* est le complément indispensable de toute exploitation. Ses produits entrent pour une grande part dans l'alimentation du personnel et, si la ferme

Fig. 116. — Poule de Houdan.

est à proximité d'un marché, ils sont une source de profits qui est loin d'être négligeable.

257. Poules. — Les poules sont élevées pour leurs œufs et pour leur chair. Leur élevage est d'au-

---

256. Montrez l'importance d'une basse-cour bien tenue dans une exploitation. — 257. Doit-on laisser les poules errer en liberté ?

tant plus avantageux que leur nourriture est peu coûteuse : elles consomment les grains de déchet, les farines avariées qui sans elles seraient perdues.

Le plus souvent on laisse les poules errer en liberté dans la cour de la ferme ; elles grattent et picorent çà et là, surtout sur le tas de fumier qu'elles éparpillent, au grand détriment de sa bonne préparation. Il est bien préférable de les parquer dans un enclos spécial, entouré d'un treillage métallique qu'elles ne peuvent franchir, où on leur distribue leur nourriture à heure fixe.

258. Hygiène du poulailler. — Le poulailler doit être entretenu avec une propreté méticuleuse. Les excréments, par leur fermentation, gênent les volailles; il faut les enlever au moins une fois par semaine. Les murs doivent être fréquemment blanchis à la chaux pour détruire la vermine.

Certains fermiers ont des *poulaillers roulants* que l'on conduit dans les champs au moment de la moisson ; les poules profitent ainsi des grains tombés sur le sol.

259. Ponte. — Le nombre des œufs pondus varie suivant les races. Une bonne pondeuse donne environ 15o œufs par an ; une moyenne en produit une centaine. Les poules qui sont bien soignées pondent plus que celles qui sont mal nourries.

---

258. Parlez de la propreté du poulailler. A quoi servent les poulaillers roulants ? — 259. Combien une poule donne-t-elle en moyenne d'œufs par an?

260. Incubation. — Certaines races très bonnes pondeuses ne couvent pas leurs œufs ; on a alors recours à des *couveuses artificielles*, dans lesquelles les œufs sont soumis à une température constante pendant tout le temps nécessaire au développement du jeune poulet, c'est-à-dire vingt et un

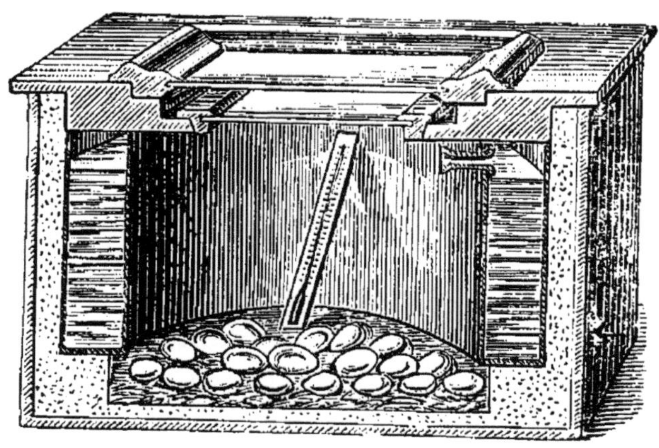

Fig. 117. — Couveuse artificielle.

jours. La conduite de ces instruments demande des soins assez minutieux, mais avec eux on peut avoir des poussins en toute saison.

261. Engraissement. — Avant de vendre les volailles on les engraisse en leur donnant à discrétion de l'orge, du maïs en grains ou en farine, des pommes de terre cuites, etc... Parfois on les met dans des cages étroites appelées *épinettes ;* comme elles ne peuvent se mouvoir elles engraissent plus vite.

---

260. Parlez des couveuses artificielles. — 261. Parlez de l'engraissement des volailles.

D'autres fois, on leur fait absorber de force leur nourriture façonnée en boulettes ou pâtons. Ce procédé qu'on appelle le *gavage* permet de diminuer la durée de l'engraissement.

L'engraissement commence plus ou moins tôt suivant les races : à quatre mois pour les Houdan, les Dorking, qui sont très précoces ; à sept ou huit mois pour les Crève-Cœur, plus tardives. Il ne peut être pratiqué avantageusement que sur des sujets *adultes*.

262. Canards. Oies. — Les canards et les oies sont élevés pour leur chair, leurs œufs et leurs plumes. Leurs œufs sont d'ailleurs moins bons que les œufs de poule. La cane peut donner 3o œufs environ, l'oie une quinzaine.

L'oie est plumée trois ou quatre fois par an, au moment où la plume se détache naturellement, pour que l'oiseau ne souffre pas de l'opération. Le *duvet*, dont la valeur est double de celle de la plume ordinaire, est mis à part.

263. Lapins. — Les *clapiers* ou cabanes à lapins doivent être tenus très proprement. Pour éviter tout gaspillage de nourriture, il est bon d'avoir de petits râteliers pour le foin et l'herbe, des auges pour les graines, les farines et les liquides, car le lapin ne mange plus sa nourriture quand il a passé dessus. L'herbe mouillée lui est très nuisible ; elle

---

A quel âge le commence-t-on ? — 262. Parlez des canards et des oies. Quand plume-t-on les oies ? — 263. Comment doit-on distribuer la nourriture du lapin? Quelle maladie peut occasionner l'herbe verte?

peut occasionner une maladie, *l'hydropisie*, qui le fait périr rapidement.

Il y a un grand nombre de races de lapins, différentes par la taille et la couleur. Les petites races sont plus fécondes que les grandes.

LECTURE

LA BASSE-COUR

Il faut bien se garder de confondre la cour de la ferme avec la basse-cour ; chez beaucoup de cultivateurs, les poules, les canards, les dindons ont un abri ménagé tant bien que mal dans un coin de la ferme ; ils vont et viennent librement, montent sur le fumier, pénètrent dans les étables et souvent s'échappent dans les cultures.

Les volailles qui pénètrent dans les étables risquent d'être écrasées ; leurs plumes mêlées aux fourrages ou laissées dans les auges peuvent être ingérées par les animaux et provoquent chez eux de graves accidents ; enfin les maladies contagieuses sont souvent véhiculées d'un local à l'autre par les poules. Dans la cour de la ferme le tas de fumier est constamment dispersé, les poules ou les canards boivent le purin, ce qui donne un goût détestable à la chair et aux œufs ; les excréments déposés sur le sol sont délayés et entraînés par la pluie, et par cette voie les épidémies qui déciment les basses-cours se propagent rapidement.

Le défaut d'installation spéciale se traduit par la perte fréquente des œufs, par la disparition des animaux tués par les chiens, les belettes, etc. (Mars ABADIE : *La ferme moderne*, p. 195, HOLLIER-LAROUSSE, éditeur.)

Parlez des races de lapins.

QUATRIÈME PARTIE
ÉCONOMIE RURALE

QUARANTE-SIXIÈME LEÇON

Exploitation du sol.

RÉSUMÉ. — Le propriétaire peut exploiter lui-même sa terre *(faire-valoir direct)*, se faire aider par un *métayer* ou la louer à un *fermier*.

Le métayer fournit son travail et reçoit en retour une part des produits.

Le fermier est lié avec le propriétaire par un contrat appelé *bail à ferme*. Les baux doivent être rédigés clairement pour éviter les procès; quand la valeur du fermage dépasse 100 francs, il faut les faire enregistrer.

Il y a trois modes principaux d'exploitation du sol : le *faire-valoir direct*, dans lequel le propriétaire cultive lui-même sa terre, le *métayage* et le *fermage*.

264. Métayage. — Dans le *métayage*, le propriétaire fournit les capitaux et dirige l'exploitation. Le métayer apporte son travail et celui de sa famille ; en échange, il reçoit une partie des produits, généralement la moitié. Il est, en somme, l'associé du propriétaire. Le métayage est très répandu dans les départements du Sud-Ouest.

265. Fermage. — Le fermier cultive le sol à sa guise ou à peu près et dispose des produits moyennant une certaine somme qu'il paie annuellement au propriétaire. Les obligations des deux parties sont inscrites dans un contrat appelé bail.

266. Baux. — Les baux doivent être rédigés clairement, de manière à éviter toute contestation, source de procès. Le propriétaire est tenu de livrer le sol et les habitations en bon état et d'exécuter les grosses réparations quand elles deviennent nécessaires. Le fermier doit entretenir le bon état du domaine ; les menues réparations sont à sa charge. Il doit cultiver en bon père de famille, c'est-à-dire sans épuiser la terre.

La durée du bail est très variable. En général,

---

264. Quels sont les principaux modes d'exploitation du sol? En quoi consiste le métayage? — 265. Parlez du fermage. — 266. Comment les baux doivent-ils être rédigés ? Quelles sont les obligations du propriétaire? Celles du fermier? Quel est l'avantage des baux à long terme?

les baux à longs termes sont les plus avantageux, car ils permettent au fermier de profiter des améliorations qu'il apporte au domaine et par là même le portent à en exécuter.

Le bail peut être fait par écrit ou oralement. Les baux ordinaires, même verbaux, doivent, sous peine d'amende, être enregistrés dans un délai de trois mois, à partir de la signature du bail ou de l'entrée en jouissance. Le tarif est de o fr. 20 pour 100 ; les droits d'enregistrement se calculent sur la somme totale à payer pendant toute la durée du fermage ; ils sont dus par le fermier. Les locations verbales ne dépassant pas trois ans et dont le prix annuel n'excède pas 100 francs sont dispensées de la déclaration.

MODE d'exploitation.	NOMBRE d'exploitants.	PROPORTION pour 100	SURFACE EXPLOITÉE (en hectares)	PROPORTION pour 100
Faire-valoir direct	4,200,000	74,63	18,324,000	52,78
Fermage	1,078,000	19,16	12,628,000	36,37
Métayage	349,000	6,21	3,767,000	10,85
Totaux. . . .	5,627,000	100, »	34,719,000	100, »

Parlez de l'enregistrement du bail.

QUARANTE-SEPTIÈME LEÇON

Comptabilité agricole.

Résumé. — La **comptabilité** permet au cultivateur de savoir quelle est la branche de l'exploitation qui lui procure le plus de bénéfice.

Un *inventaire annuel,* c'est-à-dire le relevé exact de ce qu'il possède et de ce qu'il doit, le renseigne sur le *résultat net* de son entreprise. Pour avoir des indications plus détaillées, il inscrit sur un *carnet de notes* journalières *tout ce qui se passe à la ferme;* il relève ensuite sur des registres spéciaux les recettes et les dépenses, les récoltes qui entrent dans les magasins et celles qui en sortent, les denrées consommées par les animaux, les travaux exécutés pour chaque culture. En récapitulant tous ses comptes, à la fin de l'année, il voit quel est le *bénéfice net* donné par chacun d'eux, et par suite quelle est la production la plus avantageuse.

267. Importance de la comptabilité agricole.
— Le cultivateur a tout intérêt à savoir quelle est
la branche de l'exploitation qui lui procure le plus
de bénéfice. Il est bien évident que c'est à celle-là
qu'il faut donner le plus d'extension. Or, cela, il est
impossible de s'en rendre compte sans une comptabilité rigoureuse. La culture la plus avantageuse,
par exemple, n'est pas celle dont les produits se
vendent au prix le plus élevé, c'est celle qui laisse
le plus grand bénéfice net, quand, du prix de vente
des produits, on a retranché tous les frais de culture (engrais, journées d'ouvriers, journées de bêtes
de somme, usure des machines, etc.). Le cultivateur
ne peut évaluer ces frais par à peu près sans s'exposer à commettre des erreurs grossières, tandis
qu'une comptabilité bien tenue lui permet de les
calculer, sinon exactement, du moins avec une approximation suffisante.

268. Inventaire. — Tous les ans, le cultivateur
fait son *inventaire*, c'est-à-dire le relevé exact de ce
qu'il possède et de ce qu'il doit. Par différence il
connaît son avoir réel. En comparant avec les
inventaires des années précédentes, il voit si son
exploitation est en gain ou en perte.

La fin de décembre est le moment le plus convenable pour procéder à cette opération, car c'est
l'époque où le cultivateur a le plus de temps disponible et où les soirées sont le plus longues.

---

267. Montrez qu'une comptabilité rigoureuse est nécessaire. —
268. Qu'appelle-t-on inventaire? A quelle époque le fait-on?

Voici l'exemple d'un feuillet d'inventaire.

NUMÉROS d'ordre	OBJETS	ÉVALUATIONS particulières	ÉVALUATIONS totales
	ÉCURIE		
1	Cheval : Perdreau 8 ans . .	850 fr.	
2	Jument : Cocotte 4 ans . .	800 fr.	
3	— Grise 10 ans. . .	525 fr.	
4	— Boulotte 13 ans .	475 fr.	2,650 fr.
	VACHERIE		
5	Taureau		
6	Vaches.		

On inscrit ainsi tous les animaux de l'exploitation, les instruments de culture, le mobilier, les denrées en magasin, l'argent en caisse.

269. Carnet de notes journalières. — Tout cultivateur doit avoir un carnet de poche sur lequel il note journellement *tout ce qui se passe dans la ferme*, recettes et dépenses, travail des ouvriers, des animaux, des machines, cause des interruptions de travail, conditions atmosphériques, quantité d'engrais employés à une culture, etc., etc., enfin tous les renseignements qui peuvent lui être utiles. De temps en temps, chaque semaine, par exemple, il met au net les notes qu'il a prises ainsi au jour le jour. Il transcrit alors les divers renseignements sur des registres spéciaux.

Qu'inscrit-on à l'inventaire ? — 269. Qu'inscrit-on sur le carnet de notes journalières ?

270. Livre de caisse. — Les recettes et les dépenses sont inscrites sur un *livre de caisse*. On peut le disposer de la manière suivante.

RECETTES			DÉPENSES		
1er août	En caisse de ce jour.	438 fr. 25	1er août	Payé au charron	35 fr. 15
	Vendu 20 litres de lait à 0 fr. 15	3 fr.		Sorti pour l'entretien de ménage pendant	
2 août	Vendu un veau.	54 fr.	2 août	la semaine . .	

En faisant la différence entre les recettes et les dépenses, on doit retrouver une somme égale à celle qui est en caisse.

271. Livre de magasin. — Les denrées récoltées, céréales, fourrages, etc., sont mentionnées sur un *livre de magasin*. Une page est consacrée à chacune d'elles ; on y inscrit les entrées et les sorties.

DATES	CAUSE DE L'ENTRÉE	QUANTITÉ	DATE	CAUSE DE LA SORTIE	QUANTITÉ
6 août	Battu à la machine	150 hl	14 août	Envoyé au moulin	12 hl
2 septembre	Achat de blé de semence. . . .	10 hl			

270. A quoi sert le livre de caisse ? — 271. Où inscrit-on les denrées récoltées ?

272. Livre des consommations. — Pour plus de simplicité, les denrées consommées par les animaux ne sont inscrites que tous les mois sur le *livre de magasin*. Le détail est noté sur le livre des consommations, comprenant par mois autant de pages qu'il y a de comptes d'animaux (écurie, vacherie, bergerie, porcherie, basse-cour).

DATES	NATURE DES CONSOMMATIONS							
	Paille litière	Foin	Avoine	Carottes	Betteraves	Fourrages verts		
1								
2								
3								
4								
5								
6								
7								
8								

On totalise à la fin de chaque mois et on inscrit les totaux au compte correspondant du livre de magasin.

273. Livre des cultures. — On relève sur un *livre des cultures* les travaux de toutes sortes exécutés sur l'exploitation pour le compte de chaque production végétale, en mentionnant le nombre d'heures de travail des hommes et des animaux.

---

272. Qu'inscrit-on sur le livre des consommations ? — **273**. Et sur le livre des cultures ?

A la fin de l'année, en récapitulant chaque compte, le cultivateur peut voir quel est le bénéfice net produit par chacun d'eux. Il y a une précaution à prendre dans toutes ces évaluations : les matières produites et consommées dans la ferme soit par les animaux (fourrages, litières, etc.), soit par les cultures (engrais, journées de travail, etc.), doivent toujours être comptées à leur *prix de revient* et non au prix du marché. Pour les substances importées du dehors, on les notera, bien entendu, à leur prix d'achat, augmenté, s'il y a lieu, des frais de transport.

A quel prix faut-il inscrire les matières produites et consommées dans la ferme ? Les matières achetées au dehors ?

QUARANTE-HUITIÈME LEÇON

Syndicats et assurances.

RÉSUMÉ. — Les **syndicats agricoles** permettent au cultivateur d'obtenir à meilleur marché les produits dont il a besoin et de n'avoir que des denrées de bonne qualité, de faire usage d'instruments perfectionnés achetés en commun, de vendre plus rapidement et à meilleur compte ses récoltes.

Les **assurances** contre les *incendies*, la *mortalité du bétail*, les *accidents*, la *maladie*, le mettent à l'abri de ces éventualités fàcheuses moyennant le paiement d'une faible annuité. Grâce aux **caisses de retraite pour la vieillesse**, il peut se constituer une rente pour ses vieux jours.

---

274. Syndicats agricoles. — Les *syndicats agricoles* n'ont commencé à se former que depuis 1884; malgré cela leur importance est déjà considérable.

---

274. Énumérez les avantages des syndicats agricoles.

En servant d'intermédiaire désintéressé entre les grands producteurs et le cultivateur, en achetant aussi par grande quantité à la fois, ils permettent d'avoir à meilleur marché les engrais, les graines, les machines, etc. L'association des cultivateurs rend la fraude plus difficile de la part du vendeur ; le syndicat a le plus souvent un abonnement avec une station agronomique ou un laboratoire, il peut faire analyser à peu de frais les produits qu'il achète. Une seule analyse suffit pour contrôler un achat considérable. Ils permettent aussi de vendre plus rapidement et à meilleur compte les récoltes, de les emmagasiner dans des magasins généraux.

Les syndicats restreints à un petit territoire peuvent avoir des machines agricoles qu'ils prêtent à leurs adhérents moyennant une très faible rétribution.

En un mot, les syndicats agricoles procurent aux petits cultivateurs tous les avantages dont jouit la grande culture.

275. Assurances. — En dehors des syndicats proprement dits, il y a d'autres institutions qui peuvent rendre de grands services aux cultivateurs : ce sont les *assurances* et les *Sociétés de secours mutuels*.

276. Assurances contre l'incendie. — Tout le monde connaît les assurances contre l'*incendie*, grâce auxquelles le cultivateur peut, moyennant une

---

276. Parlez des assurances contre l'incendie.

rétribution modique, protéger ses bâtiments, son mobilier et ses récoltes.

277. Assurances contre la mortalité du bétail.

— Il existe aussi des assurances contre la *mortalité du bétail*. Celles qui donnent les meilleurs résultats sont des Sociétés de secours mutuels établies entre les cultivateurs d'une même région. Chaque adhérent verse une prime annuelle, et quand un de ses animaux vient à mourir accidentellement (maladie ou blessure), la Société lui en rembourse la valeur. La fraude est à peu près impossible, car chacun des assurés veille à ce que tout se passe loyalement, comme c'est l'intérêt de tous. Ces sortes d'assurances sont nombreuses en Bretagne et en Vendée ; il serait à souhaiter qu'elles se répandent davantage dans toute la France.

278. Assurances contre la grêle.

— On a cherché, sans beaucoup de succès, à établir des assurances contre la *grêle*. La grêle tombe presque toujours dans les mêmes régions ; il n'y a que les propriétaires de ces régions qui aient intérêt à s'assurer. En cas de sinistre, les dommages sont le plus souvent tellement considérables que la Société ne peut les indemniser suffisamment.

279. Assurances contre les maladies, les accidents.

— D'autres assurances, établies par des

Sociétés de secours mutuels ou des compagnies commerciales, peuvent aussi rendre de grands services, bien qu'elles ne concernent pas spécialement les cultivateurs : ce sont les assurances contre les *accidents* et les assurances contre les *maladies*. Il suffit de les mentionner pour en faire comprendre tous les avantages.

280. Caisse des retraites pour la vieillesse. — La *Caisse des retraites pour la vieillesse* permet à chacun de se constituer une rente dont il jouit à cinquante, soixante ou soixante-cinq ans, à son choix, moyennant le versement d'une somme annuelle. Plus on est jeune, plus la somme à verser pour se constituer une rente donnée est faible. Le capital versé est *réservé* ou *aliéné*. Dans le premier cas, il fait retour aux héritiers du déposant après la mort de celui-ci ; dans le second cas, il est abandonné, mais la rente est alors plus élevée.

281. Caisses d'épargne. — Signalons aussi les *Caisses d'épargne*, dont chacun a pu apprécier les bienfaits.

LECTURE

Il est force que le père de famille s'accoustume à se lever ordinairement de grand matin, à telle heure se faisant voir à ses domestiques ; à ce qu'estant exemple

---

280. Que savez-vous des Caisses des retraites pour la vieillesse ?

de diligence, dès lors, chacun se range à sa besongne, pour jouir de l'effet de ces maximes, *que la matinée avance la journée; que le lever matin enrichit; et que le lever tard appauvrit.* Pour se faire se couchera-t-il de bonne heure. Sur ce propos dit le sage mesnager :

Si tu te couches tard, tard tu te lèveras ;
Tard te mettras en œuvre, aussi tard dîneras.

(Olivier DE SERRES : *Théâtre du ménage des champs.* Édition de la Société d'agriculture de la Seine, T. Ier, p. 27.)

SUJETS DE RÉDACTIONS

1. — Classification des sols agricoles. Principales propriétés des sols argileux, calcaires, sablonneux, humifères.

2. — La racine. Son rôle dans l'alimentation de la plante. Principales plantes cultivées pour leurs racines.

3. — Sous quelles formes l'aliment azoté se présente-t-il à la plante? Parlez de l'absorption de l'azote de l'air par les Légumineuses.

4. — Pouvoir absorbant du sol. En quoi il consiste. Son importance pour le cultivateur.

5. — Le drainage ; comment on l'exécute. Ses avantages.

6. — Avantages des irrigations ; cultures qu'il convient d'irriguer.

7. — Soins à donner au fumier :

1° A l'étable ;

2° En tas.

8. — Écrivez à un de vos camarades pour lui exposer les avantages d'une fosse à purin.

9. — Parlez des soins que l'on donne au fumier dans une exploitation que vous connaissez. Dites ce qui vous semble bon et ce qui vous semble mauvais dans la manière de procéder.

10. — Qu'appelle-t-on engrais verts ? Quelles sont les

plantes qu'il convient d'enfouir en vert? Pourquoi?
Cette pratique est-elle toujours avantageuse?

11. — Un de vos voisins n'emploie pas d'engrais chimiques; que lui direz-vous pour l'engager à le faire?

12. — « Les engrais chimiques ruinent la terre », dit un cultivateur. Expliquez ce qu'il y a de faux et ce qu'il peut y avoir de vrai dans cette affirmation.

13. — Comment classe-t-on les engrais chimiques? Citez ceux qui sont le plus employés dans chaque catégorie.

14. — Principaux engrais azotés. Conditions générales d'emploi.

15. — Principaux engrais phosphatés. Conditions générales d'emploi.

16. — Principaux engrais potassiques. Conditions générales d'emploi.

17. — Commenter ce vieux proverbe : « La chaux enrichit les pères et ruine les enfants. »

18. — Le plâtrage. Plâtre cru et plâtre cuit. Cultures qu'il convient de plâtrer. Expérience de Franklin.

19. — L'écobuage est une opération qui consiste à lever des plaquettes de gazon d'un champ, à les brûler et à répandre ensuite les cendres sur le champ. Voyez-vous quels peuvent être ses avantages et ses inconvénients?

20. — Analyse du sol par la plante.

21. — Achat des engrais. Comment peut-on éviter les fraudes? Les mélanges d'engrais qu'on trouve dans le commerce sont-ils à recommander?

22. — Les assolements. Peut-on cultiver toujours la même plante sur le même sol? Pourquoi?

23. — Citez l'assolement utilisé dans votre région. Expliquez ses avantages et ses inconvénients.

24. — La jachère. Cette pratique est-elle utilisée dans votre région? Est-elle à recommander?

25. — Avantages et inconvénients des labours de défoncement.

26. — Utilité du greffage. Principales sortes de greffes. Expliquez la manière d'effectuer une greffe en fente.

27. — Conditions de germination d'une graine. Essai de la faculté germinative.

28. — Choix des semences. Sulfatage des céréales. Utilité de cette opération.

29. — Avantages des semoirs mécaniques.

30. — Principales maladies qui atteignent les céréales. Par quoi sont-elles causées ? Comment peut-on les prévenir ?

31. — La moisson.

32. — Maladie de la pomme de terre. Dites par quoi elle est produite, comment elle se propage et comment on la combat.

33. — Prairies naturelles. Principales plantes qui les composent. Soins à donner aux prairies.

34. — La fenaison.

35. — Que savez-vous du phylloxera ?

36. — Quelles sont les principales maladies cryptogamiques qui atteignent la vigne ? Comment peut-on combattre chacune d'elles ?

37. — Vinification.

1° Fabrication des vins rouges ;

2° Fabrication des vins blancs.

38. — Expliquer cette parole : « Si bien nourrir coûte cher, mal nourrir coûte plus cher encore. »

39. — Hygiène des logements animaux.

40. — Parlez des différentes préparations que peuvent subir les aliments destinés aux animaux. (Fourrages, grains, racines et tubercules.) Leur objet.

41. — Quelles précautions faut-il prendre quand on change l'alimentation des animaux domestiques ?

Donnez des exemples. (Sevrage des jeunes animaux ; passage de l'alimentation d'été à l'alimentation d'hiver.)

42. — La météorisation. Par quoi est-elle produite ? Comment peut-on la combattre ?

43. — Disposition générale que doit présenter une écurie : dimensions, sol, râtelier, mangeoires, plafond.

44. — Fabrication du beurre. Soins de propreté.

45. — Le porc. Élevage et engraissement.

46. — Le mouton ; son élevage. Parlez de la tonte du mouton.

47. — La basse-cour. Son utilité dans une ferme bien tenue.

48. — En quoi consistent les syndicats agricoles ? Quels avantages offrent-ils à leurs adhérents ?

49. — Expliquer ce proverbe : « Tant vaut l'homme, tant vaut la terre. »

50. — Un ancien agronome donnait ce conseil : « Aie pour suspecte toute nouveauté. » Commenter cette parole.

LEXIQUE

ACIDE. — Les acides sont des corps qui ont en général une saveur piquante, comme celle du vinaigre. (Le vinaigre est d'ailleurs un acide, l'acide acétique.) On les reconnaît facilement en plongeant dedans un papier bleu de tournesol : le papier rougit aussitôt. Au contraire, d'autres corps comme l'ammoniaque, la chaux, la potasse, la soude, ramènent au bleu le papier de tournesol rougi par un acide : ce sont des *bases*. Les acides se combinent avec les bases pour donner des *sels*, ainsi l'acide carbonique s'unit à la chaux pour former du carbonate de chaux, à l'ammoniaque pour former du carbonate d'ammoniaque ; l'acide nitrique et la soude donnent du nitrate de soude, etc.

Certaines terres riches en humus et pauvres en chaux rougissent le papier de tournesol : ce sont des terres acides.

ALUMINE. — Sorte de terre blanche et très dure. L'émeri qui sert à polir les métaux est de l'alumine mélangée à de l'oxyde de fer. L'alumine entre dans la composition des argiles.

ANALYSE. — L'analyse chimique a pour but de rechercher quels sont les éléments qui constituent un corps (analyse qualitative) et dans quelles proportions ils sont associés (analyse quantitative).

Assimilable. — Un corps est assimilable quand un être vivant peut l'incorporer à sa propre substance. La portion des aliments qui est assimilée est la seule qui concoure à l'entretien de la vie.

Azote. — Gaz incolore et inodore qui forme les quatre cinquièmes du volume de l'air. Dans l'atmosphère il est mélangé avec l'oxygène.

Bisannuelles *(plantes).* — Une plante bisannuelle est une plante qui donne des fleurs et des fruits dans la deuxième année de son existence et meurt ensuite. Celle qui ne vit qu'un an est annuelle. Celle qui reste plus de deux ans en terre est vivace.

Carbone. — Corps simple qui forme la majeure partie des tissus végétaux. Le charbon, la mine de plomb, la houille, sont du carbone plus ou moins mélangé d'impuretés. Le diamant est du carbone pur et cristallisé.

Carbone *(sulfure de).* — Liquide ordinairement coloré en jaune, résultant de la combinaison du soufre et du carbone. On l'emploie pour dissoudre les corps gras, pour vulcaniser le caoutchouc et comme insecticide pour détruire le phylloxera. Sa vapeur forme avec l'air un mélange qui détone à l'approche d'une flamme, aussi faut-il le manier avec de grandes précautions.

Carbonique *(acide).* — Gaz formé par la combinaison du carbone et de l'oxygène. Les combustions, la respiration de tous les êtres vivants, les fermentations, sont autant de sources d'acide carbonique. A la lumière du soleil, les parties vertes des plantes le décomposent en carbone qui est absorbé par le végétal et en oxygène qui est rejeté. (Les plantes purifient l'air.)

Dix mille litres d'air en renferment environ trois litres.

CARBONATE D'AMMONIAQUE. — Corps blanc formé par la combinaison de l'acide carbonique et de l'ammoniaque. Il s'évapore très rapidement à l'air. Le carbonate d'ammoniaque est très caustique ; il existe dans le purin ; c'est pourquoi ce liquide brûle les plantes quand il n'a pas été étendu d'eau.

CAUSTIQUE. — Qui brûle.

CHAUX. — Corps qui, combiné à l'acide carbonique, forme le calcaire ou pierre à bâtir. On le prépare d'ailleurs en calcinant celle-ci (voir n° 34).

CHLOROPHYLLE. — La chlorophylle est une substance verte qui se trouve dans les feuilles de la plante et leur donne leur coloration. C'est grâce à elle que le végétal peut décomposer l'acide carbonique de l'air. (Fonction chlorophyllienne.)

La chlorophylle a encore un autre rôle : toujours sous l'action des rayons solaires, elle évapore une partie de l'eau puisée dans le sol par les racines des plantes. Cette deuxième fonction s'appelle la chlorovaporisation.

CHLOROPHYLLIENNE (*fonction*). — Voir : chlorophylle.

COIFFE. — Sorte de capuchon qui protège l'extrémité des racines et des radicelles et les empêche de se déchirer en s'enfonçant dans le sol.

COMBINÉ. — Deux ou plusieurs corps sont combinés quand ils sont associés pour former un corps

nouveau dont les propriétés sont entièrement différentes de celles des éléments qui le composent.

Une combinaison n'est donc pas un simple mélange. L'air, par exemple, est un mélange de différents gaz parmi lesquels dominent l'oxygène et
l'azote. Il a toutes les propriétés de l'oxygène tem-
pérées par celles de l'azote. L'eau, au contraire, est
formée par la combinaison de l'oxygène et de l'hydrogène : ses propriétés diffèrent totalement de
celles de ces deux corps.

COMESTIBLE. — Qui peut servir d'aliment.

CONCENTRÉ. — Une solution est concentrée quand
le corps dissous est en grande quantité par rapport
au dissolvant ; dans le cas contraire, on dit qu'elle
est étendue.

Jetons une pincée de sel dans un litre d'eau, nous
aurons une solution étendue de sel marin ; avec une
poignée de sel, la solution sera concentrée.

CONDIMENTS. — Substances qui, comme le poivre,
le sel, le vinaigre, relèvent le goût des aliments et
favorisent la digestion.

COPROLITHES. — A une époque où l'homme n'était
pas encore sur la terre vivaient de grands animaux
dont on retrouve les excréments fossiles sous forme
de cailloux riches en phosphate de chaux. Ce sont
ces cailloux qu'on appelle des coprolithes.

COUVERTURE. — Un engrais est employé en couverture quand il est répandu à la surface du sol sans
être enfoui.

DIVISION (état de). — État d'un corps qui est par-
tagé en menus fragments.

GANGRÈNE. — État d'une partie du corps qui est

complètement morte. Dans la gangrène sèche la région malade se dessèche et prend une teinte noire ; dans la gangrène humide, elle se corrompt et infeste les parties voisines.

GRAMINÉES. — Famille de plantes comprenant les céréales, les roseaux, les herbes qui constituent le gazon, etc. Les graminées ont des fleurs petites, sans enveloppe brillante. Plusieurs d'entre elles sont de bonnes plantes fourragères.

HYDROGÈNE. — Le plus léger de tous les gaz : un litre d'hydrogène pèse 0 gr. 089, soit 14 fois moins qu'un litre d'air. Combiné à l'oxygène, il forme l'eau ; combiné à l'azote, l'ammoniaque. Sa grande légèreté le fait parfois employer à gonfler les ballons.

HYGIÈNE. — Ensemble des précautions à prendre pour conserver sa santé.

IMPERMÉABLE. — Qui n'est pas perméable. (Voir ce mot.)

INSOLUBLE. — Qui n'est pas soluble. (Voir ce mot.)

LIBRE. — Un corps est à l'état libre quand il n'est combiné à aucun autre corps. Tels sont l'azote, l'oxygène de l'air.

MEUBLE (sol). — Sol facile à travailler.

MICROBE. — Êtres infiniment petits, visibles seulement au microscope. (Voir la lecture de la troisième leçon.)

MICROSCOPE. — Instrument destiné à grossir de très petits objets qui ne seraient pas visibles sans cela, comme les microbes, par exemple.

MOYETTE. — Petit tas de blé formé en dressant plusieurs gerbes l'une contre l'autre, les épis en haut, de manière que l'air circule facilement entre elles. S'il vient à pleuvoir, l'eau ruisselle le long des tiges et ne séjourne pas dans les épis. Le grain n'est pas exposé à germer.

NODULES. — Sortes de pierres riches en phosphate de chaux.

OXYGÈNE. — Gaz qui à l'état libre forme le quart du volume de l'air et qui entre dans une foule de combinaisons. On estime qu'il représente au moins un tiers du poids de notre planète. L'oxygène est indispensable à la vie de tous les êtres vivants, animaux ou végétaux.

9 grammes d'eau contiennent 8 grammes d'oxygène et 1 gramme d'hydrogène.

PERMÉABLE. — Qui se laisse facilement traverser par les gaz ou par les liquides.

PHOSPHORIQUE (acide). — Formé par la combinaison du phosphore et de l'oxygène. Quand on enflamme une allumette, il se produit d'abord une légère fumée blanche : c'est de l'acide phosphorique. Cet acide se combine à la chaux pour donner les phosphates de chaux employés comme engrais.

PONCTION DE LA PANSE. — Opération consistant à percer avec un trocart la panse d'un animal météorisé. On se place du côté gauche de l'animal, on met le petit doigt de la main gauche sur la dernière côte et le petit doigt de la main droite sur la pointe de la hanche; en réunissant les deux pouces sur le flanc, on détermine le point où la ponction doit être faite. On enfonce le trocart après avoir incisé la peau avec un couteau ou un bistouri. Le trocart est **muni d'une sorte de tuyau qui reste dans la plaie** quand on retire l'instrument et par l'ouverture duquel les gaz de la digestion peuvent s'échapper. La plaie se cicatrise ensuite d'elle-même.

POTASSE. — Corps blanc, très soluble dans l'eau ; en se combinant avec l'acide carbonique, donne le carbonate de potasse. Le carbonate de potasse se retire des cendres des végétaux terrestres et sert à son tour à préparer la potasse. La potasse en solution un peu concentrée attaque la peau et la désorganise. C'est une base énergique qui bleuit le papier de tournesol.

Les cristaux de potasse du commerce sont du carbonate de potasse.

SALIN DE BETTERAVE. — Les mélasses de betterave soumises à la fermentation et distillées donnent de l'alcool ; elles laissent comme résidu un liquide brun et riche en potasse. Ce liquide est d'abord évaporé ; le produit restant est ensuite calciné dans un four. On a alors le salin de betterave.

SICCATIVE (huile.) — Une huile siccative est une huile qui a la propriété de faire sécher les peintures auxquelles on la mélange.

SOLUBLE. — Un corps est soluble dans un liquide quand il fond dans ce liquide, comme le sucre, le sel, dans l'eau.

STÉRILE. — Qui ne produit rien.

SULFURIQUE (acide). — Liquide incolore, inodore, de consistance oléagineuse, très dangereux à manier, car il produit sur la peau des brûlures profondes et douloureuses. L'industrie en consomme chaque année des quantités considérables ; on l'utilise dans la fabrication de la soude, du phosphore, des superphosphates, etc... Est encore appelé huile de vitriol.

VARECHS. — Plantes marines qu'on recueille lorsque la mer les a rejetées sur la grève ou qu'on coupe sur les rochers découverts à marée basse. Les varechs constituent un excellent engrais.

TABLE DES MATIÈRES

III. Façons culturales.

IV. Multiplication des végétaux.

V. Assolements.

DEUXIÈME PARTIE

LES CULTURES

TROISIÈME PARTIE

LES ANIMAUX DOMESTIQUES

QUATRIÈME PARTIE
ÉCONOMIE RURALE

TABLE DES LECTURES

ENCYCLOPÉDIE BOUASSE

TABLEAUX SYNOPTIQUES

ENSEIGNEMENT ÉLÉMENTAIRE DES SCIENCES NATURELLES

Planches en couleur. Format : 0.72 × 0.55.

AGRICULTURE

RÈGNE MINÉRAL

RÈGNE ANIMAL

RÈGNE VÉGÉTAL

Encyclopédie de l'Agriculture et des Sciences agricoles

C'est à M. J. Dumont, professeur de chimie agricole à l'École Nationale d'agriculture de Grignon, que nous avons confié la direction de la nouvelle Encyclopédie agricole illustrée qui comportera toute une série de beaux volumes in-12 de 280-300 pages environ (prix, broché : 3 francs; relié toile : 3 fr. 75) se rapportant essentiellement :

> aux sciences agricoles,
> à la production végétale,
> à l'exploitation animale,
> aux industries agricoles.

*Pour la publication des différents ouvrages, M. Dumont s'est assuré le concours de professeurs éminents, de spécialistes distingués qui sont l'honneur de l'agriculture et de l'agronomie françaises. Déjà, nombre de Maîtres ont répondu à son appel, et nous sommes convaincus que « l'**Encyclopédie de l'Agriculture et des Sciences agricoles** », grâce à l'autorité de ses rédacteurs et à la modicité de son prix, trouvera place dans toutes les bibliothèques rurales.*

Voici la liste des premiers ouvrages mis à l'impression :

1° La terre arable, par M. le professeur DUMONT.
2° La distillerie, par M. le professeur R. LEZÉ.
3° La vache laitière, par M. le professeur DECHAMBRE.
4° La chimie végétale, par M. le professeur DUMONT.
5° La pratique des fumures, par le même.
6° La pathologie animale, par M. le Dʳ V. DELMER, de l'École d'Alfort.
7° La pratique agricole, par MM. ALLARD et HERBERT.
8° Les industries agricoles (laine, os, tannage des peaux, etc.), par M. le professeur LEZÉ.
9° La Cidrerie, par M. J. CROCHETELLE, directeur de la Station agronomique de Lezardeau.
10° L'Agriculture du Nord, par M. MALPEAUX, directeur de l'École pratique d'agriculture de Bethonval.
11° L'Agriculture pratique, par M. ALLARD, professeur d'agriculture à Dreux.
12° L'Industrie du Porc, par M. Marcel VACHER ✻ O, ☖ (✧ A.).

Les autres ouvrages seront annoncés au fur et à mesure de leur apparition.

Tableau analytique de la Flore française

OU

FLORE DE POCHE DE LA FRANCE

Par H. LÉVEILLÉ

Secrétaire perpétuel de l'Académie internationale de Géographie
botanique,
Directeur du *Monde des Plantes*.

Un volume in-16, cartonné toile anglaise

Prix : 5 francs.

On nous demandait depuis longtemps une Flore de France
claire, d'un format commode et portatif et d'un prix modique.

Le *Tableau analytique de la Flore française* ou **Flore de
poche de la France** que nous publions aujourd'hui répond
à ce triple desideratum et permet de déterminer facilement
et rapidement les plantes de France.

On sait que les Flores existantes sont, ou d'un prix ina-
bordable aux bourses modestes, ou difficilement portatives.

Par une heureuse innovation, des conseils et avis pratiques ont été placés en tête de chaque famille. Enfin l'indication des méthodes les meilleures de dessiccation et de
conservation des plantes servent d'annexe au présent ouvrage.

Une courte préface expose les idées de l'auteur sur la
flore de France et renseigne les débutants aussi bien que
les botanistes sur les meilleures conditions d'herborisa-
tion.

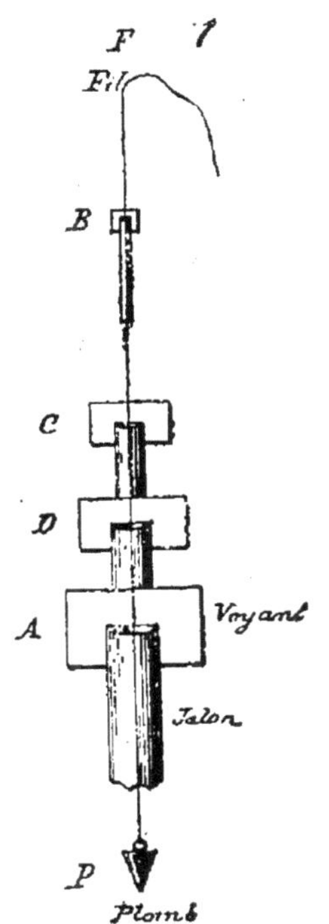

Guide pratique du Géomètre-Arpenteur

OU

L'ARPENTAGE

RÉDUIT A LA PRATIQUE LA PLUS SIMPLE

Avec un Supplément

sur la Méthode des coordonnées rectangulaires

PAR

J. BONVALOT

Chevalier du Mérite agricole
Professeur à l'École nationale d'industrie laitière
de Poligny.

Un volume in-12 relié. — Prix : 2 fr. 50

MEMENTO

DE LA

BASSE-COUR

**Comptabilité de la Basse-Cour — Coqs — Poules —
Dindons — Pigeons — Oies — Canards — Lapins
— Chasse — Chenil — Faisanderie — Concours.**

PAR

Louis BRECHEMIN

Éleveur aviculteur, Officier du Mérite agricole, Officier d'Académie,
Secrétaire de la Société Nationale d'aviculture.

In-16 illustré. — Prix . . . . 0 fr. 75